西 南 国 际 法 文 丛

西南国际法文丛

张晓君 总主编

WTO透明度原则研究

A Study on the Principle of Transparency of WTO

全小莲 著

本书是2011年重庆市社会科学规划一般项目“中国——东盟自由贸易区争端解决机制研究”(项目批准号2011YBFX100)以及西南政法大学青年教师学术创新团队项目“WTO成员参与争端解决机制能力建设研究”的科研成果。

厦门大学出版社
XIAMEN UNIVERSITY PRESS
国家一级出版社
全国百佳图书出版单位

总 序

在全球化的国际大背景下，思想创新显得尤为重要。“西南国际法文丛”是由西南政法大学国际法学院推出的致力于发掘和推介具有学术性、前沿性、创新性和思想性的学术论著系列。西南政法大学国际法学院围绕学校“十二五”期间“双进双突”目标，秉持“错位竞争、特色发展”的整体思路，以培养国际型卓越法律人才为目标。她所依托的国际法学学科筚路蓝缕，将与其他法学学科共同在人才教育和科研领域写下浓墨重彩的篇章。

法学教育的本质是精英教育。为适应世界多极化、经济全球化深入发展和国家对外开放的需要，国家已经开始实施卓越法律人才教育培养计划，将培养涉外法律人才作为突破口，创新与实务部门和海外单位联合培养的机制，以培养出具有国际视野、通晓国际规则，能够参与国际法律事务和维护国家利益的法律职业人才。西南政法大学及其国际法学院已为此展开行动，与有关中央部委合作，努力探索高等教育大众化背景下的法学精英教育之路。

法学教育的实施要以学科发展为平台。西南政法大学国际法学科是目前中国西部地区唯一的国际法专业博士学位点，具备本科、硕士、博士和留学生等完整的人才培养层次，已成为西部地区高端国际化法律人才的培养基地。学院着力打造中国与东盟法律研究、海洋法律政策研究和WTO案例教学研究三大学术平台，以此作为科研创新、学科建设和人才培养的重要依托。

法学教育以高素质、高水平的师资队伍为基础。西南政法大学国际法学院围绕学术建设平台打造团队，并以各类科研项目为载体，支持学科梯队各级人才的科研工作，致力于打造一支规模相当、结构合理、质量优良、可持续发展的教学科研团队，促进学科学术繁荣，提升学术研究质量。

“西南国际法文丛”坚持独立、自主、自律的学术原则，坚持开放、择优的遴选原则，力求推出能够反映国际法学科领域内具有创新性和前瞻性的、符合学术规范的科研精品，不断带动、提升国际法学科整体的科研能力。既推崇具有前瞻性的理论创新之作，也欢迎沉潜精严的专题研究著作，鼓励不同领域、不同学派、不同风格的学术研究工作的同生共存，融会交叉，以推进国际法学科的健康发展。"精品"是我们倡导的方针和努力的目标，是否名实相符，真诚期待学界的检阅和评判。

"西南国际法文丛"的推出，彰显了西南政法大学持之以恒的"心系天下、自强不息、和衷共济、严谨求实"的治学精神，见证了西南政法大学国际法学院不断推动教学科研团队建设的艰苦努力，昭示了西南政法大学国际法学人传承西南政法学术薪火的决心，展现了西南政法大学国际法人才梯队汲汲于学术的最新成果。

愿这套文丛伴随西南政法大学国际法学院的发展脚步，不断迈向新的高度。

是为序。

西南政法大学国际法学院院长、教授 **张晓君**

2012 年初夏于重庆两江新区

前 言

一般认为，WTO透明度原则即GATT1994第10条所规定的内容，这似乎略显片面。在世界贸易组织的法律框架中，透明度原则所涵盖的条文至少还包括：GATS第3条、TRIPs第63条以及GATT下专门协定中的条款（如ADA第12条第1款和SPS第7条和附件B等）。此外，透明度原则还体现在WTO贸易政策评审机制和各缔约方加入时的政府议定书当中。并且，若自1947年GATT成立起算，透明度原则至少在39个有专家组或上诉机构判决的案件当中被援引。

综上，WTO透明度原则是一个以GATT1994第10条为基础，调整世界贸易的三大领域、贯穿世界贸易组织的贸易政策评审和争端解决两大机制、被各缔约方广泛认同、接纳并援引使用的法律原则。

WTO透明度原则的主要规则内容包括：与贸易有关的特定行政管理措施及其合法性依据应当及时公开（主要是公布、通知、报告和设立咨询点）；与贸易有关的行政执法措施应当以统一、公正、合理的方式实施；各缔约方对于行政相对人在透明度项下所享有的权利应当提供国内行政审查和诉讼救济程序。

关注WTO透明度原则与笔者的学习经历有关。笔者在硕士阶段的专业为宪法学与行政法学，研究方向为税政法学和金融监管法学；在博士阶段的学习，专业为国际法，研究方向为国际经济法，主要是WTO法的相关内容。这种学习的经历和既有知识体系使得笔者对与行政法相关的WTO法内容更为敏感和关注。在学习WTO法的过程中，笔者发现WTO的透明度原则是一项非常值得研究的法律制度。

随着WTO贸易管理和贸易争端管理的扩张，透明度原则的国内实施也遇到了新的问题。新的WTO缔约方的法律基础和传统文化给传统西方法治语境下的透明度原则带来了挑战。事实上，透明度原则起到的是一种揭示信息的作用，要想维护贸易公平、抑制贸易扭曲，还要借助于各缔约方国内的选举政治和其他民主政治体制的衔接。具体来说，透明度规则将政府行为的信息强制性地公开，这首先就推动行政国家与市民社会的对话，因为公民和议会对政府行为的监督有了标靶，做到有的放矢。其次这种政府行为信息的公开，还有效地制约着政府对外缔结国际条约过程中的行为。在条约谈判完成后、正式批准生效之前，国内社会的各方利益集团可以通过其代表，在议会中对条约的各种影响进行充分讨论，在议会当中没有代言人的群体，如消费者和工会，也可以通过新闻舆论向政府表达观点，为自己的选票增加政治砝码。这就避免了政府被个别利益集团绑架，为了贸易保护而签订条约或者拒绝签订条约。

而新加入WTO的国家，主要是新兴的市场经济国家，则不具备这种鲜明的选举政治的特点。在这些国家当中，公民的投票权不能直接地约束经选举产生的政治官员。在政府对外缔结条约的过程中，国内社会也缺乏对谈判方案的充分讨论、论证的过程。这虽然避免了应激式选举政治的仓促和盲目，但是政府的决策往往流于片面，国内各方利益主体的发言不充分，透明度没有发挥其作用。在这些国家，透明度如何继续其制度的正义性，如何进行国内法的衔接，对于国际贸易和国内民主来说都是非常重要的。

另外，研究WTO透明度原则也是应对金融危机的需要。金融危机中，各成员方政府的应对之道被笼统地称为“救市方案”。但实际上，各成员方救市方案在法律性质上并不是相同的。以英国和中国为例。最先行动的英国采用的办法是收购金融机构的不良资产并成立代管公司，以避免投机行为加剧不良证券化资产的贬值，同时为银行的放贷提供担保，以此鼓励资本流入实体经济市场，进行贸易和投资，属于国际金融法的调整范畴。中国则是采用了在实体经济当中进行大规模基础设施建设的方法，通过政府采购和对内需的补贴来拉动经济发展，属于《政府采购协议》规制的范围。无论是金融救市方案还是实体经济的救市方案，作为国际贸易体系支柱的WTO都应当是有所作为的。如果袖手旁观，放任金融危机向实体经济输出风险，放任各缔约方政府采取短视的贸易扭曲的政策，那么WTO要么走向崩溃，要么被边缘化。

透明度原则是世界“贸易”组织应对“金融”危机的一个理想的切入点。首先，政府采购不受国民待遇原则的约束，但是政府采购仍然要遵守透明度原则的要求。这就使多边贸易体制下的国际社会和国内民众对政府采购的监督成为可能。国际法上的对等原则是对政府采购的有效约束，同时国内民众的监督保证了政府采购的廉洁性和效率性。其次，对于通过金融手段进行的救市而言，其目的最终都是要通过实体经济复苏来带动整个经济走出金融危机的阴影。对此类救市计划，要防止政府出于选举政治的考虑，在提供担保和收购不良资产的同时附加扭曲贸易的条件，例如享受政府扶持的项目要"购买国货，雇用国人"。因为，危机使得资源的有限性被放大，各成员方政府的本能反应就是认定蛋糕是有限的，自己的任务就是尽可能地多分一点蛋糕，否则自己代表的党派就要受到攻击、失去大选中的选票。要防止此类贸易扭曲的风险，防止合作共赢的正和的国际贸易体制变成此消彼长的零和的国际贸易体制，前提是要通过透明度规则和程序获知贸易扭曲措施的相关信息，进而配合多边贸易机制当中的争端解决机制，或者是 WTO 法律框架以外的方式和手段来抑制贸易扭曲。这里面透明度原则，是逻辑前提，也起到了威慑和监督的作用。

总的来说，WTO 透明度原则能够促进国际贸易竞争的公开化、平等化，促进各缔约方国内贸易管理的民主化和科学化。同时，它也极大地推动了包括中国在内的很多国家的行政公开制度的发展。尽管透明度原则具有如此重要的作用，但是目前国内外学者对于透明度的研究却不够深入。

从研究的内容来看，国内外的法学界对 WTO 透明度的研究一般都着眼于透明度条款的规则和内容；政治学家和经济学家则着眼于分析透明度制度的必要性和效率。鲜少有人以历史脉络和案例分析的手法观察透明度的制度演进，也更少有人对这种现象进行原因的分析、价值的判断、未来的预测以及应对之策的考虑。另外，透明度原则是适用于 GATT 下的配套协定的。透明度原则和配套协定的法律文本之间的关系、透明度原则对配套协定的影响都是值得研究的。中国的行政法如何与透明度条款衔接，行政主体如何评价、如何追究责任；行政行为如何规范和矫正；政府信息如何做到实质性的公开；外国和本国的行政相对人的权利如何进行救济，也是理论研究上的空白领域。

从研究方法来看，国内缺乏对透明度原则的制度内容的案例研究。这绝不是说透明度的案例没有研究价值，实际上，在 WTO 的司法体系当中，先前判决尽管不是可以具有法定拘束力的判例法，但是专家组和上诉机构的裁决通常会被日后相关案件的专家组和上诉机构所援引，对审判确实具有很大的影响力。这也是进行案例研究的价值所在。另外，从法的运行环节来看，不研究案例就不了解法律制度的司法环节，也就无从了解法律制度的实施情况以及制度背后的法律宗旨和目的是否实现。对透明度案例的研究主要是国际组织、外国研究机构和学者在进行，这与英美法系的案例法传统不无关联。但是国外学者和国际组织对透明度的案例研究也存在一定的问题。国际公法学者的案例研究缺乏对国际贸易的针对性，而国际经济法学者的案例研究又过分专注于词义的解释和制度内容，缺乏宏观性的把握。因此，系统总结与透明度相关的WTO司法案例、归纳透明度在司法机制中的新发展、解读争端解决机构在透明度问题上的立场是非常必要的。

有感于WTO透明度原则的重要性和目前国内外学者对透明度研究的局限性，笔者将本书的书名拟为《WTO透明度原则研究》。第一章是“WTO的透明度原则：从理念到规则”，介绍了透明度从学说理念到WTO法基本原则的发展历程。第二章是“推动透明度原则发展的因素”分别从外在物质条件的成熟、国际组织自我发展的内在需要和应对金融危机下贸易扭曲的历史发展机遇三个方面加以论述。第三章是“透明度原则的国际实施”，在对国际实施这个概念进行破题和定义之后，对于透明度原则国际实施的两个机制：公布与通知程序以及争端解决机制进行了深入分析，介绍了国际贸易进入WTO时代以后，争端解决机构在司法程序中对透明度原则的适用情况。这一章除了有对案例当中精彩判决的引述和分析，还有对争端解决机构立场的解读。第四章是“WTO透明度原则的国际保障：贸易政策评审机制”，从贸易政策评审机制的制度流变入手，揭示现下贸易政策评审机制的形成过程、制度特点、评审目标、程序和效力，并阐述贸易政策评审机制是如何保障透明度原则的实现的。第五章是“WTO透明度原则的国内作用机制”。国际贸易摩擦虽然外化为跨国贸易争端，但是进行贸易保护并诱发贸易争端的真正原因却在国内。透明度原则就是要通过信息公开和正当程序要求来保证各缔约方国内贸易管理的透明度。而这种透明度所要应对的是贸易壁垒，其成因来自国内，其根本解决方法也必须回归到国内法的层面上。第六章是“WTO透明度原则对中国的影响”。有着同样的经济后发优势、同样的非西方法治传统，日本早于中国经历了透明度原则适用后的阵痛。本章从日本的经验教训出发，以中国政府的入世议定书承诺的透明度事项为起点，讨论了透明度原则与中国传统和观念的碰撞，以及入世后中国进行的制度与机构改革。本文的最后一个部分是结语，集中讨论了WTO透明度原则在发展历程中体现出的特点和倾向，并在前面各章的基础上总结了WTO透明度原则的内涵、发展和深远影响。结语旨在为全文提供一个全局性和总结性的结论，并对透明度原则的未来发展做以展望。

目录 CONTENTS

第一章 >>>

WTO的透明度原则:从理念到规则

第一节 透明度的概念

一、透明度的定义

透明度是一个在国际法上“出镜率”很高的概念。从国际武器贸易到国际环境保护,从国际人权到裁军,从国际金融和各成员方货币政策到国际贸易规则,这些领域都涉及透明度原则。国际武器贸易规定了严格的武器贸易登记制度;国际环境法中的《京都议定书》也要求各成员方及时公布自己履行减排义务的情况;在国际金融法领域,经济合作组织(以下简称OECD)发布多份官方和学者工作报告,倡导各成员方改进货币等金融政策的透明度情况;在世界贸易组织(以下简称WTO)当中,更是有多个协议、协定明文规定了透明度的内容。所有上述国际法制度追寻的都是特定领域的法律透明度。可以说,无论是在贸易、金融领域还是在武器核查和环境保护领域,都有两种行为准则在猛烈地碰撞着。国家当权者和商业秘密的追寻者想要向搜索的眼睛隐藏信息,然而透明度的兜售者们却认为透明度是解决金融危机、军备竞赛和街道犯罪的万灵丹。

一个在法理上被经常引用的提法认为,法律上的透明度是指这样一种情况:一项规则法律或法律程序应该为人所知,“就像人们能够毫不费力地透过干净的玻璃窗看清事物一样”。[①]还有学者将透明度定义为人类理性驱使下对“美德”的选择。支持这种观点的学者认为:透明度简单来说,就是秘密的对立面。秘密就是蓄意地隐藏你的行为,而透明度却是蓄意地揭示它们。[②] 无论是“干净的玻璃窗”还是“秘密的对立面”,从定义上讲,都不是对透明度的抽象概括,而是对透明度特点的描述,而且这种描述远没有揭示透明度的实质含义。举例来说,透过干净的玻璃窗就一定能够看清楚屋子里的事物吗?有些障眼法就是专门对付玻璃窗的。另外,秘密的对立面就一定是透明度吗?透明度会是秘密的终结者吗?这在逻辑上尚待考证。

还有国际法学者将透明度定义为:“对于以下方面的知识和信息的可获得性和可知晓性:(1)国际法主体的条约和做法所确立的规范、规则、程序的含义;(2)条约各方和国际法主体就遵守条约和保持主体有效性而制定的相关政策和所从事的活动。”[③]在国际金融法领域,有学者认为透明度是“市场参加者有能力得知现在和不久以前市场活动的信息”。[④] 众多的学者认为,在WTO法律规范中透明度包括外部透明度、内部透明度和信息透明度三个方面。外部透明度代表了WTO作为一个国际组织与外部世界的关系,包括它与非政府组织、其他国际组织、公共利益组织和私人组织之间的关系与互动。内部透明度,又称国内透明度,是指行政管理程序和司法程序的透明。然而信息透明度则是指信息的可获得性。[⑤] 前一个定义,不限于贸易领域,但是将透明度限定于信息的可获得性。后一个定义虽然突破了信息的获得这个局限,将透明度的内涵扩展到了WTO与外部世界的关系以及各缔约方行政管理和司法程序的领域,但是却限制于与贸易有关的议题,不具备一般法律意义上的普

① William B. T. Mock, *An Interdisciplinary Introduction to Legal Transparency: A Tool for Rational Development*, 18 Dick. J. Int'l L. 293, 295, 2000.

② Bernard I. Finel and Kristin M. Lord, *Power and Conflict in the Age of Transparency*, Palgrave Macmillan, 2000.

③ Abram Chayes and Antonia Handler Chayes, *The New Sovereignty: Compliance with International Regulatory Agreements*, Harvard University Press, 1996, P. 135.

④ John Board et al., *Transparency and Fragmentation*, Houndmills, Basingstoke, Hampshire, New York: Palgrave Macmillan, 2002.

⑤ Debra P. Steger, Introduction To The Mini-symposium On Transparency In The WTO, *Journal of International Economic Law*, 2008, Vol. 11.

适性。

商业实体广泛地接纳了深深植根于WTO体系内的透明度原则。毫无疑问,透明的法律、行政命令和程序会鼓励外国的投资,而不透明的法律和规则会为贸易设置壁垒。美国瑞士银行总裁沃尔夫指出:透明度原则在WTO中涉及外部透明度、内部透明度和规则透明度三个层次。外部透明度是WTO的各缔约方国内社会认识WTO工作的能力,而内部透明度反映了WTO缔约方,尤其是那些发展中国家和小国家,是如何参与到这个组织的工作中来的。最后,规则透明度,或者说该原则是作为重要的国内行政法内容的、善治的一种工具层面的意义。

很多国际组织强调透明度对于发展市场经济和社会整体的重要性,并以与GATT1994第10条相似的方式来定义这一原则。OECD的透明度定义有两个方面。一方面透明度原则被定义为"规则透明度",即被规制的实体在法治的条件下识别、理解它们的义务,以及表达对义务的意见的可能性。另一方面透明度原则要求政府加强"信息透明度"。规则的透明度保护行政行为相对人要求法律和命令必须基于合理的理由并告知其权利的权利和寻求对命令进行审查的权利。因此,通向规则透明度的改革增加了市场的开放程度,减少了商业的跨界成本。信息透明度包括了利益主体的听证、规范性文件的电子化公开、在法律和规则起草过程中使用清晰易懂的语言、通过透明的程序控制规则异化的实践和上诉程序的建立。

综上所述,透明度在法律上是一个迄今为止仍然没有能取得各方广泛共识的定义,但是大体上都包括了政府信息的可获得性这个基本的要素。鉴于此,笔者也无意做归纳性定义的努力,而是尝试从描述性的角度来阐述笔者对透明度这个概念的认识。这种描述不是仅仅从国际经济法或者WTO领域出发,而是从更广义的国际法,包括国际关系、国际公法、国际环境法等多个角度来进行的。

二、衡量透明度的要素

自从信息技术革命以来,保密已经越来越困难。信息的跨界传播现在已经达到了一个前所未有的规模。由于卫星、网络和全天候实时新闻的覆盖,我们拥有了更多关于其他国家国内政策的刚刚出炉的新鲜消息。然而过多的新鲜资讯却让人眼花缭乱。政府的偏好、政府行为的目的、政府的责任能力等信息被人们认为是必须公开的。而人们对公共机构的透明度要求，又促使这类机构不得不按照某种机制公布各种消息。政府和公共机构信息的主动发布结合了社会公众、媒体和外国力量的发掘，使得我们的这个社会正处在信息过度发达的状态。

向着更高程度的透明度的改革不仅仅在政府的决策机构中进行，同时国家的央行、国家所加入的国际组织，乃至于他们境内的私有公司都被席卷了进来。在2002年的《亚洲武器控制条约》的危机中，出于稳定和公共利益的考虑，政府的相关部门被鼓励披露相关信息。在国家的层面而言，我们将透明度定义为将国内政府或社会的信息向国内外的公众公开的法律、政治和制度性的结构。透明度使得来自外部的对于国内重要因素的了解，如相关的可能性、风险规避、接纳、利益和目的等成为可能。总的来说，透明度由于所有的向公众公开信息的制度而增加了，如言论自由、公开的政府听证、非政府组织的存在等。透明度不仅仅和一个政府散发信息的能力密切相关，这些信息的可信度也至关重要。尽管政府可能怀疑彼此信息的可信度，但透明度会为展示他们政府公开信息的能力和准确度提供线索。

笔者认为可以从三个方面来考察透明度：争论、控制和公开。第一个方面争论是指与透明度有关的社会思想的竞争。争论会揭示政府和非政府组织发布政府行为和决策信息的动机。这使得决策者更具备可问责性，而他们的决策依据也不得不更加的明确详细。在争论这个层面，我们可以考察一个国家或者社会之内是否有自由竞争的选举？在非政府组织之间是否存在支持或者反对某项政策的高层次的联合行动？在政府以外，是否有关于公共政策的广泛的讨论？在政府以内，是否有多个决策管道？

第二个方面是控制，是指政府控制信息向特定社会散发的流量和程度。已知的是，不是所有向社会公开的信息都是政府的有意而为。所以，控制这个要素反映了民间组织公开政府负面消息的能力。在控制这个层面，我们可以考察国家的边境是否向旅行者开放？国家的边境是否向国外的媒体开放，境外的媒体能否不经审查就发布他们的所见所闻？国家是否有言论自由？其他的国内非政府组织，如监督机构和贸易协会等，是否公布并管理政府的行为？媒体是否在政府财政支持以外独立营运？公众是否有集会的自由？

第三个方面，是公开——政府主动向公众公开信息的数量和频率。这回应了公众知情权的要求以及国际社会准确预测国内政府的政策、目的和能力的期待。在公开这个层面，我们可以考察与政府的听证、会议和其他官方行为和事件的信息是否有常规的公开渠道？政府是否定期地公开对于其行为来说至关重要的文件？政府机构的工作会议是否向公众开放？政府成员是否被要求公开其利益冲突？政府的管理方式是否符合大量的国际组织的信息公开要求？

三、透明度的意义

第一，透明度为更高级的民主——跨界管理体系提供了基础。随着信息技术和自由贸易把世界联系得越来越紧密，许多政府职能的影响将突破其边界。问题随之而来，因为政府不能越过国界而要求其他国家履行强制义务，只能通过别的办法——政府仍然是作为强制实行者，但不是强制某一项具体法规的实施，而是保证“勤谨的透明度义务”的履行。例如，和要求银行提供储备金相比，对于政府而言，要求银行报告其准备金是更为容易做到的。同样，政府可以从冗长的环境友好政策和环境污染物排放标准的制定过程中解放出来，代之以私有工厂和公司排放物的报告制度。在武器控制问题上，尽管可能无法就核不扩散等问题达成一致，但是就武器贸易的报告和登记却很容易达成一致。

透明度并不必然同义于民主。在不太常见的情况下也可以见到一些有着民主制度的国家并不是很透明。从1955年至1985年，日本就不是很透明，政府的权威决策要么来自于自由民主党①的决定，要么来自于非经选举产生也非向选民负责的私人机构。相反，专权国家也可能很透明。尼加拉瓜的苏莫扎政府，尽管是非经选举产生，但是允许非政府的报纸和广播公司运营，提供政府频道以外的信息。

以国家的环境管理职能为例。在2008年北京奥运会期间，中国强制性地要求所有进京的汽车都必须达到“欧洲四号”排放标准，同时为了提高环境质量，还在税收政策上打出了组合拳。2006年1月，国家发展改革委等六部门

---

① 在此期间，日本的执政党一直是自由民主党，其党内的腐败与秘密政治作风与其取得的经济成就一样为世人所熟知。自此以后，日本的政坛就开始了你方唱罢我登场——各个政党轮流坐庄的局面。政党的轮流更替仍然没有解决政府决策信息不透明、执政方式不透明的沉疴积弊。

联合发出了《关于鼓励节能环保型小排量汽车意见》的通知，对汽车消费税进行了调整。2009 年，国家又针对 1.6 升及以下小排量车实施购置税减半的政策。正在立法研究中的环境税，也被认为是小排量汽车发展的春天。[①] 这一系列环境新政，有效地影响了汽车市场的结构，外国的出口者就必须根据这个环境标准来调整自己的技术和生产标准。那些并不强制要求汽车排放的环保标准的国家，虽然没有国内环境行政管理方面的相应改革，但是其环境行政管理的环境已经发生了变化，其行政管理行为也必然要做相应的调整。

诚然，只有政府才能通过强制力保障法律的实施，但是公开信息的主体却可以有很多。国家、国际组织和公司都要求彼此释放更多的信息，而市民社会就可以从中受益，尤其是公民组织和消费者组织。透明度鼓舞了一种新的分权，不是从中央政府向地方政府分权，而是由政府向市民社会分权。即使相关的政府部门可能对此并不乐见，因为透明度意味着他们的行为将暴露在每一双眼睛的注视下，但是政府部门没有其他的选择。

丘吉尔对于民主曾经有一个经典的论述：在其他的形式被一再尝试之后，民主是政府不得不接受的最坏的形式。基于透明度而非政府强制力的跨界管理也可能是如此，如果其他的选择不是更糟糕的话，一个充满问题、非效率的体系则是糟糕而又不得不接受的选择。透明度为更高级的民主——跨界管理体系提供了基础，尽管这种体系并非基于选举。在这个全球整合的时代，透明度是唯一适当的标准。

第二，透明度对于国际治理的效率来说是非常重要的。改进透明度并培育定期的、及时的和准确的行政管理信息的获取、分析和公开机制，是行政管理职能当中最重要的一项。在许多政府当中，这样的信息支撑了对政府行为的改革，通过对过去行为的评价来改进未来政府的行为。然而，相对于获得成功的政治体制而言，许多政治体制并没有建立充分透明的制度。从伊拉克的核武器计划到日本的秘密捕鲸，国际社会的种种轶闻都提醒我们，政府一般都不会主动提供那些为国际人权条约、国际环保条约和国际安全条约所要求的及时、准确的信息。政府一般也不允许国际组织或者其他人独立地收集那些与国际条约相关的消息。甚至是那些拥有信息的国际组织的秘书处也经常不

① http://finance.ifeng.com/huanbao/hbyw/20100205/1802575.shtml，下载日期：2010 年 2 月 5 日。

能够按照它的宗旨所追寻的那样分析或者发布信息。

透明度，在此处意味着政府信息的可获得性。尽管透明度包括了政府的决策过程和政治体系向外部观察者公开的内容，但是我还是将本章的内容狭义限定为上述的透明度内容及其影响。透明度在不同的政府间、在不同的时间和不同的层面有着不同的内容。一些政府可能比其他政府更透明一些；一个政府在某些领域可能比其他领域更透明些；一些政府在特定的时期可能比其他时期更透明一些。透明度可以通过收集、分析和散发信息的政府信息体系，包括主体、规则和程序，来进行控制。信息体系的投入包括：认证、报告、管理和政府行为，而产出则是集合、占有、评估这些信息，并使其公开化，同时对这些信息负责。

国际关系的学者，尤其是政府理论家，已经认可了透明度是政府效率的源泉这一理论。为了有效地改革政府行为和准政府行为，政府必须创造或者拥有他们致力于改革的行为及其对政府目标实现的影响的有关信息。例如，基于报复理论之上的互惠，就与可靠地区分合作与防御密切相关。军备控制理论也离不开透明度、证实、管理、登记、报告和数据交换。在关税与贸易总协定中的贸易政策审查在鼓励自由贸易的同时，也提倡各缔约方澄清其现有的贸易政策。分析家则认为国际人权和劳工协议取得成功的关键是报告和审查机制。很多环保组织不仅通过行政主体收集信息，自己更是亲力亲为。在这些案例中，透明度协调了行政主体的行为，保护了那些无法与强制执行力抗衡的人并且为国际条约的修订提供了信息基础。即使是那些国家理论现行趋势的怀疑论者也承认透明度的重要性，认为它是采取制裁措施的基础。透明度同样有助于改善“准入”的可能性、有效性和执行度。总之，透明度不仅帮助我们了解政府的行为，还帮助我们了解政府行为的程度。

和理论家一样，实践者也看重透明度。在武器控制领域，大量的实证报告要求决策者遵守透明度的要求。国际环境条约不仅向缔约方政府收集信息，也接受来自各缔约方国内非政府组织、公司、个人、研究机构、其他组织和监测点的信息。在气候变化议题中，许多专家在《联合国气候变化公约》的谈判尚未结束的时候，就已经建议政府建立透明的信息体系。透明度的重要价值，从反面已经被那些缺乏透明度的政府的低效和孱弱以及这些政府为改善透明度的一再努力所证实。

尽管透明度是如此重要，但是要实现它仍然是非常困难的。环境、人权和劳工组织就没能建立及时、高质量和精确的信息体系。政府常常会忘记履行其简单的报告义务。《关于臭氧层消耗的蒙特利尔协定》、《伦敦排放物公约》、《国际运输海洋保护条约》、《濒危物种贸易公约》证明了即使是高可见度和架构良好的管理体系也面临着同样的难题。即使在高度互相依赖的欧盟内部，也经常会收到迟到且不充分的官方环境报告，秘书处收到的数据经常是不完整或者不准确的。幸运的是，不是所有的努力都失败了。国际人权条约的报告率已经连年处于高位。联合国气候变化公约的十八个缔约方当中有十五个国家在一个月之内报告了自己的数据。捕鲸国家定期地向国际捕鲸委员会报告。

第二节 GATT 时期的透明度原则

透明度是一项在整个法律领域具有普适性价值的概念。从 1947 年关税与贸易协定开始，透明度正式被纳入国际经济法的范畴，并占据了 GATT 第 10 条的位置。但是透明度原则成为一项重要的国际法原则，却不是国际法学家们的精心创造，而是由于国内法的推动以及其他缔约方的承认。

一、“行政国”的产生与透明度的国内立法

透明度被写入关税与贸易总协定(GATT)并不是国际法学家呕心沥血的创造，而是由于缔约方国内法的推动，具体来讲就是美国。透明度首先是美国行政法上的一个原则，它与“黑色星期四”所引发的经济大萧条密切相关，在“罗斯福新政”之后成为行政法的一个重要原则。

1929 年 10 月 24 日，在美国历史上被称为“黑色星期四”。10 月 24 日这一天，美国股市泡沫被刺破，5000 多亿美元的资产，一夜间化为乌有。从此，美国经济陷入了经济危机的泥淖，以往蒸蒸日上的美国社会逐步被存货山积、工人失业、商店关门的凄凉景象所代替。大量的企业破产、银行倒闭，无数美国家庭的多年积蓄付诸东流，25%的劳动人口失业，整体经济水平倒退至 1913 年。产品相对过剩的矛盾无力调和，尽管很多人填不饱肚子，但农民将牛奶倒入大海，把粮食、棉花当众焚毁的现象屡见不鲜。当时的胡佛政府坚守自由竞争资本主义的观点，抱定“管得少的政府就是好政府”的立场，对宏观经

济的调控毫无建树。

富兰克林·罗斯福就是在这种情况下取代了毫无建树的胡佛政府,当选为美国第34届总统。他主政的一个主要思路是国家要干预经济的运行,大刀阔斧地采取一系列应对经济大萧条的措施,历史上被称为"罗斯福新政"。新政的主要内容可以用"三R"来概括:即复兴(Recover)、救济(Relief)、改革(Reform)。罗斯福总统的新政先从整顿金融秩序开始。1933年3月9日,国会通过《紧急银行法》①,决定对银行采取个别审查颁发许可证制度,对有偿付能力的银行,允许尽快复业。罗斯福在整顿银行的同时,还采取了加强美国对外经济地位的行动。从1933年3月10日宣布停止黄金出口开始,采取一个接一个的重大措施,②强势地使美元贬值。通过美元贬值,加强了美国商品对外的竞争能力。罗斯福在解决银行问题的同时,还竭力促使议会先后通过了《农业调整法》和《全国工业复兴法》。③ 这些法令相互配合,有效地刺激了经济的复兴。

新政的另一项重要内容是救济工作。1933年5月,国会通过《联邦紧急救济法》,成立联邦紧急救济署,将各种救济款物迅速拨往各州,第二年又把单

---

① 根据《紧急银行法》从1933年3月13日至15日,已有14771家银行领到执照重新开业,与1929年危机爆发前的25568家相比,淘汰了10797家。罗斯福采取的整顿金融的非常措施,对收拾残局、稳定人心起了巨大的作用。参见 http://zhidao.baidu.com/question/117804541.html? fr=ala0,下载日期:2010年3月1日。

② 4月5日,宣布禁止私人储存黄金和黄金证券,美钞停止兑换黄金;4月19日,禁止黄金出口,放弃金本位;6月5日,公私债务废除以黄金偿付;1934年1月10日,宣布发行以国家有价证券为担保的30亿美元纸币,并使美元贬值40.94%。参见 http://news.ifeng.com/mainland/special/2010lianghui/ziliao/201004/0401_9419_1593331_1.shtml,下载日期:2010年3月1日。

③ 罗斯福要求资本家们遵守"公平竞争"的规则,定出各企业生产的规模、价格、销售范围;给工人们定出最低工资和最高工时,从而限制了垄断,减少和缓和了紧张的阶级矛盾。中小企业的发展,为美国社会的稳定、经济的复苏发挥了积极的作用。参见 http://zhidao.baidu.com/question/117804541.html? fr=ala0,下载日期:2010年3月1日。

纯救济改为"以工代赈",[①]给失业者提供从事公共事业的机会,维护了失业者的自力更生精神和自尊心。这一笔钱经过工人的口袋,通过不同渠道和消费,又回到了资本家手中,成为以政府投资刺激私人消费和个人投资的"引动水"。从1935年开始,罗斯福着重通过《社会保险法案》、《全国劳工关系法案》、《公用事业法案》等法规,以立法的形式巩固新政成果。罗斯福认为,一个政府"如果对老者和病人不能照顾,不能为壮者提供工作,不能把年轻人注入工业体系之中,听任无保障的阴影笼罩每个家庭,那就不是一个能够存在下去,或是应该存在下去的政府",社会保险应该负责"从摇篮到坟墓"整个一生。为此,制定了《社会保险法》。[②] 这个社会保险法,反映了广大劳动人民的强烈愿望,受到美国绝大多数人的欢迎和赞许。1938年6月14日,美国国会通过了《公平劳动标准法》,又称《工资工时法》。[③] 为了解决庞大的政府投资的资金来源、解决社会保险制度的联邦经费来源问题,罗斯福破天荒地实行了一种按收入和资产的多寡而征收的累进税,对5万美元纯收入和4万美元遗产征收31%,500万美元以上的遗产可征收75%。公司税以前一律是13.75%,根据

---

① 罗斯福执政初期,全国1700多万失业人员及其亲属维持生计全靠州政府、市政府及私人慈善事业的帮助和施舍。但这部分财源相对于如此庞大的失业大军,无异于杯水车薪。解决这一复杂的社会问题,只有联邦政府才能办到。罗斯福吸收年龄在18岁到25岁、身强力壮而失业率偏高的青年人,从事植树护林、防治水患、水土保持、道路建筑、开辟森林防火线和设置森林望塔等工作。罗斯福还敦促国会通过联邦紧急救济法,成立联邦救济机构,合理划分联邦政府和各州之间的使用比例,制定优惠政策鼓励地方政府用来直接救济贫民和失业者。参见 http://zhidao.baidu.com/question/117804541.html? fr=ala0,下载日期:2010年3月1日。

② 法律规定,凡年满65岁退休的工资劳动者,根据不同的工资水平,每月可得10至85美元的养老金。关于失业保险,罗斯福解释说:"它不仅有助于个人避免在今后被解雇时去依靠救济,而且通过维持购买力还将缓解一下经济困难的冲击。"保险金的来源,一半是由在职工人和雇主各交付相当工人工资1%的保险费,另一半则由联邦政府拨付。参见 http://news.sohu.com/20090114/n261753430.shtml,下载日期:2010年3月1日。

③ 1937年5月24日,罗斯福向国会提交了受到广泛注意的关于最低工资最高工时立法的咨文。咨文承认"我国人口的三分之一,其中绝大多数从事农业或工业,吃不好,穿不好,住不好"。由于国会没有对法案采取行动,1937年10月12日,罗斯福再次提出,直到1938年6月14日通过。这就是《公平劳动标准法》(又称《工资工时法》)。这些社会立法,虽属社会改良的范畴,但对广大人民特别是工资劳动者甚有好处。参见 http://zhidao.baidu.com/question/117804541.html? fr=ala0,下载日期:2010年3月1日。

1935年税法,公司收入在5万美元以下的税率降为12.5%,5万美元以上者增加到15%。

到1939年,罗斯福总统实施的新政取得了巨大的成功。从1935年开始,美国几乎所有的经济指标都稳步回升,恢复经济社会的正常秩序,为后来美国参加二战创造了物质基础,并在很大程度上决定了二战以后以美国为主导的世界经济格局。

如果从法律的角度来解读“罗斯福新政”,我们不难发现从经济复兴到社会救助,再到制度改革,每一项重大措施的背后都有相应的行政法规的出台。虽然它们的名字并不尽然相同,但是无一例外地都推动了政府意志的落实,或者扩大了政府行政管理的空间,授权政府对宏观经济运行和特殊经济领域如银行业等中观、微观经济活动进行管理和调整。在罗斯福新政期间,政府的行政权力不断扩大,政府职能扩张,人民对政府的依赖日益加深。同时,政府大量增设行政机构和行政人员,以对国家的经济生活和社会生活进行干预。在这种状况下的行政部门占有极重要的地位,虽然立法、司法权还存在,但行政组织与运作变得特别重要。政府行政职能和行政权力的这种大扩张、大膨胀的趋势,西方的学者们称之为“行政国”①现象。

美国宪法的核心就是三权分立。随着行政权的膨胀,行使立法权的国会开始要求对行政权进行有效监督。这种监督不能妨碍行政管理的效能,又必须有效地将行政权约束在合法的空间内。这时候,透明度原则成为被美国的立法机构和公众所共同认可的约束行政权的法律原则。人们相信“阳光是最好的防腐剂”,要求政府的信息和行为要公开在阳光下,并以此来防范行政国家对市民社会和市场经济的过度干预。

美国拥有大量的独立管理机构,它们常常拥有准立法权和准司法权。以美国著名的国际贸易委员会为例,虽然只是一个委员会,却对贸易事务有发布新法规和进行贸易审查的权限。由于其财政上独立于国会而直属于总统办公

---

① “行政国”这名词由美国行政学学者瓦尔多(Dwight Waldo,1913年—2000年)提出,载于1948年出版的《行政国:美国行政学的政治理论研究》(*The Administrative State: A Study of the Political Theory of American Public Administration*)。“The Administrative State”被翻译为“行政国”或“警察国家”。在1957年另一名学者Fritz Morstein Marx出版的《行政国:科层体制概论》,也使用了“行政国”这个提法。

室，职权上有直达总统的建议权，被认为是美国国际贸易管理的小白宫。另一个著名的独立机构的例子就是独立检察官制度了。连总统选举的诉讼都要依靠独立检察官来侦办，其权力不可谓不大。美国的行政法传统上就是敌对式的设计，讲究立法权对行政权的监督、行政权对立法权的制衡，认为宪政就是限政。承袭这种传统，美国的法学家试图通过信息知情权、司法审查机制和行政法规的公众参与机制来约束这些独立机构。然而无论是信息知情权、司法审查，还是行政法规的公众参与机制，都必须以行政机构信息的可获得为前提，也就是说行政机构的行为、行为能力和行为意愿必须保证一个基本的透明度。因此，透明度就成为了美国行政法的一个核心原则。

二、GATT 的临时适用与透明度条款的生机

在第二次世界大战以后，也就是 20 世纪 40 年代后期，从比萨斜塔到万里长城，从自由女神到大笨钟，都笼罩在战争遗留的创伤之中，各主要经济国家之间在经济危机中爆发了关税大战。过高的关税使得商品的国际流通极为困难，国际贸易的大幅萎缩又加剧了危机。面对如何重建家园的问题，美国国会批准了欧洲复兴的“马歇尔计划”，向欧洲提供贷款，以获得国际贸易秩序重建的主导权。同时，授权总统签署互惠贸易协定。根据这一授权，美国签订了一系列双边贸易协定，有效降低了关税水平，并根据最惠国原则将关税优惠给予了其他国家。秉承这一思路，国际社会在美国的主导下建立了布雷顿森林体系，旨在恢复被战争所破坏的国际贸易秩序。

在 1946 年，按照布雷顿森林会议的构想，各成员方进行了建立国际贸易组织（International Trade Organization 简称 ITO）的国际谈判。联合国于 1948 年完成了《国际贸易组织宪章》（又称《哈瓦那宪章》）的起草，并交各缔约方国内立法机关通过。由于各成员方通过草案的时间漫长，各成员方政府的代表共同签订了在 ITO 生效之前可以临时适用的《关税与贸易总协定》（以下简称 GATT1947）。《哈瓦那宪章》是一个国际条约，行使行政权的美国政府虽然可以在立法机关授权的范围内进行谈判，但是条约是否生效要提交给立法机关通过。而旨在降低关税的临时适用的协定，由于是已经经过美国国会批准授权的事项，属于美国政府可以自主决定的范畴。由于《哈瓦那宪章》在提交美国国会讨论的时候，国会认为宪章不利于保护美国的利益没有通过，在多次努力失败后，美国政府宣布放弃说服国会通过该法案。受美国影响，大多

数国家没有在《哈瓦那宪章》上签字。反倒是临时适用的《关税与贸易总协定》(GATT1947)在实质上承担起了国际贸易新条约的作用,开始履行自己降低各成员方关税的使命。

就在各成员方纠结于《哈瓦那宪章》能否通过,GATT1947能否有效降低关税的过程中,透明度原则悄然登上国际法的舞台。1946年,美国国务院起草了一份《联合国国际贸易组织宪章(建议稿)》。该文件的第15条是关于"贸易法规的发布和管理——限制性法规和提前通知"。由于当时的国际贸易壁垒主要是关税措施,各成员方普遍认为对贸易法规的发布和管理不是实质性的义务①,所以在后来达成的《哈瓦那宪章》和《关税与贸易总协定》当中,几乎是一字不改地接纳了美国国务院的这一提案②。

GATT1947第10条的条文如下(在GATT1994中仍然没有任何改变):

1. 缔约方有效实施的关于海外对产品的分类或估价,关于税捐或其他费用的征收率,关于对进出口货物及其支付转账的规定、限制和禁止,以及关于影响进出口货物的销售、分配、运输、保险、存仓、检验、展览、加工、混合或使用的法令、条例与一般援用的司法判决及行政决定,都应迅速公布,以使各成员方政府及贸易商对它们熟悉。一缔约方政府或政府机构与另一缔约方政府或政府机构之间缔结的影响国际贸易政策的现行规定,也必须公布。但本款的规定并不要求缔约方公开那些会妨碍法令的贯彻执行、违反公共利益,或会损害某一公私企业的正当商业利益的机密资料。

2. 缔约方采取的按既定统一办法提高进口货物关税或其他费用的征收率,或者对进口货物及其支付转让实施新的或更严的规定,限制或禁止的普遍的适用的措施,非经正式公布,不得实施。

3.(甲)缔约各成员方应以统一、公正和合理的方式实施本条第1款所述的法令、条例、判决和决定。

(乙)为了能够特别对于有关海关事项的行政行为迅速进行检查和纠正,缔约各成员方应维持或尽快建立司法的、仲裁的或行政的法庭或程序。这种

---

① See Canadian Legation, *Report to the Canadian Delegation to the United Nations Conference on Trade and Employment*, http://www.falvm.com.cn/falvm/app/book/f_extractchapter.jsp? TID=20081014100938500643338,下载日期:2010年4月2日。

② 《哈瓦那宪章》第38条和《关税与贸易总协定》第10条。

法庭或程序应独立于负责行政实施的机构之外，而它们的决定，除进口商于规定上诉期间向上级法院或法庭提出申诉以外，应由这些机构予以执行，并作为今后实施的准则；但是，如这些机构的中央主管机关有充分理由认为它们的决定与法律的既定原则有抵触或与事实不符，它可以采取步骤使这个问题经由另一程序加以检查。

（丙）如于本协定签订之日在缔约方领土内实施的事实上能够对行政行为提供客观公正的检查，即使这个程序不是全部或正式地独立于负责行政实施的机构以外，本款（乙）项的规定，并不要求取消它或替换它。实施这种程序的缔约方如被请求，应向缔约方全体提供有关这种程序的详尽资料，以便缔约方全体决定这种程序是否符合本项规定的要求。①

有学者笼统地将透明度原则从国内行政法转化为国际法原则的过程归结为 GATT“祖父条款”和美国在二战后国际经济格局中的强力主导地位作用的结果②，这其实是对“祖父条款”的误读。在关税及贸易总协定（以下简称“关贸总协定”或“总协定”）中有一项特殊的法律条款，它通常被人们称之为“祖父条款”（GRAND-FATHER CLAUSE）。所谓“祖父条款”，最初是指《关税及贸易总协定临时适用议定书》（以下简称“《临时适用议定书》”）的第 1 条（乙）款。该议定书第 1 条规定，临时适用议定书的签字国政府“同意于 1948 年 1 月 1 日和该日之后：（甲）临时适用关税及贸易总协定的第一部分和第三部分，并且（乙）在不违反现行立法的最大限度内临时适用总协定的第二部分”。③ “祖父条款”的作用是协调缔约各成员方的国内立法与总协定第二部分的条约义务的效力冲突问题，使缔约各成员方在现行国内立法允许的最大限度内履行总协定规定的义务。

尽管笔者无意否认美国的国内法律观念和法律制度对二战后世界经济格局的影响，但是就透明度原则成为国际经济法原则来看，这绝不是简单地利用

① 石广生：《中国加入世界贸易组织知识读本》，人民出版社 2002 年版，第 512～513 页。GATT 第 10 条第 1 款至第 3 款在国内有众多的标注方法，有人标注为 GATTX：(1)、(2)、(3)，并把第 3 款项下的（甲）、（乙）、（丙）三项，相应地标注为（a）、（b）、（c）三项。

② Ljiljana Biukovic, Selective Adaptation of WTO Transparency Norms And Local Practices In China and Japan, *Journal of International Economic Law*, 2008, Vol. 11, L. 803.

③ 《关税与贸易总协定》第 1 条。

强权强加给其他国家的不平等义务。恰恰相反,是各成员方在没有充分认识到透明度重要性的前提下默许、认可的结果。尽管 ITO 最终破局,但是 GATT 的临时适用也将透明度原则正式带入国际经济法的舞台。就像它的登场一样,透明度原则在 GATT 临时适用的几十年间一直比较沉默,直到东京回合原有的世界经济体制面临瓦解。在乌拉圭回合达成建立 WTO 的协议之前,一共只有 10 个案件涉及透明度原则。

三、GATT 的危机与透明度的发展

自从 1947 年《关税与贸易总协定》临时适用之后,关税大幅降低,对各缔约方的国内贸易管理法律和政策产生了深远影响,形成了争端解决机制,对促进国际贸易发展、刺激经济发展起到了积极作用。但是随着各主要经济国家平均关税水平降低目标的实现,许多非关税壁垒日渐凸显。另外,在 GATT 项下达成了很多的选择性适用的诸边协议,只适用于签署方。这就出现了不同的诸边协议制定了不同的货物贸易规则,适用不同的争端解决程序的现象,极大地肢解了 GATT 法律规则的统一性。再加上前文所述的"祖父条款",使得各成员方大量的国内法优先于国际法适用,使得整个关贸总协定的规则体系存在"碎片化"、"巴尔干化"的问题。

以 GATT 为法律基础的国际贸易体系,在东京回合之后陷入危机之中。GATT 缔约方为了遏制在国内社会抬头并导致国际纠纷的贸易保护主义进行了新一轮的多边贸易谈判。但是乌拉圭回合谈判刚一开始,国际贸易关系的情况就进一步恶化了。美国和欧盟在农产品贸易中的补贴大战愈演愈烈,新的保护主义的贸易清单被提交到美国的国会,美国对日本采取了在 GATT 历史上从未有过的歧视行动。这些发展使得人们开始怀疑 GATT 是否有能力扭转时局。

人们有时候忘记了,从根本上说 GATT 是一个契约性的条约,是一个缔约方,或者说缔约方可以自由地加入的合同。它对于缔约方未经接受的事项没有约束力。GATT 的优点——非歧视原则和禁止单独使用关税提供贸易保护——的缺席,被认为是二十世纪三四十年代萧条的经济和政治原因。而这两个原则共同为国际贸易和投资创造了一个稳定、自由和可预测的环境。二十世纪三十年代大萧条中的不愉快的记忆也提醒政府要注意约束自己的行动自由。实际上这种在贸易政策决定领域的自我约束的自觉,正是各成员方

政府参与多边贸易体制的隐藏在 GATT 之后的真正动因。

尽管 GATT 可能被说成是代表了其缔约方贸易政策的目标，但是在历史上从来没有过各成员方的实践与国际理念完全一致的时候，关税水平的降低也走过了一条非常曲折的道路①。所谓的黄金时期，应当是指从西欧取消其进口数量限制措施到肯尼迪回合谈判的这十年。这个时期非歧视的自由贸易被视为是一种原则。多边贸易谈判成功地把各成员方的名义上的平均关税水平降低。到 1972 年肯尼迪回合谈判的成果被完满执行的时候，西欧和美国的关税水平从 40%降到了 10%。而透明度原则尽管占据着 GATT1947 第 10 条的位置，但是无论是贸易摩擦中的磋商和争端解决还是贸易谈判中的讨价还价，都很少涉及这个条款。

即使关税水平不断降低，GATT 的黄金时期仍然因为两个因素而逐渐光芒不在。事后看来，这两个因素是：第一，给予美国的弃权书。1955 年 GATT 允许美国政府采取数量限制措施以实施其国内农产品的价格保护计划，放弃了要求美国在这个问题上履行最惠国待遇义务的权利。第二，依据《1961 年短期棉纺织品安排》对日本棉纺织品出口的歧视性限制。在这两个案子中，各缔约方的政府都发现，自己无法拒绝国内生产者提出的要求，而这些要求与国际条约义务——最惠国待遇和国民待遇原则相违背。

① 事实上从 1947 年开始，各缔约方就开始了建立国际经济秩序的一轮又一轮的谈判。第一轮多边谈判在瑞士日内瓦举行，就众多商品达成了较大幅度的关税减让协议。第二轮在法国安纳西举行，总计达成 147 项关税减让协议，关税水平平均降低 35%。第三轮谈判在英国托奎举行，在关税减让方面，美国与英联邦国家谈判进展缓慢。由于英联邦国家不愿意在美国未做出对等减让的情况下放弃彼此间的贸易优惠，使得美国与英国、澳大利亚和新西兰未能达成关税减让协议。第四轮谈判在瑞士日内瓦举行，美国国会由于不满意美国政府的关税减让幅度明显大于其他缔约方，因此对美国政府代表团的谈判权进行了限制，使美国的关税减让有限。第五轮谈判由美国国务卿狄龙建议发起，又称作狄龙回合。该回合的减让将农产品等敏感产品排除在外。第六轮谈判由已故美国前总统肯尼迪倡议，称作肯尼迪回合。本轮首次涉及非关税壁垒和对发展中国家的特殊优惠待遇。第七轮谈判在东京举行，被称作东京回合或尼克松回合。本轮谈判是 GATT 时期的最后一轮谈判，主要面临的问题是关税水平大幅下降之后，非关税壁垒凸显；达成了包括技术性贸易壁垒协议、政府采购协议、反补贴守则、海关估价协议等选择性适用的附属协议；通过了对发展中缔约方的授权条款，允许给予发展中缔约方以特殊差别待遇。上述内容参见黄东黎：《国际贸易法：经济理论、法律、案例》，法律出版社 2003 年版。

肯尼迪回合以后至东京回合这段时间内，贸易关系的实质性的恶化很大程度上基于这些先例。美国依据弃权书提出主张，要求农产品贸易不受GATT的制约。这一主张，与美国对建立欧盟的支持捆绑在了一起。这种政治要价显然很起作用，在狄龙回合（肯尼迪回合之前的第五回合），农产品等敏感商品被排除在关税减让表以外。而针对日本的反对其棉纺织品出口的双边行动，很快扩展至了其他发展中国家和其他的产品领域，包括衣服、鞋类产品、钢铁、摩托车和其他电子产品、机械工具和半导体等。关税在当时的贸易保护体系中已经无关轻重，反倒是补贴、资源出口限制和不公平贸易规则的滥用成为了主角。GATT的主要条文被束之高阁，而条文的例外却常常被援引。

贸易政策的变质反映了经济形势变化、贸易摩擦加剧的大背景下，各缔约方政府对于贸易管理进行改革的抗拒。以货币和汇率的不稳定为标志的宏观经济的不稳定，驱使政府为某些特定的企业或产业提供贸易保护。这些产业往往是缺乏公平竞争条件下市场活力的产业和企业。贸易保护使得这些产业和企业可以不必在国外的竞争压力下进行调整和改革，也可以无视国内的改革的呼声，继续以低竞争力的形态生存。宏观经济萎靡和微观经济的日益扭曲进一步削弱了对这些产业、企业有效改革的可能性，并导致了很多国家产品结构的单一、僵化。而这样的僵化不可能给国民经济带来生机。

在这样的环境下，宏观经济政策的变革尽管重要，但仍未被充分进行。在经济领域持续的糟糕的表现，使得政府倾向于终止他们刚刚开始着手实施的改革。在发达国家的政府间存在这样一种广泛的共识，即如果他们的经济不能随着国际贸易环境的变化而进行调整，那么他们的经济发展就不可能实现。

那么，对于当时那样的贸易保护主义抬头GATT缔约方的政府为什么集体性地无所作为？很显然，这种贸易保护的潮流并不是他们追寻的目标，也不符合通过国际贸易来推动经济发展的目标。那为什么在与本国的贸易政策目标相违背的情况下，政府仍然要对某些产业进行补助，借此来帮助他们抵御国际贸易环境的变化，延续低竞争力状态下的生存？

答案是，在国内领域短期的政治需要使得政府不得不回应公众对于特殊事件的关注。在一般情况下，公众专注于在国际贸易环境下国民经济中遭受损失的那些产业，同情他们的遭遇，并对来自外国的竞争持敌对态度。但是公众往往忽略了一点，那就是政府保护那些没有竞争力的产业和企业的钱最终都是来自于纳税人的口袋，是以牺牲国民经济的整体活力为代价的。公众往往忽略包括自己的利益在内的整体利益在贸易保护当中所遭受的损失。

在新闻媒体的推波助澜下，国内的民意往往是一边倒地支持政府扶持那些竞争力低但是就业人口众多的产业。因为那些在改革中受损的产业的呼声往往是有组织的、响亮的，而那些改革的损失往往是有说服力的。因为想继续获得不公平的竞争优势的集团，往往会在立法机关和公众舆论中派出强有力的代言人。实践证明，政府往往会屈服于这种压力。当一国政府面临紧急而严重的损失的时候，政府的选择空间就很小，他们面临的政治现实压力是巨大的。

正因为如此，在关贸论坛、经合组织中要求增加政府补助产业的透明度的呼声日益高涨。这种呼声指向了如下两种事实：第一，国际贸易受到的关税壁垒越来越少，关税已经被减至非常低的水平，至少在发达国家是如此；第二，以保障就业等名目进行的生产和出口也已严重制约国际贸易的发展。因此，曝光那些隐藏起来的非关税措施和非正式的出口限制①安排，使它们受到公开审查和调查的制约就成为了日益普遍的共识。透明度条款不仅仅意味着公开贸易以及贸易调整当中的具体壁垒，更为重要的是，它揭示了这些壁垒对国民经济整体活力的影响，和对公众本身利益的影响，如成本和收益，以及挤占社会福利资金等。

第三节 WTO 时期的透明度原则

伴随着透明度呼声日益走高的，是国际社会对建立一个正式的国际组织来管理国际贸易的需求。临时适用的关贸总协定，没有合法的权力机关，决策和投票程序也不尽如人意；争端解决机制不统一、效率低；在管辖上只管辖货物贸易，对日渐增长的服务贸易和知识产权贸易没有管辖权。因此，从 GATT 的第八轮谈判——乌拉圭回合谈判开始之日起，国际社会就确立了要建立世界贸易组织(WTO)的目标。现在看来，乌拉圭回合谈判是成功的，一个有合法的最高权力机构、有相对高效的争端解决机制的世界贸易组织被建

① 这种非正式的出口限制安排的典型代表是日本对美国的半导体自愿出口限制(voluntary export restraints)安排、有序市场安排(orderly marketing arrangements)等。

立起来。从以互惠为基础的临时协定到以规则为基础的国际条约，国际贸易管理规则实现了质的飞跃。在WTO时代，透明度原则也开始散发出灿烂的光芒。

一、乌拉圭回合谈判对透明度的安排

即使我们对当年的乌拉圭回合谈判僵局仅有一个粗略的了解，也不妨碍我们得出这样一个结论，那就是：作为支撑这些谈判改进国内透明度的程序是至关重要的。“贸易体制出现问题的主要原因就是贸易政策已经经常性地逃避国内公众的审查和讨论。国内政策制定过程中需要加入更为清晰的分析和更大的开放性。公众也急需了解多边贸易体系是如何运转的。”①

农产品和纺织品等“敏感商品”的谈判就是很好的例子。在那些农产品出口大国，普通民众对于国内农业补贴政策所带来的好处都耳熟能详，但是对农产品补贴成本的了解却是十分有限的。因此，作为对国内政治利益的妥协，作为对国内农产品利益代言人的让步，各成员方政府在农产品问题上的立场都很坚定，分歧也相当大。乌拉圭回合关于农产品谈判的承诺与让步，尽管有时候并没有生效（正如东京回合那样），但是承诺的模糊性也足以使得卷入谈判的大国之间产生分歧。澳大利亚和欧盟就发现澄清自己在这一问题上的立场是十分重要的。

解决农产品保护主义问题的希望被放在了国内财政预算上。因为增加农产品保护必然带来财政预算的增加，这种财政预算增加更增加了政府赤字和财政困难。国际社会希望国会和国内民众出于财政困难的考虑，要求政府放弃农产品保护主义的做法。但是，单纯的财政方法不会改进相关国家国内资源分配体系，也不会显著地改善贸易自由化。相反，对于农产品而言提供贸易保护主义的做法所得到的实惠，例如贸易额的增长、农业产业的繁荣等利益却是显而易见的。总之，关税和其他边境限制措施的魅力已经为它们本身赢得了足够的预算支持。

在“中止贸易保护和（从贸易保护当中）后退”的条约之中，很明显地缺乏实质性的承诺。中止贸易保护的条约将这些行为限定于与GATT规则不相

① See Fritz Leutwiler et al., *Trade policies for a better future: proposals for action*, Geneva: GATT, 1985.

符合很显然并没能涵盖补贴、自愿出口限制和不公平贸易法授权的法律行为。总之，它没有包含整个新型的贸易保护行为，而这些新型的贸易保护行为却越来越多地被应用到国际贸易之中。中止贸易保护的理念若要得到贯彻，必须有基于其国内利益的缔约方所做出的承诺和保证，但是这种承诺和保证很显然并不存在。

与此相类似，在紧急情况下启动安全阀保护机制这一议题，若想以更有利于贸易自由化的方式来达成一致，存在着无法克服的困难。这可以简化为如下的选择题：是要如许多发展中国家所希望的那样严格限制紧急情况下的贸易保护，还是要像欧盟所愿的那样使得安全阀条款的应用和对贸易扭曲的制裁更为简便。这两种选择当中，每一个选择都会继续存在下去，只要各缔约方政府还在承受为那些出于竞争劣势的企业提供贸易保护的国内政治压力。

这不是要贬低多边贸易谈判的影响。GATT 的历史已经证明当世界达成共识并且能够执行谈判协议的话，多边贸易谈判回合将是多么的有效。但是 GATT 谈判所面临的难题是，出于本报告所提及的原因，政府做出这些承诺的能力越来越弱。这就是为什么在乌拉圭回合谈判中加入国内透明度条款内容的原因。

（一）乌拉圭回合的模式

乌拉圭回合谈判分成十五个小组进行。在这些小组当中“GATT 体系的作用”小组非常适合进行有关透明度原则创制的工作。该小组关于透明度的谈判目标在《埃斯特角城部长宣言》当中表述得很明确：谈判应当致力于以下目标，即第一加强 GATT 对于缔约方国内贸易政策及其对 GATT 影响的监督；第二改进 GATT 的决策过程和整体效率。这表明 GATT 缔约方的各成员方财长们已经达成共识，认为需要进一步了解贸易保护的政策。

多边监督和有规则地管理贸易政策和贸易行为的条款，将大大改进 GATT 的程序。在乌拉圭回合以前 GATT 并没有系统地对缔约方的国内政策进行管理，而是仅仅把这种制约建立在个案的通知、起诉、磋商和争端解决程序上。仅仅是在基于收支平衡理由进行的贸易限制措施案件当中，GATT 才尝试过从整体上评价一个采取贸易保护注意政策的国家的贸易政策。

但是，正如“自愿的出口限制安排”案件中所展示的那样，多边监督机制很大程度上依赖于贸易限制措施的有关信息是否能够被释放出来。因此，国内透明度安排就应当是加强对贸易措施进行国际监督的必然要求和不可或缺的一部分。根据上述要求建立一个透明度的法律制度，就要求我们要注意一个新的重点。一些国家可能认为对国内贸易政策和实践的国际监督侵犯了他们对于国内事务独立的管理权，而另一些国家可能希望由秘书处出面要求缔约方履行提交透明度义务的报告。谈判必须满足两方面的需求。这是必须要解决的根本性问题。

（二）阻碍缔约方政府接受透明度机构的因素

这种政策制定者和这些透明度机构[①]之间的紧张局势可能会导致这样的争论，即透明度机构的建立将把当代政府的权威和影响力转移到技术专家身上去。这种争论实际上反映了市民社会自治的内在要求，同时也是一个未经过训练的政策制定过程和信息不充分的立法与社会的缩影。

如果透明度机构能够谨守本分，严格地从宏观经济视角出发维护整个社会的公共利益，那么它的职权的行使将不会与政府在政策制定过程的权威相冲突。政府必须意识到，作为民主的象征，政坛上充斥着各种不同的利益集团之间相互冲突的政治主张。而透明度机构作为围攻整体国民的公共利益的机构，它的功能就是为艰难的政治决策提供一个可靠的依据。从长远来看，随着贸易保护的影响越来越为人所知，贸易自由化将越来越不用依赖政府来进行。

评估国内政策选择广义经济影响并且在利益冲突中保持客观中立的透明度机构，与政府机构之间必然存在冲突。因为，政府的部门把自身利益与产业利益捆绑在一起。后者可能会认为前者将会侵犯他们既得的政治利益。那些受到保护的利益集团可能会担心，透明度机构的这种评估如果影响了政府的行为，将会给他们带来损失。事实上，透明度机构所进行的评估，和那些相关产业部门进行的现有的评估不可避免地具有不同属性，但是这种差别本身就是我们对现有的信息体系进行改革并给出建议的原因。

建立国内透明度机构或许还有一些财政上的问题，但是建立一个机构可以裁撤一些现有的机构。事实上，透明度机构所提供的信息，可以提高经济效率并充分证明自己存在的价值。作为一种选择，如果相关要素已经具备的话，透明度机构的职能也可以由现有的国内机构来完成。这两种方法都需要调整现有的预算执行情况。

---

① 透明度机构是对负责监督政府遵守透明度原则情况的机构的统称，正如下文即将提到的那样，各缔约方政府对于透明度机构的设置、职能、责任的规定不尽相同。

也可能有人质疑这样的透明度机构的安排在某些国家和地区可能与其本身的政治制度和机构设置冲突。但可以肯定的是，透明度的目标和宗旨适用于 GATT 的每一个缔约方。只要他们追求共同的目标，那么就必须进行相关的透明度机构的改革，这有助于帮助国内民众了解产业补助的成本。GATT 中的讨论只需要致力于在它的缔约方中达成有关透明度目标的一致。

（三）透明度机构的要素

为了把在乌拉圭回合日程中列入透明度的反对声音减到最小，并且绕过国内政治势力和有关机构的敏感区，对与乌拉圭回合谈判来说，在此问题上重要的是要做到尽可能涵盖广泛并无懈可击。

在当时的历史条件下，国际法学者、各成员方政府和外交家在以下几个方面取得了一定的共识，首先是透明度的制度手段。专家建议在缔约方国内设置一个独立的并且完全符合各成员方行政法合法形式的机构，就透明度事务定期向政府报告，建议这种报告最好是年度报告。透明度机构不仅仅应当按照国际组织和国内政府的要求发布报告，同时它也应当有自己的宗旨和目标。透明度机构发布的报告应当包括对各种形式的公共补助的审查，包括对所有行业的基于不公平贸易法而采取的法律措施。报告应当公开，这样它才能够成为公共审查的一个手段。

这个透明度的机构应当遵循这样一种核心指导原则：国际社会和缔约方政府是为了改善国内经济效率并提高整个国家的公共利益而做这些工作，而不是单单为了履行政府的国际承诺。尽管国际承诺仍然是非常重要并且应当得到履行的，但是，透明度不是基于互惠合作基础上的妥协，而是为了“共进”①而做的努力。

---

① “共进”是一种新近的国际法理论上的提法。易显河教授《向共进国际法迈步》（*Towards an International Law of Co-progressiveness*）一文中文版首次发表于《西安政治学院学报》（2007 年第 1 期）后，被《新华文摘》和《人大报刊复印资料》相继转载。其中《新华文摘》在 2007 年第 13 期大篇幅转载了这篇文章；《人大报刊复印资料》在 2007 年第 7 期的《国际法学》中将该论文全文转载。《向共进国际法迈步》（*Towards an International Law of Co-progressiveness*）首创性地提出并阐述了什么是共进国际法。文章认为，国际法在主体、形成、内容以及执行等方面在每一特定时代都展现出一些特定的时代精神。在冷战的顶峰时期，国际法的主题是共处；在缓和时期，是合作；而在后冷战时期的今天，则是共进。由于现成的词汇中没有“共进国际法”一词，易教授自己创造了该词。

这个透明度机构在国内机构设置中的地位应当是:除了各成员方所应当保证的透明度机构的独立性和对各产业所持的中性立场以外,透明度机构还应当严格保持一个信息性的角色。他们不应当具有司法功能、执行功能或者是直接的政策角色。他们应当仅仅向他们所代表的政府或立法者负责。在国际谈判和贸易争端解决的磋商中,透明度机构所发布的信息应当可以被其他的缔约方所获得,并且帮助其他缔约方理解和评估在国际谈判中政府所采取的政策。如果能够得到这样的信息,那么在国际谈判中,各成员方就可以避免武断和主观了。①

按照上述要求执行一个条约,打破了GATT缔约方政策选择的平衡。日益增加的贸易政策透明度,将会把缔约方的主张和国际谈判的成果紧密地联系在一起。这个结论是基于这样一个逻辑:对于每一个GATT缔约方来说,贸易自由化确实是符合国内民众期待的民主选择,并不是哪个超级大国强加给另一个国家的。我们期待自由化仅仅限于国际贸易领域也是完全合理的,毕竟国家主权原则是国际法上公认的具有强制执行力的国际习惯。另外,在现实中,限制贸易自由化的措施持续地被那些不太透明的行政管理体制所采纳。国内透明度所要做的就是把贸易限制措施的弊端和成本公之于众,否则,在是否要进行贸易保护的辩论中,主角们往往对这样做的后果并不知情。因为那些享受着产业补助的受惠者担心信息一旦被公布出去他们的主张在政治上就失去了说服力,所以他们的政治代言人自然也就不会主动释放此类信息。此类信息的可获得对于政府做出更明智的选择是非常重要的,它同样有利于启蒙公众对于贸易保护的知情权,从而使得扭曲贸易的措施失去其政治土壤。

然而我们并不期待透明度能够立竿见影地改善国际贸易的现状。我们只是希望它能够逐渐地,但是不可逆转地改善公众对于贸易保护的误解和漠视,而这种漠视正是在国际贸易谈判中那些扭曲贸易的措施的受惠者所期待的。如果透明度不能够改善目前这种国内政治力量控制政府谈判进度的现状,我们将会感到失望。透明度或许不能帮助一个国家成为世界上最强大的国家,但是它可以帮助我们做得比现在更好。

符合上述标准的国内透明度安排在政府准备撤销非关税壁垒的情况下,

---

① Long Oliver, *Public Scrutiny of Protection: Domestic Policy Transparency And Trade Liberalization*, Gower Publishing Company, 1989.

有助于公众确立正确的观念不受误导并创造一个良好的决策环境。我们对透明度的期待基于以下两种假设：第一，国内民众如果了解贸易自由化可以改善国家整体福利的话，会接受并支持贸易自由化；第二，政府是这一领域的政策产品追随者，而不是引导着公众的这一认知。也就是说，政府服从于公众的决策，而不是决定民众的取舍。

二、WTO 透明度原则的十五年

（一）WTO 与透明度条款

作为世界贸易体系的主要支柱，正如在 GATT1994 第 10 条中已被清晰地表述的那样，透明度原则给所有的 WTO 的缔约方施加了这样的义务：

"各缔约方将对海关分类、海关估价、关税税率、国内税率和其他费用普遍适用的法律、法规、司法判决和行政裁定迅速公开，供相关人员了解和查询。这个规定同样适用于与进出口贸易有关的，如运输、保险、仓储等要求、限制和禁令。同时，普遍适用的措施在正式公布之前不得采取……"[①]

这个影响深远的条款包括了缔约方应当建立对政府法案进行司法审查的程序的义务。正如 Sylvia Ostry[②] 解释的那样，这个条款限制了缔约方政府机构是否能作为以及如何作为，这样就直接影响了缔约方的行政法。Sylvia Ostry 回顾了透明度原则从《哈瓦那国际贸易组织宪章》第 38 条对尚存争议原则的模糊定义到对现行的 WTO 世界贸易体系扩张与整合影响深远的历程，一个从最初以美国主张的透明度原则到要求所有缔约方都进行深层次的国内行政法律、法规基础和制度结构的透明度改革的有趣过程。作为保证 GATT1994 第 10 条实施的工具，贸易政策审查机制的诞生标志着在深层次经济整合背景下透明度原则的重要性。

已经有人提出上述的支撑透明度原则的理念是自由民主和开放的市场经济的基石，而不是传统的亚洲社会的基石。换言之，透明度这个法律规则在亚

---

① GATT1994 第 10 条第 1 款至第 3 款。

② Sylvia Ostry, China and the WTO: Transparency Issue, 3 *UCLA Journal of International Law and Foreign Affairs*, 1998, Vol. 1.

洲社会缺乏生存的土壤或者生态。很多学者,包括 Robert Wolfe[①]、Sylvia Ostry、Pitman B. Potter[②] 等已经对发展中国家,尤其是中国适用透明度原则、遵守透明度义务提出了疑义。[③] 这主要是因为他们认为亚洲社会缺乏制度可能性,并且在宪政、行政管理和法律体系等方面存在很大的复杂性。Pitman B. Potter 在他的文章中指出:一些作者认为中国的历史和文化传统可能与 WTO 的透明度规范相冲突。这既是由于中国本土的法律文化强调政府机构和政党的领导权高于个人权利,高于市民社会被告知其权利的权利,高于挑战命令的权利;也是由于在中国,相对于透明的官方的行政程序而言,人际交往是获得包括政府活动信息在内的所有必要信息的主要途径。所以 Pitman B. Potter 解释道:"WTO 原则在中国是被选择性地解释和执行的。"无论如何,为了增加规则透明度和信息透明度,许多亚洲国家已经着手进行行政改革,并取得了不同程度的成功。[④]

(二)以 SPS 为代表的透明度的新进展

透明度规则被纳入 WTO 的法律体系之后,取得了许多新的发展。在争端解决机构对透明度条款的适用中,透明度作为一项法律制度取得了长足的进步。同时,保障透明度的机构在 WTO 内部也被建立起来,尽管这种机构可能不是专职提高透明度的,但是其影响广泛、意义非凡。《动植物检验检疫协议》(SPS)最近的发展就是一个很好的例子。

《动植物检验检疫协议》(SPS)的第 7 条和附件 B 规定了透明度原则,既支持政府的与公共健康保护相关的措施,也防止在缔约方之间造成武断和不合理的歧视以及对国际贸易的变相限制。SPS 协议培育了政府间的管理合作、标准融合,防止了隐藏在政府采取的符合科学原则并保护公共健康的措施后面的贸易保护主义,建立了在以符合附件 B 的方式公告的前提下建立了国

---

① Robert Wolfe, Regulatory Transparency, Developing Countries and The WTO, *World Trade Review*, 2003, Vol. 157, P. 158.

② Pitman B. Potter, Globalization and Economic Regulation in China: Selective Adaption of Globalized Norms and Practice, *Washington University Global Studies Law Review*, 2003, Vol. 119.

③ Stanley Lubman, *Studying Contemporary Chinese Law: Limits, Possibilities, and Strategy*, 39 American Journal of Comparative Law 293(1991)

④ 在本书的最后一章"WTO 透明度原则对中国的影响"将会详细讨论这一问题。

际标准。除了在附件B阐述了透明度原则以外,SPS协议的第7条授权各缔约方以法律、命令或普遍适用的法令来公开并管理他们采取的动植物检验检疫措施。缔约方必须建立中央查询点来答复其他缔约方对它所采取的SPS措施的询问。SPS协议建立了一个特殊的机构——动植物检验检疫委员会,来管理和协调不同的SPS管理者的作用,改进他们的透明度,提供贸易当事方之间除了常规的WTO争端解决机制以外的处理争议的场所。另外SPS协议附件B的第4条授权在缔约方可以在没有通行的国际标准却又必须采取行动的情况下采取某种SPS措施,但前提是该缔约方应当通过WTO秘书处通报其他缔约方该措施可能覆盖的产品的范围,并允许其他缔约方对该措施提出自己的意见。

尽管无论是就SPS整体而言,还是特指透明度原则本身,都以牺牲缔约方规制的主权的代价扩张了国际规则,所以只有一小部分WTO案件是以违背透明度原则要求处理的。尽管只有相关的有限的几个案子,并且在多哈回合谈判中也没有SPS相关议题,但是我们不应当认为透明度原则会得到很好的遵守,实施过程不存在问题,会一帆风顺。这主要基于以下几点原因:

首先,许多缔约方,尤其是发展中国家,发现SPS协议下透明度原则的要求是高成本的、有负担的。对于发达国家、自由市场经济来说,把已经存在的规则透明度要求从行政法转化为SPS标准的设定和管理程序比发展中国家容易很多。其次,在国际标准设立过程中和SPS委员会的工作中更多地体现了发达国家的参与,也使他们能够流畅地实施这些标准并保护他们的经济利益。因此,透明度的标准和风险评估的标准也是受到文化影响的,因为国际标准大部分反映了发达国家的标准。第三,由自身的经济发展水平所致,发展中国家缺乏建立有效的咨询点和通报程序的制度可能性。规定了对发展中国家的技术支持的SPS协议第9条在建立咨询点和设立通报程序方面收效甚微,因为它没有规定任何发达国家援助发展中国家的义务。总而言之,从国内的条件和实践两个层面来说,发展中国家与国际标准和实践的差别是显著的,而这种差别影响着国际标准的实施。

2007年10月,SPS委员会同意了由新西兰提出的一项建议,建立了一个顾问指导系统以支援发展中国家的"国家SPS公开机构"和"国家查询点"的运转。顾问指导包括建立特定相似义务的政府间进行联络的非正式关系,使政府可以有机会从相对方的政府那里得到建议和支援。这个系统是自愿的,并且没有替代其他技术援助的意思。与缔约方共享其食品安全和动植物健康信息相关的改进透明度的建议在2008年5月被提交。这些建议包括缔约方提交信息的新的方式和程序与在线数据库相关的细节（数据库应当发布通报和其他应当按规定处理的信息）。建议中还提到了将影响未来的做法，那就是鼓励成员采取适用国际标准的措施时也通报相关的当事方。这是个自愿的措施，因为被授权的通报只在缔约方的措施不与国际标准相符合的情况下才被强制要求。

（三）贸易政策评审机制

1947年关贸总协定并没有约束缔约方行为的专门监督机制，而主要是通过两种方式来实施：一是利用透明度原则，这主要体现在GATT第10条“关于贸易规章的公布与实施”、第11条“普遍取消数量限制”及第22条（规定了成员方之间应当协商）；第二种方式是通过当时只有专家组程序的争端解决机制。而上述两种方式的内在逻辑都是依靠成员方之间的“盯梢”来实现的。这种方式在缔约国数量有限并且各缔约方主要使用关税作为贸易保护单一手段的情况下，发挥了一定的作用。而二十世纪六十年代，大批新独立的国家纷纷加入关贸总协定，关贸总协定成员方的数量快速增加。到了七十年代，伴随着世界经济大衰退，主要资本主义国家经济陷入滞胀困境之中，发达国家的贸易保护主义势力高涨，各缔约方的非关税壁垒、“灰色”区域措施等新的贸易保护方式层出不穷，严重妨碍了贸易自由化这个关税与贸易总协定的终极目标的实现。各成员方贸易措施的缺乏透明度和稳定性严重扭曲了国际贸易，导致了国际社会对于多边贸易体制有效性的普遍怀疑。在此情形下，加强国际贸易的透明度，强化对GATT实施的检查成本，避免国际贸易重新滑向恶性竞争，就成为亟须解决的问题。

最早尝试通过专门的贸易政策评审机制来加强国际贸易的透明度是在1946年3月。GATT缔约方通过了《关于贸易信息和贸易促进咨询服务的报告》和《在贸易信息和贸易促进领域进行合作的建议》，倡议缔约方立即向秘书处提交法律、条例、决定、指令和有关协议。标志着缔约方在加强GATT监督方面已经达成初步共识的是在1980年3月WTO总干事发布《关于通知和监督的建议》中，要求缔约方按照一个时间表报告有关贸易政策。该建议还要求每半年举行一次会议，专门审查贸易制度的进展情况，即“理事会特别审议制度”。但是该制度仅要求审查贸易体制的一般情况，报告文件是纯事实性的、描绘性的，并没有触及贸易保护这个关键问题，未能对各缔约方贸易政策进行全面、权威审查。

1983 年，时任 GATT 总干事的邓克尔邀请七位著名的专家研究国际贸易体系面临的问题并提出报告。1985 年，该七人小组提交了一份题为《争取更好未来的贸易政策：行动建议》，建议“在国际层面上，贸易政策和贸易体系的动作应该更加公开，国家应该接受对它们的贸易和行动的定期监督，并且 GATT 要搜集和公布有关的信息”。[①] 报告建议各成员方政府对它们的贸易政策进行解释，以此加强“各成员方政府对它们贸易行为所负的责任”[②]，同时还建议秘书处“作为对整个贸易体系的一个监督者，要防止缔约方背离规则和帮助增强各成员方特别是小国和发展中国家维护它们贸易利益的能力”[③]。该报告得到了各缔约方的广泛响应与支持。根据乌拉圭回合《埃斯特角城部长宣言》和作为 WTO 协定附件 3 的《贸易政策审查机制》（以下简称 TPRM），WTO 可以定期对有关成员方的贸易政策和立法及其对多边贸易体制的影响，进行审议并提出相应建议。

《建立世界贸易组织的协定》签署后，TPRM 相对于 GATT 时期的理事会特别审议制度而言有了三个方面的重要变化：第一，在其法律地位上，把 TPRM 作为附件 3 列入乌拉圭回合最终文本，构成了世界贸易组织两大机制之一；第二，建立了贸易政策评审机构（以下简称 TPRB），取代了理事会特别会议主持审议工作，是 WTO 贸易政策审议的专门机构；第三，WTO 的 TPRM 在评审内容和涉及范围上更加广泛，扩展到了服务贸易以及知识产权领域。GATT1994 附件 3A 款对 TPRM 的目标作了具体规定：“TPRM 的目标就在于通过提高各成员贸易政策和实践的透明度并使之得到更好的理解，有助于所有成员更好地遵守多边贸易协定和适用的诸边贸易协定的规则、纪律和在各协定项下所作的承诺，从而有助于多边贸易体制更加平稳地运行。为此，评审机制可以对各成员的全部贸易政策和实践及其对多边贸易体制运行的影响进行定期的集体评价和评估。”

---

① Dunkel. Arthur, *Trade Policies for a Better Future*, M. Nijhoff (Dordrecht and Boston and Hingham, MA, USA), 1987, P. 35.

② *I bid it*, P. 37.

③ *I bid it*, P. 39.

从 TPRM 的文本可以发现，贸易政策评审机制的任务是促进所有成员方遵守 WTO 的规则、原则及纪律；功能是实现成员方贸易政策和实践的透明度，并使之得到更好的理解；目标是在 WTO 的框架下使对各成员方的贸易政策和实践及其对多边贸易体制运行的影响进行定期集体评价和评估成为可能。而文本把这三个层次统一列为目标。而这一系列目标主要是通过保障 WTO 透明度原则来实现的，亦即贸易政策评审机制是 WTO 透明度原则实现的一种制度保障。

（四）WTO 现有的透明度规则体系

经过二十五年的适用以及国际谈判，WTO 的透明度原则涵盖了货物贸易、服务贸易和知识产权贸易这三大领域，在争端解决机制和贸易政策评审机制这两大机制中也得到了体现。主要的条文包括 GATT1994 第 10 条①、《服

---

① GATT1994 第 10 条：1. 缔约方有效实施的关于海外对产品的分类或估价，关于税捐或其他费用的征收率，关于对进出口货物及其支付转账的规定、限制和禁止，以及关于影响进出口货物的销售、分配、运输、保险、存仓、检验、展览、加工、混合或使用的法令、条例与一般援用的司法判决及行政决定，都应迅速公布，以使各成员方政府及贸易商对它们熟悉。一缔约方政府或政府机构与另一缔约方政府或政府机构之间缔结的影响国际贸易政策的现行规定，也必须公布。但本款的规定并不要求缔约方公开那些会妨碍法令的贯彻执行、会违反公共利益，或会损害某一公私企业的正当商业利益的机密资料。2. 缔约方采取的按既定统一办法提高进口货物关税或其他费用的征收率，或者对进口货物及其支付转让实施新的或更严的规定，限制或禁止的普遍的适用的措施，非经正式公布，不得实施。3.（甲）缔约各成员方应以统一、公正和合理的方式实施本条第 1 款所述的法令、条例、判决和决定。（乙）为了能够特别对于有关海关事项的行政行为迅速进行检查和纠正，缔约各成员方应维持或尽快建立司法的、仲裁的或行政的法庭或程序。这种法庭或程序应独立于负责行政实施的机构之外，而它们的决定，除进口商于规定上诉期间向上级法院或法庭提出申诉以外，应由这些机构予以执行，并作为今后实施的准则；但是，如这些机构的中央主管机关有充分理由认为它们的决定与法律的既定原则有抵触或与事实不符，则可以采取步骤使这个问题经由另一程序加以检查。（丙）如于本协定签订之日在缔约方领土内实施的事实上能够对行政行为提供客观公正的检查，即使这个程序不是全部或正式地独立于负责行政实施的机构以外，本款（乙）项的规定，并不要求取消它或替换它。实施这种程序的缔约方如被请求，应向缔约方全体提供有关这种程序的详尽资料，以便缔约方全体决定这种程序是否符合本项规定的要求。

务贸易总协定》(GATS)第3条[①]、《与贸易有关的知识产权协定》(TRIPs)第63条[②]、《装运前检验协议》第5条[③]、《农业协定》第18条[④]、《技术性贸易壁垒

① GATS第3条:透明度。"透明度:1. 除非在紧急情况下,各成员应迅速并最迟于其生效之时,公布所有普遍适用的有关或影响本协定实施的措施。一成员为签字方的涉及或影响服务贸易的国际协定也应予以公布。2. 如第1款所指的公布不可行,则此类信息应以其他方式公之于众。3. 各成员应立即或至少每年一次向服务贸易理事会通报其显著影响在本协定下已作具体承诺的服务贸易的新的法律、规章或行政指示或对现行法律、规章或行政指示的任何修改。4. 各成员应对任何其他成员就其普遍适用的任何措施或第1款意义内的国际协定所提出的所有具体资料要求予以迅速答复。各成员还应设立一个或多个咨询点,以便应请求,就所有这类事项及第3款要求通知的事项向其他成员提供具体资料。这些咨询点应在关于《建立世界贸易组织的协议》(本协定中称为WTO协议)生效后的2年内建立。在建立咨询点的时限方面,经同意可以给予个别发展中国家成员适当的灵活性。咨询点不必是法律和法规的保管处。5. 任何成员都可向服务贸易理事会通知它认为影响本协定实施的,由任何其他成员采取的任何措施。"

② 《与贸易有关的知识产权协定》第63条:透明度。"1. 由一成员实行的、普遍适用的、有关本协定内容(知识产权的效力、范围、获得、实施和防止滥用)的法律规章、司法终决和行政裁决应以本国语言予以公布,或者,若此种公布不可行时,应予以公开,以使各政府和权利持有人对其有所了解。一成员政府或政府机构与另一成员政府或政府机构之间缔结生效的有关本协定内容的协定也应予以公布。2. 各成员应向TRIPs理事会通知第1款中所说的法律和规章以帮助理事会审议本协定的执行。理事会应设法把各成员执行这项义务的负担减轻到最低程度,并且如与WIPO就建立法律和规章的共同登记处的磋商获得成功,可决定免除直接向理事会通知法律和规章的义务。在这方面,理事会还应考虑就源自《巴黎公约》(1967)第6条之三的规定在本协定下产生的通知义务需要采取的任何行动。3. 每个成员应随时准备按另一成员的书面请求,提供第1款所述的资料。一成员如有理由认为某一在知识产权方面的具体司法决定或行政裁决或双边协议影响其在本协定下的权利,也可书面要求被提供或被充分告知这些具体司法决定或行政裁决或双边协议。4. 第1款、第2款和第3款中的任何规定不应要求各成员披露那些会妨碍其法律执行或违背公共利益或有损于无论是公营还是私营的特定企业的合法商业利益的机密资料。"

③ 《装运前检验协议》第5条:通知。"各成员不仅应向秘书处提交其使本协议生效的法律和法规的副本,而且在《世界贸易组织协议》对有关成员生效时,还应提交有关装运前检验的任何其他法律和法规的副本。关于装运前检验的法律和法规的任何变化,在其正式公布之前不应予以执行,在其公布之后,这些变化应立即通知秘书处。秘书处应将这一信息的适用性通知各成员。"

④ WTO《农业协定》的第18条是关于承诺事项的执行,其中规定了像其他缔约方通知的内容。

协定》第10条等。

《技术性贸易壁垒协定》第10条:关于技术法规、标准和合格评定程序的信息。

"10.1 每个成员须保证设立一个咨询处,能回答其他成员和其他成员境内有关团体的所有合理询问,并提供下述有关文件:

10.1.1 该成员中央或地方政府机构、对技术法规有执法权的非政府机构,或上述机构是成员或参与者的区域性标准化机构在其境内批准或建议的任何技术法规;

10.1.2 中央或地方政府机构,或上述机构是成员或参与者的区域性标准化机构在其境内批准或建议的任何标准;

10.1.3 中央或地方政府机构,或对技术法规有执法权的非政府机构,或上述机构是成员或参与者的区域性机构在其境内实施的任何合格评定程序或建议的合格评定程序;

10.1.4 成员或其境内中央或地方政府机构参加国际性和区域性标准化机构、合格评定体系的成员身份情况和参加活动情况,以及涉及本协议范围的双边和多边协议情况,还须能提供这些体系和协议的有关条款的信息;

10.1.5 按本协议发布通报的地点,或提供能够得到这类信息的地址;

10.1.6 第10.3款涉及的咨询处的地址。

10.2 如果成员因法律或行政原因设立多于一个的咨询处时,该成员须向其他成员提供每一个咨询处工作范围的完整和不能含混不清的信息。此外,该成员须保证送给非对口咨询处的询问件被立即转给对口咨询处。

10.3 各成员均须尽他们所能采取的适当措施,保证建立一个或多个咨询处以便口答其他成员和其他成员境内有关团体的所有合理询问,并且提供下述文件或信息,或告知从何处可以得到:

10.3.1 非政府标准化机构或这类机构是成员或参加的区域性标准化机构在其境内批准或提议的任何标准;

10.3.2 非政府机构或这类机构是成员或参与的区域性机构,在其境内运作的或提议的任何合格评定程序;

10.3.3 其境内非政府机构参加国际性和区域性标准化机构和合格评定体系的身份和情况,以及在本协议范围内的双边和多边协议的情况,他们还须能提供这些体系和协议的有关条款的信息。

10.4 各成员须尽他们所能采取适当措施,保证当其他成员或其他成员中有关方面根据本协议条款索取文件副本时,除实际运费外,提供的价格(如有定价)须与提供给本国或任何其他成员的价格相同。

10.5 应各成员的要求,对于某项通报的文件,发达国家成员须提供该文件的英、法或西班牙文译本,或如果是成卷的文件,文件篇幅较长,则提供文件摘要的译文。

10.6 WTO秘书处按本协议规定收到通报时,须将此通报副本分发给所有成员和有关的国际标准化和合格评定机构，并提请发展中国家成员注意涉及他们特别利益的产品的通报。

10.7 凡是一个成员与任何一个或多个其他国家在技术法规、标准或合格评定程序上达成可能对贸易有重大影响的协议时，至少协议中某一方应通过 WTO 秘书处通知其他成员此协议所覆盖的产品清单，包括该协议的简要说明。如有要求，应鼓励成员为签订类似的协议或加入此协议而同其他成员进行磋商。

10.8 本协议的任何内容不得解释为要求：

10.8.1 以非成员语言出版文本；

10.8.2 除第 10.5 款规定外，以非成员语言提供草案细节或副本；或者

10.8.3 成员提供他们认为泄露后会违背其基本安全利益的信息。

10.9 发往 WTO 秘书处的通报必须使用英、法或西班牙文。

10.10 各成员须指定一个中央政府机构在国家一级负责执行本协议关于通报程序的条款，不包括附件 3 部分。

10.11 但是如果因法律或行政原因，由两个或多个中央政府机构负责通报程序，该成员须将每个机构的责任范围完整地和不能含混不清地提供给其他成员。”

从规则内容来看，WTO 的透明度原则包含以下的内容：贸易措施的公布；贸易措施的通知；贸易政策评审机制；透明度的例外。① 贸易措施的公布主要包括：公布的内容、时间和不公布的后果。贸易措施的通知包括了向秘书处的通知和“反向通知”②；包括定期通知和不定期通知；定期通知当中又包括了一次性通知③和多次通知④。贸易政策评审所依据的法律文件是建立世界贸易组织协议的附件三，机构是贸易政策评审机构，“通过经常的监督，增加各成员方贸易政策及实践的透明度和互相了解，提高公众与政府在政策问题上争论的质量并为多方面评价一国贸易政策对全球经济制度的影响提供资料”⑤。

---

① 沈四宝主编：《世界贸易组织法教程》，对外经济贸易大学出版社 2005 年版。

② 反向通知是指，其他成员可以将某成员理应通知而没有及时通知的措施通知世界贸易组织，以通过世界贸易组织来敦促成员及时履行其通知义务。

③ 《装运前建议协议》在《建立 WTO 的马拉喀什协定》对有关成员生效时，一次性通知其国内有关装运前检验的法律和法规。

④ 例如《农业协定》要求成员应当每年通知对国内生产者提供的补贴量。

⑤ 沈四宝主编：《世界贸易组织法教程》，对外经济贸易大学出版社 2005 年版，第 63 页。

有一些信息是值得保密并且必须保密的。这一理念在WTO法律制度的设计中得到了体现。WTO众多协议、规则中均有例外和免除义务的条款。这些条款给成员国在一定条件下控制进口留下了一定的余地。这些规定形成一种保险机制,发挥着安全阀的作用,为成员国政府提供了在必要时违背特定自由化承诺的途径,又规定了一定的条件限制。GATT1994第10条第1款就规定不要求成员公开那些违反公共利益、危害国家安全或者损害公私企业正当商业利益的信息。比如,国防、外交、法官的自由裁量行为、国家机密等当然不能属于公开之列,这些体现在安全例外原则中,它规定了不得要求各成员透露危害国家安全的资料的规定。关贸总协定历史上,实施该例外规则的案例有十几起。如美国对古巴和尼加拉瓜贸易禁运案,马岛战争期间欧共体对阿根廷限制贸易案①。这些案例均是由于两国政治关系紧张或战争原因造成的,因此而采取的贸易限制措施,一般不会受到其他成员的质疑。

在《服务贸易总协定》和《与贸易有关的知识产权协定》中也有类似的规定。《与贸易有关的知识产权协定》中与透明度有关的内容,具体表现在与贸易有关的投资措施第6条,其指出:在与贸易有关的投资措施方面,各成员重申在1979年11月2日通过的《关于通知、磋商、争端解决和监督的谅解》和1994年4月15日通过的《关于通知程序部长宣言》中所承诺的关于透明度通知的各项义务。具体而言,每一成员方应公布与贸易有关的投资措施并通知世贸组织的秘书处,应公布和通知的措施不仅包括中央政府做出的,而且还包括地方政府和地方当局所适用的措施。此外每一成员对于另一成员索取资料的请求应给予酌情的考虑;对于另一成员就本协定运作而提出的有关事项,应给予适当磋商的机会。当然,各成员对于会阻碍法律执行或违背公共利益或妨碍企业合法商业利益的资料,则可以不予披露。

《服务贸易总协定》中,透明度问题规定在第3条,具体规定如下:第一,除非在紧急情况下,各成员应迅速并最迟于其生效之时,公布所有普遍适用的有关或影响本协定实施的措施。这里所指的"措施"既包括各成员方关于服务贸易的各项法律,也包括各成员方涉及服务贸易的行政管理措施,而且成员方之间以及成员方与非成员方之间有关服务贸易的国际协定也包括在内。上述措

① 韩立余编:《GATT/WTO案例及评析》,中国人民大学出版社2003年版,第230页。

施即使不能公布也应以其他方式公开化。第二，各成员应立即或至少每年一次向服务贸易理事会通报显著影响根据本协定已作具体承诺的服务贸易的新的法律、条例或行政指示或对现行的法律、条例或行政指示的任何修改。第三，各成员应对任何其他成员就其普遍适用的任何措施提供所有具体资料的请求予以迅速答复。各成员还应设立一个或多个咨询点，以便应请求，就所有的这类事项及第 3 款要求通知的事项向其他成员提供资料。这些咨询点应在世贸组织协议生效后两年内建立。在建立咨询点的期限方面，对个别发展中国家成员经同意给予适当灵活性。但是《服务贸易总协定》第 3 条也规定，不要求任何成员方提供那些一旦公布就会妨碍其法律实施、违反公共利益和损害公司、企业合法的利益的机密资料；此外《服务贸易总协定》第 14 条之二也是关于“安全例外”的规定，即不要求成员方公布那些会危害国家安全利益的资料。

总之，WTO 的透明度已经形成了具备公告、通知、贸易政策评审和透明度的例外等内容的法律制度。这一法律制度相对于 WTO 的国民待遇原则和最惠国待遇原则来说，适用的范围更广泛。例如《农业协定》不适用最惠国待遇原则，而《政府采购协定》不适用国民待遇原则，但是这两个协定都适用透明度原则。这一方面说明透明度原则不仅仅有利于国际贸易的发展，也有利于国内贸易管理以更透明的方式逐步实现“善治”；从另一方面来说，透明度适用范围的广泛也给 WTO 争端解决机构在争端解决过程中越来越多地适用透明度条款提供了有力的基础。

（五）WTO 透明度原则对多边贸易体制的有用性

立法、决策及其实施过程中的透明度是民主制度的精华之一，无论在国内社会还是国际社会中都是如此。在国际贸易体制中，保持贸易政策透明成为一项基本原则，它对于多边贸易体制的重要价值体现在以下方面：

第一，透明度原则适应了经济生活对政策法规的可预见性和稳定性的要求。

政策法规的可预见性和稳定性是市场活动和自由竞争的一项基本要求和必不可少的前提条件。国际经济交叉、交易过程复杂，而各成员方法律规则不同，导致国际经济交往往往有很大的风险，政策法规的可预见性和稳定性就显得尤为重要。国际贸易的实践证明，贸易政策的不透明不仅增加了国际贸易的风险，更严重的是，它成为一些国家实施贸易保护主义的手段。一国内部或少数国家之间的"暗箱操作"往往会改变竞争条件，扭曲正常的国际贸易关系。鉴于此，WTO规则之所以存在，主要是为了给国际贸易建立一个可预测的和自由的经济和法律环境。为了在未来制订计划和进行投资，商业界和政府都需要能够确定其贸易伙伴正在实施的有关规则，并以同样的方式实施。①

第二，保持贸易政策透明是监督各成员贸易政策的基本手段。

WTO的各项协定，在性质上属于国际条约。按照"条约必须遵守"的原则，WTO各成员均需严格履行其在WTO各项协定下的义务。实践中，各成员方履行WTO各项协定的方式，通常不是直接适用其各项协定的规定来处理有关的国际贸易问题，而是采取所谓"间接适用"的方式来保障WTO各项协定的实施，即成员方按照WTO各协定的要求调整其贸易法律规章和措施，并通过实施这些贸易法律规章和措施来履行WTO各协定所规定的义务。换言之，只有各成员方的贸易法律规章和措施与WTO各项协定的要求保持一致，各成员方才能有效地履行其根据各项协定所承担的义务。

各成员方按照透明度原则的要求公布其贸易法律规章和措施，并将其贸易法律规章和措施的变化情况通知其他成员方，使各成员的贸易政策被置于国际社会的监控之下，这种监控形成的压力制约了成员政府的行为，有利于防止歧视性的行为出现，也有利于及时发现违反义务的行为。一旦某一成员方违背了他的义务，如不遵守透明度原则，受到侵害的成员就可以通过争端解决机制，要求他改正错误的做法。在由透明程序、贸易政策审查机制、行政机构的一般审查程序和争端解决机制组成的监督机制中，透明程序处于一种基础地位，它可为其他监督程序发挥作用提供条件。但对于某些具体问题，如海关管理、征收反倾销税等，重要的是每个成员要让其他成员知道他的法律法规是如何实施的。②

在阐述透明原则的意义时，有一种颇为流行的观点，即认为规定透明原则的目的在于防止缔约方或成员之间进行不公开的贸易，从而造成歧视的存在。从上述分析可看出，透明度原则的意义还在于监督成员方政府执行世界贸易组织各项协议和履行市场开放的承诺。

---

① 冯国基:《面向WTO的中国行政》，法律出版社2002年版，第95页。

② 世界贸易组织秘书处编:《乌拉圭回合导读》，索必成、胡盈之译，法律出版社2002年版，第52页。

第二章 >>>

推动透明度原则发展的因素

透明度到底是什么？简单来说，就是秘密的对立面。秘密就是蓄意地隐藏你的行为，而透明度却是蓄意地揭示它们。这种选择使得日益增长的对透明度的认同，不仅仅是一种对于信息时代的技术的投降，而是一种对适当行为认识的改变而带来的选择。随着透明度的迅速发展，政府和企业都应当转变自己的观念，重新定位自己的核心任务。对于企业而言，其重心应当从商业秘密转向财政透明度和社会责任。对于中央或地方政府而言，其重心应当从古老的主权独立理念向新的——向世界解释和说明其行为的理念转移。

第一节 物质条件的具备：信息技术的发展

一、透明度原则发展的助推器：信息技术

在第一次世界大战的时候，协约国要求德国非军事化，建立许可程序（其中包括接受国际监督机构的监督）。然而自从透明度措施被实施之后，很快地，大家发现除了法国以外，其他的受害国对于强制执行更不信任的条款并没有什么兴趣。美国和英国政府认为他们没有权力去违背一个主权国家的意愿去监视其国内的恐怖主义，并且担心这样的不信任措施更有可能激发极端民族主义和暴力反抗而不是孕育和平。

八十年后，美国和英国为了强迫伊拉克接受类似的监督条款而准备发动战争。尽管世界上的其他国家反对使用武力，但是没有人认为这种监督是非法的。中国、法国和俄罗斯的领导人同意迫使伊拉克允许美国的监督员进入

国境进行检查，这些授权都是以联合国安理会的名义做出的。

在这两个案子中，处于守方的国家都面临着接受外国对其军事力量的监督的要求。在二十世纪二十年代，普遍的观点是任何一个国家，哪怕是侵略方都有保守其军事秘密的权利。美国政府就曾经清楚地表示："美国将不会接受来自任何外部机构的监督，也不会受这种监督的约束。"到了九十年代，完整的曝光已经变得如此合法，以至于来自外部的力量无论是主权国家还是其他什么人的透明度要求都被国际社会认为是理所应当的。显然，在此期间，一些变化已经发生了。

戏剧般的技术革新使得透明度变得越来越可能实现，也越来越吸引人。有一个例子可以证明。在 1986 年，莫斯科仍然对切尔诺贝利核电站的核泄漏事故保密，但是美国政府的一颗间谍卫星从一张照片中发现了异样。仅仅在五角大楼的专家看到这张图片的 24 个小时之后，美国广播公司的节目中就播出了通过商业卫星获得的类似的照片，尽管清晰度无法和军用卫星相媲美，但是所透露出来的信息是明确的：在高科技监控技术上政府唱独角戏的时代已经结束。

从那时起，民用空间技术企业进一步地缩小了技术的鸿沟。突出的例子是 1999 年发射的商用间谍卫星拍摄的照片。在普通人中间，为了打击交通犯罪和街头暴力，监控头的使用也早已普及。虽然这些都需要有大量的硬件装备，但是现在技术的发展使得这一切变得容易起来。麻省理工的发明使得设备变得非常小；而另一项发明则使这么小的设备具备了非常突出的功能，如传送高质量图片、爬行、飞行等等。但是无论硬件设备怎么小、怎么有效或者性价比怎么优良，技术始终是有其力所不能及的空区。

另外，透明度的传播也是民主化和全球化这两大趋势发展的一部分。民主的核心就是对政府行为的许可，如果没有被告知，则人民的许可无从谈起。信息技术使得地球收缩了，一个地区的事情的影响不限于本地，而会影响到其他的国家的人。所以，越来越多的人对别人的事情发表意见或看法，无论是从人权的角度还是环境的角度而言都是合理的。在所有的执行措施中，透明度往往是更优选项。

简而言之，世界正在接受一个新的行为准则——公开规则，这个规则不是通过强权或者压迫来保障实施，是通过自愿的曝光来实现的。而到目前为止，一切都很顺利。透明度好像赢得了与不透明的主张之间的这场激烈的争论中的胜利，并对世界产生了良好的影响。全球化的加快推动了良好行为的推广，我们看到了越来越多的透明度的主张。

二、信息过度与信息不足

在信息技术革命的背景下，信息大爆炸成为各个社会领域普遍面临的问题。信息的跨界传播现在已经达到了一个前所未有的规模。由于卫星、网络和全天候实时新闻的覆盖，我们拥有了更多的其他国家刚刚出炉的国内政策的消息。各种主体借助网络平台发布各种各样的信息，而对于公平贸易而言最需要的信息往往淹没于那些垃圾信息之中。同时也不排除缔约方利用这一现象，有意将关键信息零敲碎打地予以发布，隐藏、安插在大量的伪装信息之中，让其他缔约方和贸易伙伴无法有效地搜集到对自己有用的信息，这也被成为“过度信息”。政府的偏好、目的和能力的信息为公众和其他政府外部的人所知是公共机构透明度的要求。这种“信息的过度”因为公共机构透明度的要求而加剧。很多的国际组织和国际条约要求相应的政府部门提交各种各样的报告。公众也通过立法机关和听证制度要求政府部门和相关责任主体提供有关信息的报告。而在这么多的报告和信息当中，真正有用的关键信息很容易被隐藏起来。

任何一项技术的发展都必然伴随着对这项技术的反制。信息技术的发展，必然导致信息屏蔽和反屏蔽技术的出现。合理地使用信息屏蔽技术，是透明度原则的要求实现的一个关键问题。但是信息审查和信息屏蔽是涉及行政自主的敏感议题，透明度必须有限度地发挥自己的作用。另外由于互联网技术依赖大量的页面跳转和页面链接，所以导致了很多政府网站只有链接没有实质内容的问题，隐藏得很深，不容易解决。由互联网链接技术和信息屏蔽技术共同导致的信息不充分也被称为新型的“信息不足”。这些都给透明度在网络时代的发展带来了新的命题并推动透明度原则不断发展。

三、透明的限度

但是我们仍然有理由对透明度保持谨慎，这并不仅仅是出于表面所见的惰性那么简单。惰性的表面之下，隐藏着很多保护非透明度的因素：

第一，在缺乏国际共识或多边共识的情况下，透明度可能会加剧冲突。透明度只是简单地把模糊的东西变得清晰，但是原本可以隐藏的冲突和矛盾，也就无所遁形。在国际事务中,你在做什么远比为什么这样做来得多。例如美国不会对英国兴建核设施大惊小怪,因为相信英国不会对美国的安全构成威胁。但是同样的事如果由以色列来做,美国的态度和反应就完全不同。第二,一些秘密值得给予法律上的保护。公司的商业战略和商业秘密;国家的安全机密等。第三,信息很容易被误解和滥用。透明度只能揭示一个行为,但是不能揭示行为的目的。至于滥用,现在很多政府部门实际上都是依赖非政府组织的信息,并向非政府组织报告。这些非政府组织被希望是独立地、公正地为公共利益而服务。但是真相是,这些非政府组织是非经选举而产生,不负法律责任并且有时候本身更不符合透明度的要求。第四,即使上述的问题全部解决,透明度也不一定能够解决问题。知道一个人在做什么并不一定能够改变他的行为。透明度只是增加了违法的成本,但是其本身对于阻止违法而言的作用是软弱而间接的。

由于以上原因,再加上人类躲避公众监督的天性,建立一个全球性的公开规则还非常遥远。并且反对的声音也很强烈,即使是在那些已经朝着透明度进行了改革的地方也是如此。美国化学产业联合会本来是支持透明度要求的,但是当他的竞争对手的成员数量在短时间内发展了一倍的情况下,他不得不停止了透明度的实施,并最终舍弃。在作为欧盟的轮值主席国期间,英国大力推动欧盟在决策过程中的透明度改革。而近来英国对透明度的新主张也体现出一些退步。尽管,英国驻布鲁塞尔的官员要求一家英国广播公司直播欧盟缔约方首脑之间举行的关于空气质量的协商,但是英国的运输、环保、贸易和工业等部门却拒绝了此项要求。

尽管存在着潜在的倒退的可能性,但是这个世界仍然会见证透明度越来越多地成为改变政府和企业行为的手段。理由是纯粹实务性的。政府必须提供实体机构、国内或国际教育以及支持国际监督、军事安全和警察力量的法律体系。政府必须保持与国际人权标准广泛的一致。政府还被寄希望于参与到国际环境条约中来,管理国内环境事物、调整宏观经济政策从而保证可持续发展。无论是在富裕国家的大城市还是在发展中国家的城市中,大量的青年和失业人口还依赖政府提供的社会保障体系。而许多政府都面临着纳税人不愿意为这些项目付费的问题。向公众公开、加强透明度会增加政府的公信力,使公民更愿意拿出钱来纳税。

随着信息技术和自由贸易把世界联系得越来越紧密,许多政府职能的影响将突破其边界。问题随之而来,因为政府不能越过国界而要求其他国家履行强制义务,只能通过别的办法——政府仍然是作为强制实行者,但不是强制某一项具体法规的实施,而是保证"勤谨的透明度义务"的履行。例如,和要求银行提高储备金相比,对于政府而言,要求银行报告其准备金是更为容易做到的。同样,政府可以从冗长的环境友好政策和环境污染物排放标准的制定过程中解放出来,代之以私有工厂和公司排放物的报告制度。在武器控制问题上,尽管可能无法就核不扩散等问题达成一致,但是就武器贸易的报告和登记却很容易达成一致。

诚然,只有政府才能通过强制力保障法律的实施,但是公开的主体却有很多。国家、国际组织和公司都要求彼此释放更多的信息,而市民社会就可以从中受益,尤其是公民组织和消费者组织。透明度鼓舞了一种新的分权,不是从中央政府向地方政府分权,而由政府向市民社会分权。即使相关的政府部门可能对此并不乐见,因为透明度意味着他们的行为将暴露在每一双眼睛的注视下,但是政府部门没有其他的选择。

第二节 作为国际组织的WTO自我发展的内在需要

透明度之所以能够发展成为一项基本原则,不仅仅是追随和适应信息技术发展的大潮,更重要的原因是基于WTO作为一个重要的国际经济组织自身发展的要求,坚持发展透明度原则有其内在的法理学基础、经济学基础,也无法独立于大国博弈的政治背景而存在。

一、透明度原则作为WTO基本原则的法理基础

作为某个特定法律部门的法律体系当中的基本原则和基石性法律范畴,因其在法律体系中的根本性、统领性及贯彻始终性地位,其背后必然有深刻的法理基础为依托,否则其存在的必要性及合法性必然会受到人们的质疑。透明度原则也不例外。"WTO透明度原则体现的乃是现代立法的民主化、法治化和国际化特征,它深层次地反映了现代市场经济条件下法治的真实内涵。即在现代法治社会,不仅要以公开的法律作为全体社会主体的行为规范和价

值指南，而且要求立法活动本身也应当依法公开进行，注重立法过程及程序的透明与民主，以确保立法结果的科学性和合理性，使现代社会不仅实现有法之治，而且实现良法之治。”[①]WTO透明度原则的程序性规定体现法治的要求，进而在国际社会实现良法之治。

(一)因保障WTO各成员方的国内透明度实现而具备正当性

从成员方的角度讲，WTO透明度原则要求其及时公布贸易政策和做法，基本上满足了“以公开的法律作为全体社会主体的行为规范和价值指南”[②]的要求，使成员方之间能够有机会充分了解彼此的贸易规则，这不仅是经济全球化的要求，而且本身也是经济全球化趋势带动的全球经济规则和贸易管理规则透明化、统一化的一种表现。虽然WTO透明度原则尚未明确规定各成员方应坚持立法过程的公开与民主，只要求立法结果公开，但是，正如国际法整个法律部门所展现出来的动态法的发展特点那样，透明度原则是一个动态的，不断扩展的概念。由于一个国家的国内立法活动是制定对社会主体行为具有现实法律约束力、对社会成员的利益分配具有重大影响的规范性法律文件的过程，这就要求立法机关在立法过程中，应当要坚持立法的公开性和透明度，反复征询各种利益主体、各阶层社会成员、相关专家和学者的意见，保证法律成为公知、公意的载体。由此我们可以预见，透明度原则在不久的将来应该包含成员方立法过程的公开与透明。可见，成员方在国际法治进程中已经迈出了基础性的第一步，并将继续朝更高水平的法治发展。

从WTO自身透明的角度讲，由于WTO是一个重要的国际经济组织，它除了管理各项WTO协议之外，还担负着解决国际贸易争端的特殊职能。如果仅仅从法律的公开以及立法过程的民主与透明来分析WTO作为一个国际组织自身在透明度方面的要求，必然会忽略WTO作为国际组织维持其自身良好运转对于透明度原则的依赖，以及对争端解决过程中的透明度原则的考察。所以，在分析WTO自身透明度时，应当从透明度原则化解WTO正当性危机的角度，阐释透明度原则在实践“法治”理念方面的作用。

---

① 秦国容:《试论WTO透明度原则和司法审查制度对我国法制建设的影响》，载朱景文主编:《法律与全球化——实践背后的理论》，法律出版社2004年版，第434页。

② 秦国容:《试论WTO透明度原则和司法审查制度对我国法制建设的影响》，载朱景文主编:《法律与全球化——实践背后的理论》，法律出版社2004年版，第435页。

在历史上曾经出现过一次WTO正当性危机。在WTO的决策过程中，商议和理性讨论的原则并没有得到实践。这主要是由于WTO的决策过程缺乏透明度和开放性，目前被批判为一种不透明的、封闭的富人俱乐部气氛。有关WTO不够透明的怨言直接引发了人们对WTO自身正当性的质疑。化解其正当性危机首先需要形成一种对"正当性"的判断标准。在大多数现代宪政体系内，如果它是依照民主决策程序建立的，并且符合社会的根本价值，比如个人的权利和集体福利，一项规则即可被视为正当的。那么WTO的正当性可以通过从程序上分析其决策过程，实体上分析其对公共福利的影响来加以判断。透明度原则的内涵要求"WTO在制定决策和解决争端过程中，应给予各成员方和相关利益主体充分、及时地获得有用信息、提出异议和建议的机会，提高公众和政府部门间对这些问题进行讨论的质量"①，该项透明度要求其实已经包含了民主决策的内容，坚持透明度也是实现正当性，透明度原则对于化解WTO正当性危机发挥着相当重要的作用。

就程序上来讲，WTO首先应做到组织内部透明，向各成员方提供在WTO下达成的各项协定，WTO无疑做到了这一点。更为重要的是，在制定决策和通过有关争端解决的各种文件时，应坚持相关成员方的普遍参与，给予各成员方平等的机会，而不因其经济发展水平的差异而区别对待，相关主体的充分参与是实现真正透明的必要条件。鉴于发展中国家在WTO中的绝对多数以及其日益壮大的经济力量，WTO在此方面的制度完善亟待加强。同时，WTO还要做到外部透明，其做出决策和进行争端解决的过程与结果应尽可能地对外公开、透明。WTO对外透明的程度越高，越有利于消除外界对其的质疑，其行为的可信度也会越高。通过提高WTO的内外透明度，保证了相关主体的知情权与参与权，从程序上保证了民主决策。

从实体角度看，无论是WTO的决策还是其争端处理结果，都应该体现人类所共同追求的普世的自由和价值。"历史告诉我们，民主程序只是善法(即良法)产生的一个必要条件，而绝不是充分条件。公众时常容易被宣传和鼓动所蛊惑，做出错误的选择……那么如何才能保证法律在内容上的正当性呢?在这一环节就应当归结到法律的本质，也就是以权利为基本因子、基石范畴这

① 李春:《透明度作为WTO基本原则的原因探究》，载《北京科技大学学报(社会科学版)》2006年第2期。

一点上来。法律应当始终将权利放在规则的首位。而这里所说的权利，应当是一个时代所有个体所追求的基本的、普遍的自由和利益。"[①]WTO 的终极目标是增进全人类的福利，实现全球社会的可持续发展，该目标符合全人类的整体和长远利益。作为调整国际贸易最重要的国际组织，WTO 的决策和处理贸易争端的结果必须体现出这种利益诉求，并以之为根本。一个透明、开放的讨论氛围对于实现此项"根本利益"是至关重要的。因为只有这样，各成员方才能获得充分的信息，接收、审视其他成员方的观点，通过相互之间交换意见商议、讨论，在成员方之间形成积极、良好的互动。经过多轮互动的过程，全体成员方均认为有价值的意见会渐渐凸现出来，并最终纳入各成员方达成的多边协议之中，使人类的共同利益得到保障。在这个过程中 WTO 透明度原则是一切运行过程的逻辑起点。

然而由于目前 WTO 尚没有做到如此开放和透明，其协议的形成多是成员方之间讨价还价、妥协和获取对价的结果，成员方往往以此方面的让步获取彼方面的利益，彼此之间并没有通过充分交换信息和理性地讨论来寻求有利于全体成员方的最佳解决方案，故不能保障全体成员方的共同利益。即使有些成员方不同意其中的某些规定，也必须采取"一揽子"接受的方式，这本身就体现出 WTO 在此方面的局限性。虽然在国际范围内达成全体成员方统一的认识是非常困难非常耗时的，"一揽子"接受的方式在目前来讲比较可取，但我们不能否认，增强 WTO 的透明度，使多边贸易协定最大限度地反映各成员方的利益诉求，应当是 WTO 未来的发展方向。

二、透明度原则作为 WTO 基本原则的经济学基础

(一)完全竞争市场理论

多经济学者和政策制定者一直把完全竞争用来比较现实市场优缺点的一种理想状态。完全竞争市场(Perfectly Competitive Market)，又叫作纯粹竞争市场，是指竞争充分而不受任何阻碍和干扰的一种市场结构。在这种市场类型中，买卖人数众多，买者和卖者是价格的接受者，资源可自由流动，市场完全由"看不见的手"进行调节，政府对市场不作任何干预，只起维护社会安定和

---

① 杨裕钦:《WTO 的透明度原则的理论分析》，载《北京理工大学学报(社会科学版)》2000 年 11 月。

抵御外来侵略的作用，承担的只是“守夜人”的角色。

完全竞争市场必须具备一定的条件，这些条件主要有以下几个方面：

1. 市场上有众多的生产者和消费者，任何一个生产者或消费者都不能影响市场价格。由于存在着大量的生产者和消费者，与整个市场的生产量（即销售量）和购买量相比较，任何一个生产者的生产量（即销售量）和任何一个消费者的购买量所占的比例都很小，因而，他们都无能力影响市场的产量（即销售量）和价格，所以，任何生产者和消费者的单独市场行为都不会引起市场产量（即销售量）和价格的变化。正如美国经济学家乔治·斯蒂格勒所说的那样：“任何单独的购买者和销售者都不能依凭其购买和销售来影响价格。用另一种方式来表达，就是：任何购买者面对的供给弹性是无穷大的，而销售者面临的需求弹性也是无穷大的。这也就是说，他们都只能是市场既定价格的接受者，而不是市场价格的决定者。”

2. 企业生产的产品具有同质性，不存在差别。市场上有许多企业，每个企业在生产某种产品时不仅是同质的产品，而且在产品的质量、性能、外形、包装等等方面也是无差别的，以致任何一个企业都无法通过自己的产品具有与他人产品的特异之处来影响价格而形成垄断，从而享受垄断利益。对于消费者来说，无论购买哪一个企业的产品都是同质无差别产品，以致众多消费者无法根据产品的差别而形成偏好，从而使生产这些产品的生产者形成一定的垄断性而影响市场价格。也就是说，只要生产同质产品，各种商品互相之间就具有完全的替代性，这很容易接近完全竞争市场。

3. 生产者进出市场，不受社会力量的限制。任何一个生产者，既可以自由进入某个市场，也可以自由退出某个市场，即进入市场或退出市场完全由生产者自己自由决定，不受任何社会法令和其他社会力量的限制。由于无任何进出市场的社会障碍，生产者能自由进入或退出市场，因此，当某个行业市场上有净利润时，就会吸引许多新的生产者进入这个行业市场，从而引起利润的下降，以致利润逐渐消失。而当行业市场出现亏损时，许多生产者又会退出这个市场，从而又会引起行业市场利润的出现和增长。这样，在一个较长的时期内，生产者只能获得正常的利润，而不能获得垄断利益。

4. 市场交易活动自由、公开，没有人为的限制。市场上的买卖活动完全自由、公开，无论哪一个商品销售者都能够自由公开地将商品出售给任何一个购买者，而无论哪一个商品购买者也都能够自由公开地向市场上任何一个商品销售者购买商品，市场上不存在任何歧视，同时，市场价格也只随着整个市场的供给与需求的变化而变动，没有任何人为的限制。任何市场主体都不能通过权力、关税、补贴、配给或其他任何人为的手段来控制市场供需和市场价格。

5. 市场信息畅通准确，市场参与者充分了解各种情况。消费者、企业和资源拥有者们，都对有关的经济和技术方面的信息有充分和完整的了解。例如，生产者不仅完全了解生产要素价格、自己产品的成本、交易及收入情况，也完全了解其他生产者产品的有关情况；消费者完全了解各种产品的市场价格及其交易的所有情况；劳动者完全了解劳动力资源的作用、价格及其在各种可能的用途中给他们带来的收益。因此，市场上完全按照大家都了解的市场价格进行交易活动，不存在相互欺诈。

6. 各种资源都能够充分地流动。任何一种资源都能够自由地进入或退出某一市场，能够随时从一种用途转移到另一种用途中去，不受任何阻挠和限制，即各种资源都能够在各种行业间和各个企业间充分自由地流动。商品能够自由地由市场价格低的地方流向市场价格高的地方，劳动力自由地从收入低的行业或企业流向收入高的行业或企业，资金、原料和燃料等亦自由地由效率低、效益差的行业或企业流向效率高、效益好、产品供不应求的行业或企业。

以上六个方面是完全竞争市场必须具备的前提条件，实际上这六个方面也是完全竞争市场所具有的明显特征。完全竞争市场中完整知识的假设是不现实的。一般情况下，无论是生产者还是消费者，都只能具有不完整的知识。生产者对其在现实市场中的地位、将来发展的动向及影响市场的各种因素的信息等等知识，都不可能完整地掌握，只能经常在不确定的世界中进行活动。消费者，不可能全面掌握特定市场上全部产品的价格、品质等方面的情况。同时，市场信息也不可能畅通无阻而且非常准确。所以，市场参与者都不可能具有完整、全面、准确的市场信息和市场知识，完整的市场知识只能是不现实的理论假设。人们只能通过不断地提高通讯、交通等技术水平，消除市场中的人为限制，最大限度地促进信息的公开与自由流动，提高市场主体行为的可预见性。

WTO是以市场经济为基础的，其多边贸易体制最重要的目的是在不产生不良负面影响的情况下，使贸易尽可能自由地流动。这一方面意味着消除壁垒，另一方面意味着保证个人、公司和政府必须了解世界上的贸易规则是什么,并使他们相信政策不会发生突然的变化。换言之,WTO 必须致力于在更广泛的国际市场上,促进贸易信息的公开与自由获得,提高国际市场的自由化程度。

透明度原则正是完成此项任务的最直接有效的方法。首先,在成员方层面上来看,通过各项贸易法规、政策以及协定的“公布”,能够防止成员方为了各自的本国利益,不公开某些内容,以令人不能知悉、不可捉摸的“内部规则”进行国际贸易,通过“暗箱操作”实施贸易保护,造成市场信息不完全,各成员方之间形成相对封闭、分割的本国市场。同时,各成员方将本国贸易规则的变化“通知”WTO,并接受贸易政策审议机构的“审议”,既能监督各成员方贸易规则与 WTO 协议保持一致,也使得 WTO 与其成员方之间的信息交流更加顺畅。其次,从 WTO 作为一个重要国际经济组织层面上来看,只有 WTO 协议对各成员方公开、透明,才能保证各成员方充分了解国际贸易的“游戏规则”,在此基础上才能实现国际贸易的“有章可循”和“有序发展”。

(二)谈判理论

经济学当中的谈判理论以传统价格理论为基础,认为自愿合作可以使一项资源从估价低的主体手中转移到估价高的主体手中,从而提高资源的使用效率,优化资源配置,同时也提高了合作双方的福利水平。由于在谈判过程中,谈判各方都希望达成一致,进行合作,因此,通过谈判以期进行合作的过程是一种合作博弈。“在谈判过程中,双方自愿自主地对交易对象、价格、数量、方针以及风险分配等进行协商,结果或是达成一致进行合作,或是难以达成一致无法合作。在零交易成本的前提下,出现何种结果取决于合作风险值的大小和如何分配合作剩余。所谓合作的风险值即是合作各方进行合作的机会成本,也就是如果双方不进行合作所能够得到的收益。一般地,在没有替代竞争者的情况下,合作的风险值就是各方的资源禀赋状况,在有替代者的情况下则是替代竞争者的出价。合作剩余则是资源由于合作从对其评价低的地方流入到对其评价高的地方所产生的福利水平的增加。”①谈判理论认为合作成功也即合作的均衡解是每个参与谈判的主体获得合作剩余的一个均等份额。

谈判理论具体说明了合作的益处和阻碍自愿合作的交易成本的来源,为

① 魏建:《谈判理论:法经济学的核心理论》,载《兰州大学学报(社会科学版)》1999年第4期。

建立制度、克服阻碍、促进合作提供了理论基础,同时也提供了评价标准。谈判理论实际上揭示了在交易成本为正的世界中,如何实现效率的问题。对各种阻碍因素的克服涉及了多方面的经济理论,克服阻碍的制度安排也涉及了几乎所有的法律制度,谈判理论将它们都统一到降低交易成本、促进自愿合作的宗旨之下,形成了一个较为完整的理论体系,使资料散乱的、对部门法律制度进行的经济学分析,有了一个统一的理论核心。谈判理论因此成为法经济学的核心理论。

谈判的过程可以分为三个阶段:(1)确定风险值,不仅要明确各方的资源禀赋状况,还要明确交易双方的竞争情况,确定竞争出价。(2)预测合作剩余,找出交易双方的评价差异,预测双方福利水平提高的可能程度。(3)分配合作剩余,在预测的基础上,明确各方获得的份额,分配合作中的风险,履行协议获得剩余。在不存在外界压力和双方判断实力均等的情况下,当事人可以通过谈判找到合作均衡解,提高资源配置效率和社会福利水平。

然而有诸多因素阻碍着自愿合作的进行,合作是有成本的。合作失败使资源难以正常流动,无法被用于最能发挥作用的地方,难以形成最佳的资源配置格局,也无法提高社会的整体福利水平。如果采取非正常的手段进行流动,如偷窃,将会造成更大的效率下降和福利损失。所以要克服合作障碍,努力减少因合作失败带来的福利损失,建立法律以使私人协议失败造成的损害最小,成为立法的基本原则。这就是罗伯特·考特和托马斯·尤伦所谓的“规范的霍布斯定理”①。就谈判过程来看,每一阶段都有阻碍因素出现,这些因素被称为内部阻碍因素,包括:

1. 谈判风险值的确定。首先,因产权不清将使谈判各方难以确定彼此的禀赋状况,也就无法确定各方的风险值。产权不清晰:一是谈判各方的权利范围不清,无法判断权利国界;二是权利边界重叠,难以划清界限;三是权利性质不清,难以定价;四是参与人是否享有权利不明,根本无法交易。需指出的是,在这里“产权”是广义的,泛指所有权利。如何克服产权不明的障碍呢?财产法、契约法及其他法律制度用法律将参与谈判各方的权利性质、边界等信息公开出来和固定下来,明确了各方在谈判中的权利地位及可以采取的产权处置方式,建立起可以预期的产权界定及流动框架,从而使谈判的风险值较易确

① [美]罗伯特·考特、托马斯·尤伦:《法和经济学》,上海人民出版社 1994 年版。

定，达到消除合作障碍的目的。其次，交易的市场结构将影响谈判风险值的确定，它主要是影响风险值的大小。我们在后面讨论垄断对合作的影响时，再深入分析。

2. 预测合作剩余。预测合作剩余，先要寻找合作解。寻找合作解就需要有搜寻成本，并且为获更大的剩余份额，在理性选择前提下，谈判各方会一方面只传递对己方有利的信息，一方面会提出过分的分享要求，因而出现对策成本。搜寻成本和对策成本都将使合作剩余难以准确预测。搜寻成本和对策成本都源于信息的不完全，但对策成本更源于信息不完全基础上的机会主义。

所以降低搜寻成本和对策成本，不仅要有公开信息的安排，更要有防范机会主义的制度。但针对这些成本尚没有较为成功的制度安排，信息不完全和机会主义都是难以消除的社会现象，法律只能压缩机会主义的生存空间，却不可能彻底根除。财产法、契约法以及有关信息披露、禁止欺诈的制度，虽起到了一定的作用，但离彻底消除却还有相当远的距离。在这一点上，实践又一次走到了制度的前面，针对信息不对称出现的信息筛选和激励传递真实信息的诸多做法，已经较有效地降低了因信息不对称造成的搜寻成本，在消除对策成本的长期契约实践中也被大量采用。但这些做法还远没达到制度化的水平。

3. 合作剩余的分配。分配合作剩余不仅要有各方的一致同意，更要有各方对协议的履行。这就需要对协议的履行进行监督，以确保协议得到正确、全面、真实的履行，监督成本由此生成。监督一方面是督促各方积极履行义务，另一方面是分配履约过程中出现的各种风险（主要是违约风险和意外事件风险），通过对履约风险的分配进一步激励积极履约。监督成本从本质上也起源于对交易中的机会主义的防范，而机会主义在信息完全时将难以存在，所以监督成本同样是信息不完全的产物。它既包括获得决策信息的成本，也包括实施监督的成本。

降低监督成本的法律安排主要是契约法律制度。这里“契约”一词是广义的，包括合同关系，也包括被视为是契约关系的企业组织关系和宪政法律关系。契约法律制度主要是通过分配履约风险，树立法定的信赖信心，来降低监督成本。合同法律制度通过固定谈判各方可采取的交易方式和风险分配形式，形成有关私人协议的谈判框架。每个参与者依据此框架可以合理地预期本人及他人参与谈判和履行协议的结果，因而降低了未来的不确定性。企业组织法律制度则通过确认和支持“纵向一体化”，将企业契约面临的不确定性从所有参与者的身上集中到特定参与人身上，达到降低不确定性的目的。宪政制度则建立了社会的合作基础，使人们普遍有足够的信心对未来进行投资，相信与人合作会相应地产生合作剩余。

以上种种阻碍因素，都存在于谈判过程中，是交易过程中必须面对的交易成本。它们或使自愿合作难以达成，或使自愿的合作博弈走向非自愿的非合作博弈。也正是由于它们产生于谈判过程中，所以它们的克服主要是围绕着契约制度展开，对由信息不完全而产生的风险进行防范是契约法律制度的中心议题。

根据谈判理论，透明度原则在降低谈判的成本方面有着独一无二的优越性。首先，如前所述，谈判成功的前提是谈判风险的可测可控。对于WTO而言，各成员方在加入WTO时所进行的一对一磋商和谈判是必经过程。WTO通过公布组织内部的法律制度、组织成员共同遵守的法律框架、以往成员加入WTO的政府工作报告等举措，帮助成员方政府对于加入WTO所要付出的对价，即所要购买的"门票"有一个比较接近客观现实的预估，实现谈判风险的可测可控。其次，谈判成功的第二个条件是预测合作剩余。扩大合作剩余的方法除了扩大合作收益以外，就是减少合作成本。扩大合作收益就是WTO的宗旨所强调的那样，进行贸易创造和财富创造。而减少谈判的合作成本，就要从合作成本构成当中的搜寻成本、对策成本入手了。WTO的成员国有一百多个，覆盖全球贸易的几乎所有主要国家和地区，这使得谈判的对象明确、清晰，极大地减少了搜寻潜在的合作对象和利益冲突方的成本，这是WTO作为国际组织内部实现透明度的功劳。就对策成本而言，在各成员方就加入世界贸易组织以及加入后的争端解决磋商来说，由于WTO的基本原则、规则必须遵守，否则谈判中不遵守规则的一方将在稍后的争端解决机制当中被惩罚，因此各谈判方给出的谈判对策基本上以WTO法律框架的既有规定为中心，在较小的幅度内浮动。这也极大地减少了各成员方提出谈判对策的成本。再次，谈判成功还需要分配合作剩余。WTO透明度原则虽然不能直接地对合作剩余进行公平合理的分配，但是能够保证将由谁通过什么样的程序依照什么样的标准于何时何地在什么样的范围内进行分配的信息公布出去。那些在合作剩余分配环节企图实施不公平做法的成员方在透明度原则的照射下将无所遁形。

三、透明度原则作为WTO基本原则的政治基础

（一）国际贸易背后的政治博弈

正如在前文中所提到的那样，WTO的透明度原则是由GATT1994第10条、GATS第3条、TRIPs第63条以及GATT下的专门协定中的条款，如《反倾销协定》第12条第1款和《动植物卫生检疫措施（SPS）的协议》的第7条和附件B等条文共同构成的一个法律原则。在WTO的争端解决机制中，这些条款的适用使得透明度原则得以司法化，成为可以直接调整国际经济关系的法律规则。透明度原则的总体要求就是以公开、统一、合理的方式进行国际货物、服务和知识产权贸易的国内管理。透明度原则首先要求国内的贸易管理行为以及行为的法律依据必须公开，其次要求各缔约方中央和地方的贸易管理必须统一，再次是要求国内贸易管理行为的相对方能够在缔约方国内得到合理的救济。

尽管如此，一个不得不承认的事实是：国际贸易的兴衰成败绝不是一种单纯的经济现象，各成员方的政治与经济权力对它的影响力是至关重要且不容忽视的，它一方面是自由贸易的重要推动力，一方面又扮演着阻碍自由贸易的危险角色。① "权力在社会关系中代表着能动而易变的原则，在它未受到控制时，可将它比作自由流动、高涨的能量，其效果往往具有破坏性。"②在成员方内部，各成员方政治、经济权力滥用对国际贸易的破坏作用从上述透明度原则产生的历史背景中即可见一斑。在WTO内部，发达国家与发展中国家为达成某项协议而进行的讨价还价、相互争执与让步其实就是各成员方之间政治、经济权力博弈的表现，如果允许发达国家任意行使其政治经济权力，必然会损害广大发展中国家的利益，破坏国际贸易的平衡。所以，如何防范各成员方政治经济权力的滥用，使国际贸易规范运行，成为WTO必须解决的难题。

政治意识是指政治主体所具有的政治认知、政治态度和政治信仰，它既包括民族和个人的政治心理（政治文化），又包括社会阶级集团的意识形态。政

① Jeffrey Waincymer.,Transparency of Dispute Settlement Within the World Trade Organization, *Melbourne University Law Review*, 2000.

② 魏增产：《论WTO争端解决中的司法积极主义》，载《北京科技大学学报（社会科学版）》2004年第3期。

治文化反映的主要是民众的政治心理，而意识形态则是一种居于统治地位的政治意识。政治意识主要是指政治思想、政治观点，以及对于政治现象的态度和评价。要求领导干部增强政治意识，就是要求领导干部在瞬息万变、错综复杂的形势下，保持清醒的政治头脑，具有正确的政治思想、坚定的政治立场、敏锐的政治观察力、鉴别力。政治博弈与政治的概念是无甚差别的，都是指具有公共性特征的权力（博弈）活动。

（二）博弈的经济学理论及 WTO 国际贸易的归类

博弈论可以分为合作博弈和非合作博弈。两者的区别在于参与人在博弈过程中是否能够达成一个具有约束力的协议。倘若不能，则称非合作博弈（non-cooperative game），非合作博弈是现代博弈论的研究重点。比如两家企业 A、B 合作建设一条 VCD 的生产线，协议由 A 方提供生产 VCD 的技术，B 方则提供厂房和设备。在对技术和设备进行资产评估时就形成非合作博弈，因为每一方都试图最大化己方的评估值，这时 B 方如果能够获得 A 方关于技术的真实估价或参考报价这类竞争情报，则可以使自己在评估中获得优势；同理，A 方也是一样。至于自己的资产评估是否会影响合作企业的总体运行效率这样的“集体利益”，则不会非常重视，这就是非合作博弈，参与人在选择自己的行动时，优先考虑的是如何维护自己的利益。合作博弈强调的是集体主义、团体理性（collective rationality），是效率、公平、公正；而非合作博弈则强调个人理性、个人最优决策，其结果是有时有效率，有时则不然。

博弈论非常强调时间和信息的重要性，认为时间和信息是影响博弈均衡的主要因素。在博弈过程中，参与者之间的信息传递决定了其行动空间和最优战略的选择；同时，博弈过程中始终存在一个先后问题，参与人的行动次序对博弈最后的均衡有直接的影响。博弈的划分可以从参与人行动的次序和参与人对其他参与人的特征、战略空间和支付的知识信息是否了解两个角度进行。把两个角度结合就得到了四种博弈：完全信息静态博弈、完全信息动态博弈、不完全信息静态博弈、不完全信息动态博弈。其代表人物是纳什、泽尔腾和海萨尼。严格地讲，博弈论并不是经济学的一个分支，它只是一种方法，这也是许多人将其看成数学的一个分支的缘故。博弈论已经在政治、经济、外交和社会学领域有了广泛的应用，它为解决不同实体的冲突和合作提供了一个宝贵的方法。

在传统博弈理论中，常常假定参与人是完全理性的，且参与人在完全信息条件下进行的，但对现实的经济生活中的参与人来讲，参与人的完全理性与完全信息的条件是很难实现的。在企业的合作竞争中，参与人之间是有差别的，经济环境与博弈问题本身的复杂性所导致的信息不完全和参与人的有限理性问题是显而易见的。

与传统博弈理论不同，演化博弈理论并不要求参与人是完全理性的，也不要求完全信息的条件。有限理性这一概念最早是由西蒙（Simon. H. A.）在研究决策问题时提出的，它是指人的行为是“意欲合理，但只能有限达到”。威廉姆森在研究影响交易费用的因素时，对有限理性的问题进行了归纳总结。他认为人的有限理性是由两方面引起的：一方面是由于人的感知认识能力限制，它包括个人在获取、储存、追溯和使用信息的过程中不可能做到准确无误；另一方面则是来自语言上的限制，因为个人在以别人能够理解的方式通过语句、数字或图表来表达自己的知识或感情时是有限制的（这或许是因为他们没有掌握到所必需的词汇，或许是因为这些词汇还不存在），不管多么努力，人们都将发现，语言上的限制会使他们在行动中受到挫折。从这两个方面而言，完全理性的人根本就不可能存在。

演化博弈理论最早源于 Fisher、Hamilton、Tfive 等遗传生态学家对动物和植物的冲突与合作行为的博弈分析，他们研究发现动植物演化结果在多数情况下都可以在不依赖任何理性假设的前提下用博弈论方法来解释。但直到 Smith and Price（1973）在他们发表的创造性论文中首次提出演化稳定策略（evolutionary stable strategy）概念以后，才标志着演化博弈理论的正式诞生。演化博弈论是把博弈理论分析和动态演化过程分析结合起来的一种理论。在方法论上，它不同于博弈论将重点放在静态均衡和比较静态均衡上，强调的是一种动态的均衡。演化博弈理论源于生物进化论，它曾相当成功地解释了生物进化过程中的某些现象。如今，经济学家们运用演化博弈论分析社会习惯、规范、制度或体制形成的影响因素以及解释其形成过程，也取得了令人瞩目的成绩。演化博弈论目前成为演化经济学的一个重要分析手段，并逐渐发展成一个经济学的新领域。

根据上述对于博弈论各种类型的分类和介绍，WTO 体制内的各成员方博弈属于合作博弈，而不是非合作博弈；属于演化博弈而非传统的理想状态下的博弈。WTO 当中的各成员方必须遵守 WTO 框架下的具体规则和制度，达成并受一个有拘束力的协议的约束，属于合作博弈。WTO 各成员方所掌握的信息，有些是相对充分的，还有些是相对弱势的，不属于信息充分、对等的理想状态的传统博弈模式，而是属于演化博弈论。

对于合作博弈而言，已经达成的有拘束力的协议内容为何，其他成员方是否善意地遵守该协议是合作博弈的成果是否得以维系的前提。这一切需要通过通知、公告、评审等透明度原则下的规则和制度去实现。面向未来，达成有拘束力协议的程序为何、协议的效力怎样，也需要成员方通过透明度原则去了解。因此，WTO透明度原则是各成员方进行合作博弈的逻辑前提。

对于演化博弈而言，WTO成员方之间的信息不对称、不能够做到完全信息环境和完全理性人条件是无须论证的事实。因为完美状态的信息对称和理性人根本就是不存在的。在这样的前提下，分析WTO规则制度本身，以及各成员方在加入WTO后国际贸易行政管理的习惯、规范、制度或体制形成的影响因素以及解释其形成过程就显得十分重要。否则，国际贸易就容易滑向零和增长和恶性竞争的泥潭。显而易见的是，分析习惯、规范、制度或体制形成的影响因素的逻辑起点仍然是人们对此类影响因素的知晓。WTO透明度原则就是以原则和制度的方式保障各成员方对于WTO规则制度本身发展演变的影响因素以及对各成员方国内规则制度发展演变的影响因素能够及时地被告知，甚至是通过自己的努力影响未来的国际贸易法律制度。这也无意当中契合了建构主义国际关系理论的观点。

第三节 新的历史机遇：应对金融危机下的贸易扭曲

一、金融危机、贸易扭曲与规范政府的贸易管理

在竞技体育中，当选手处于危机或者压力之下的时候，心理状态的变化会加速体能的下降，技术动作也容易发生变形。在21世纪初的这场由次贷危机引发的全球金融危机下，在国际贸易领域中也上演了同样的一幕。各成员方政府在对本国经济发展前景的强烈担忧之下，经济贸易管理领域的怪招、昏招层出不穷。自由贸易不仅被扭曲，而且这种扭曲愈演愈烈。

贸易扭曲的浪潮第一次涌现是各成员方附带各种条件的经济振兴计划。

美国的经济振兴计划附带了“买货先买美国货、雇人先雇美国人”条款①。作为一个老牌的自由贸易推动者和急先锋，其贸易保护的做法引得全球舆论一片哗然。在世界贸易体制中扮演着自由贸易的卫道者的欧盟缔约方，在金融危机中也转变了立场，纷纷出台了带有贸易保护色彩的经济振兴计划②。有很多国家的投资、采购与信贷都附加了实质上限制外国竞争者、限制自由贸易的条款。③ 中国与 WTO 成员方之间的政府采购谈判引起各界广泛关注，其中一个焦点就是 2009 年 10 月中国财政部、科技部以及发改委联合在政府网站上发布的新修订的政府采购法规。这个法规规定进入政府采购自主创新产品目录的产品，才可优先获得国家政策的扶持。针对这个法律规范性文件，欧盟和美国多次发函要求相关部门明确自主知识产权的内涵和标准。

贸易扭曲在金融危机中的第二次浪潮，是在上述这些计划实施一年多后的今天。各成员方政府和经济活动主体在危机之下的行为表现出了新的内容，主要是以 WTO 框架下各种名目的反倾销、反补贴调查和 WTO 争端解决机制中的诉讼为内容。而深受贸易保护之苦的国家，如中国，也不得不绝地反击——以自己的反倾销、反补贴调查制衡对方的反倾销、反补贴调查。第二波以“双反”的名义进行贸易保护的浪潮和第一波贸易保护主义浪潮相互叠加、衍射，国际贸易秩序被严重扭曲。这是金融危机的压力之下，各成员方政府不得不饮鸩止渴的无奈之举，也是向部分利益集团低头而罔顾国民经济整体利益和全球经济整体利益的表现。

虽然自由贸易可以帮助我们尽快走出危机④，但是金融危机却必然也已经导致了自由贸易的扭曲。在竞技体育运动中，危机和压力扭曲了选手的技术动作却增加了比赛的激烈程度和可看性，有人最终会赢得胜利，观众会受

① 冯迪凡：《奥巴马救市方案详解》，载《第一财经日报》2009 年 3 月 4 日第 1 版。

② http://finance.ifeng.com/roll/20100108/1684789.shtml，下载日期：2012 年 3 月 2 日。

③ http://gb.mofcom.gov.cn/aarticle/jmxw/200809/20080905759160.html，下载日期：2012 年 3 月 12 日。

④ 世界贸易组织总干事拉米在讲话当中指出：以贸易为目标的市场开放将有效地帮助全球经济尽快地从金融危机带来的阴影中走出来。See Pascal Lamy，Open Remark on the Second Global Review of Aid for Trade，http://www.wto.org/audio/2009_07_06_a4t_lamy_opening_e.mp3，下载日期：2012 年 3 月 12 日。

益，而挑战自我极限的选手也会赢得尊严和尊重。但是在金融危机之下，国际贸易扭曲这个版本的故事结局却不是皆大欢喜。除了依附于贸易保护而生的特殊利益集团以外，几乎没有人可以从贸易扭曲中获益。相反，贸易扭曲只会使经济复苏变得更加艰难。

想要避免各成员方政府和经济主体能量无谓的消耗，使得贸易管理行为更加合理，使得自由贸易能够顺利实现，就必须规范危机之下的贸易管理行为。也就是说应对金融危机之下的贸易扭曲就集中到了这样一个问题上：是谁的行为导致了国际贸易扭曲，是商人的跨国逐利行为还是国家的国际贸易行政管理行为？很显然，后者的影响和作用更大一些。进一步需要思考的就是：如何规范政府的贸易管理行为？

二、规范政府贸易管理的几种选择

（一）政治领袖和执政党的正确决策

规范政府的贸易管理行为，首当其冲的就是要依靠政治领袖或执政党的正确决策。这从本质上说还是精英政治的观点[①]。精英理论认为，社会的统治者是社会的少数，但他们在智力、性格、能力、财产等方面超过大多数被统治者，对社会的发展有重要影响和作用，是社会的精英。其中极少数的政治精英代表一定的利益集团，掌握着重大决策权，他们的政治态度、言行，对政治发展方向和前景产生重要影响，决定着政治的性质。精英理论认为必须分析这些政治精英才能揭示政治的本质和规律。拉斯维尔指出，“任何精英都以共同命

① 也有观点认为此种政治领袖决策的形式不是精英政治。以中国为例，精英政治是国家精英阶层掌握政权，实行为精英阶层而非特定经济阶层（无产阶级、资产阶级）服务的政策的政治体制。中国政治现阶段的特点是现实的官僚政治与理念政治的结合，即形式上民选的官僚群体与被指派官僚掌握政权。他们实行的政策导向也十分复杂，实际上是两种力量的角力，即为官僚阶层和官僚资本主义阶层服务的政策和为改革开放理念服务的政策。在这种体制下，许多真正的精英实际上是被排挤在行政权力之外的，因而中国当前的政治不是精英政治。

运的象征作为旗号来为自己辩护和维护自己的利益。[①]"所谓"共同命运的象征"不过是现行制度的意识形态罢了。

20 世纪 50 年代以后随着行为主义政治学的兴起，当代精英理论在美国发展起来。主要代表人物有政治学家 H. D. 拉斯韦尔、社会学家 C. W. 米尔斯、经济学家 J. 熊彼特等。当代的精英理论的基本思想与早期精英理论虽然是一致的，但当代的研究者们既重视政治精英在社会关系中的地位和作用，也注意到其他社会精英甚至公民在社会关系中的存在和意义；强调人在后天实践形成的专门技能，认为精英既可以产生于社会上层，也可能从下层产生，既可以产生于政治领域，也可以产生于其他社会领域；公民可以通过各种形式的政治参与来表达利益，对统治者施加影响，迫使他们做出有利于大多数人的决策；精英一旦失去领导能力和大众的信任，就有被代替的可能性。当代精英理论宣称"价值中立"，注重多学科的实证研究，通过对西方政治、经济、技术，军事精英的出身、经历、文化、社会背景、彼此关系、代表性、领导行为等方面进行定性或定量分析，说明社会权力关系和民主政治的有效性。

对于规范政府的管理行为来说，面对巨大的显示性的扭曲贸易获得利益，政治精英的一念之差往往会体现为贸易管理政策导向上的天差地别。这显然不是现代民主所倡导的群策群力的理念。而且这种政治精英的思路和决策既很难保证科学性、合理性，在执行上难度也很大。因为它主要是靠领袖的个人号召力或者执政党所掌握的资源来保障实施，很难保证政策的一贯性。

(二)国内民主机制

规范政府的贸易管理行为要依靠国内的民主力量。这不仅仅是对一个国

---

① 托马斯·戴伊和哈蒙·齐格勒在《民主的嘲讽》一书中，从不同的角度概括了精英理论的六大特征：第一，社会区分为有权的少数和无权的多数；负责社会收益分配的是少数人；政策不是由民众决定的。第二，统治多数人的少数人并不代表被统治的多数；精英大多出自社会经济的上等阶层。第三，为了保持稳定、避免发生革命，非精英上升到精英地位的过程必须是缓慢而又不间断的。非精英只有接受精英的基本观点，才能进入统治集团。第四，精英对于社会制度的基本准则和保持现行社会制度不变等方面是意见一致的，只是在很少一些问题上有分歧。第五，国家政策并不反映民众的要求，而只反映盛行于精英中的价值观。国家政策的改变是缓慢的，而不是革命性的。第六，相对说来，行动积极的精英很少受到态度冷漠的民众的直接影响。精英对民众的影响多于民众对精英的影响。

家主权的尊重，也是各成员方针对自身情况因地制宜地发挥作用的必然要求。然而，缺乏代言人的普通民众在代议制民主之中是软弱无力的，反而是惧怕外国竞争者和缺乏公平竞争条件下生存能力的企业和特殊利益集团更容易从代议制民主中获利。美国的国际贸易委员会应美国钢铁工人协会要求对与其不太相干的中国轮胎征收反倾销税的怪事，就源于此。因为特殊利益集团有具体的经济利益，所以会花时间和金钱去寻找、选择和培养他们的政治代言人，而分散的公众却无法在代议制民主当中表达声音。另一方面，政府的宣传攻势是强大的，他们可以屏蔽一些他们不想让公众获悉的信息，或者是利用传媒把公众的注意力牢牢吸引在因金融危机而导致的巨大的经济损失和不计其数的破产家庭的悲剧故事上。通过这样的手段，政府为自己的贸易保护政策赢得了同情和支持，而投票同意的公众往往不知道自己就是为政府贸易保护政策埋单的人。他们需要埋单的，不仅仅是国内财政收入和养老保险金、失业救济金的偏向性的支出，还有实施贸易保护以后，外国实施报复所带来的损失。这种损失可能是全球市场的萎缩和更为广泛的失业。

现代社会，政府操纵舆论、控制民众获取信息的范围和数量的例子屡见不鲜。据美国《纽约时报》的报道，有证据显示，布什政府有意安排一些退役军官在全美各大电视网和广播电台上充当"军事专家"，以积极论调评说和分析伊拉克战争和阿富汗战争，从而达到操纵舆论、美化战争的目的。为达到上述目的，布什不仅要求这些专家在政治和军事策略上对政府绝对效忠，而且通过这些人与一些受雇于政府的国防承包商的经济利益关系操纵他们。据报道，这些所谓专家，基本都是美军退役高级军官，他们与150多家受雇于政府的国防承包商关系密切，为其充当说客和顾问。但美国的电视网在向观众介绍这些人时却有意无意地隐瞒了这一内幕。这些企业大多是发战争财的，因此这些"专家"与战争也有直接利益关系。这些"专家"还与政府关系密切，近年来与政府高级官员累计有数百次的私下会面。他们还秘密跟随官员到伊拉克访问，并能从白宫、国务院和司法部获取有关的机密情报和报告。因此，这些专家在媒体上评析战争时，口径与官方非常一致，有时甚至传播虚假和夸大的消息。无独有偶，现任英国首相上任两年后，其内阁成员当中的文化大臣因为提前向媒体泄露议会和政府尚未公布的信息而饱受攻击。主要是文化大臣被牵涉进了默多克新闻王国的丑闻。

上述的事实，除了表明执政党和政治精英让人失望以外，还说明国内的民主机制要想发挥规范政府行为的作用，是一个迟缓的、事后的规制过程。彼时，伤害已经造成。民众除了用投票箱惩罚背叛了他们利益的代言人以外，所能做的也只能和小说《简·爱》当中的主人公一样：祈祷所有的机遇和好运都有第二次的机会。而国际贸易扭曲所造成的对全球贸易秩序的伤害、对某个WTO成员方战略发展机遇的损害，目前尚不可证明是完全可逆的。

(三)国内法律机制

规范政府的贸易管理行为，也要依靠国内的法律机制，但是法律机制在政府面前往往沦为工具。在实体正义方面，政府可以推动新的法案通过议会的表决，这就使得贸易管理行为的实体正义缺乏一个一以贯之的统一标准，大量的双重标准和临时标准指导着一个政府的贸易管理行为，为贸易保护大开绿灯。在行政程序正义方面，以美国和日本为例，他们的法律界引以为自豪的《阳光下的政府法案》和《行政公开法》虽然规定了明确而详细的程序，但是政府仍然以公开和阳光的方式进行着实质上的贸易保护。行政程序的公开，成为了政府贸易保护的遮羞布。

另外，从司法环节来说，以政府的贸易扭曲行为为诉的标的提起的诉讼都是行政诉讼。然而与民法、刑法不同，规定政府行为何时违法、如何救济的行政法和行政诉讼法在全球范围内以国别而论存在着很大的不同。在起诉的对象、审判程序、时效、证据规则和举证责任分配、对当事人救济的标准等等，都存在着不同的制度设计。如果一国政府的不当贸易扭曲行为造成了外国贸易者的损失，那么就出现了更为复杂的涉外行政诉讼。复杂的行政法和行政诉讼法对于国内民众和外国贸易者来说不仅存在认知上的困难，更会造成对抗政府的畏惧心理，从而选择忍气吞声，让政府的贸易扭曲行为继续大行其道。

总的来说，如果把一个国家当成一个主体，那么它仍然服从于这样一个规律：建立在自觉基础上的自律，往往不如他律来得有效。因此，仅仅依靠国内的政治精英、民主力量和法律机制，无法有效地实现对政府贸易管理行为的规制，必须要引入国际法层面国与国之间平等的互相监督。而这种对一国贸易管理行为的国与国之间的平等监督，在WTO框架下早有解决方案——透明度原则。

三、透明度原则在危机中的作用

WTO的缔约方资格和对它的原则、制度的接纳要求各缔约方做出严肃而重大的保证,而这种保证通常会导致各成员方国内法上的重大改革以适应作为 WTO 制度基础的西方法律体系。由于 WTO 规则和原则被统一地揭示和运用,它们的适用也就相应地带来贸易规则的和谐,给商业活动提供了法律的可预测性。但是统一的揭示和适用不仅仅取决于缔约方服从规则的政治意愿,还取决于它们国内法律和政治体制的灵活性和有效性,即它们是否有推动支持 WTO 规则适用的必要的改革的财政资源,和国内法律文化对于吸收西方贸易自由和法治的能力。而西方的贸易自由和法治的核心理念之一就是透明度。

(一)透明度原则下的国际监督

透明度原则首先要求贸易管理行为及其执法依据要公开,政府要在公开的出版物上公开、要设立咨询点为国内外的政府与个人服务,这可以帮助我们在 WTO 全体缔约方的范围内实现贸易管理的公开化。公开的贸易管理可是使外国的经济活动主体和政府更加便捷地知晓、了解一国的贸易管理政策,预判国际贸易风险并相应地调整自己的行为。这就使得很多的贸易摩擦被消灭在摇篮之中。没有贸易摩擦,贸易保护政策就在很大程度上失去了滋生的土壤。

其次,公开的贸易管理使得外国政府和个人对一国贸易管理行为是否符合 WTO 的要求、是否有利于自由贸易进行评判更为便捷、更为准确。公开的贸易管理政策和贸易管理行为,相当于亮出了标靶,如果违背了政府加入世界贸易组织的承诺,那必然会引起贸易争端,在争端解决机制中落败,进而不得不承受其他缔约方在经济上的报复。因此,在贸易政策和行为必须公开的前提下,政府必然要考虑贸易保护引发的国际后果,从而有所收敛和忌惮。如果可以偷偷摸摸地进行贸易保护而没有公开义务,那么贸易保护必然更加猖狂。

再次,透明度原则虽然是国际法原则,但是却规定了各缔约方必须在国内法的层面为贸易管理的相对人设置救济程序。这种救济程序是纯粹国内法意义上的,但是从实践来看却完全有可能为来自外国的竞争者提供救济、营造公平的救济环境。国内的救济制度其积极意义不仅仅在于为行政行为的相对人多设置了一个救济机会,而且它的优势还在于适用法律及程序事项的确定性更强,更为突出的是其审判期限更短,执行更便捷。GATT 时期的争端解决机制就是闻名遐迩地久拖不决。WTO 虽然在审判期限上有长足的进步,但是一个案子拖上个一年两年也是非常正常的事情。但是国内法的审判期限则通常不会这么长。上述的案例，从起诉到判决只用了几个月的时间。

从执行上说，国内法的救济程序也有非常重要的意义。首先，一项政策或者某个行为，如果被认为是不符合法律的规定，那么就会因为被判非法而不能实施，这是在贸易保护恶果发生直接经济损失之前的"事前救济"。而 WTO 的争端解决机制则是以已经发生效力的贸易政策和贸易行为为诉讼客体，是一种事后的救济。其次，国内法的执行远比国际法的执行来得更容易。它不需要执行上的司法协助与互助，它不需要"执行小组"的监督，它所需要的只是维持或者终止一项本国政府的行为，这几乎是不需要执行成本的。

因此，透明度原则对于降低国际贸易风险、增加外国贸易报复的威慑力、保障对行政行为相对人的救济等方面都有非常重要的意义。

(二)透明度原则下的国内监管

透明度原则虽然是一项国际法原则，但是在制衡国际贸易保护、平息国际贸易争端的同时，也能够帮助到国内力量对政府贸易管理的监管，这更多地体现为公开并统一国内的贸易政策和贸易管理行为上。透明度原则不仅仅要求向外国政府和个人公开贸易管理行为，同时也要平等地向国内的个人、企业或任何其他主体公开自己的贸易管理行为。透明度原则不仅为了外国政府和个人统一自己领域内的贸易政策和贸易管理行为，这种统一也同样受到国内主体的监管。

按照主体的不同，透明度原则的作用可以分为两类。首先，透明度原则有利于权力机构和司法机构对行政力量进行监管。政府不公开自己的行为，权力机构和司法机构对它的监管就无从谈起。有的才能放失，透明度原则对权力机构和司法机构的重要性，在三权分立国家当中表现得更为明显。其次，透明度原则能够帮助国内民众对行政力量进行监管。透明度原则要求政府将所有影响贸易的法律、法规进行公开，而相应的信息也无法再保密，这就使得公众可以有机会参与到政府的贸易保护政策是否有利于自己、是否有利于国民经济整体的思考当中来。在金融危机下，政府虽然有强烈的贸易保护的冲动，但是，政府过去通过片面强调不实行贸易保护的损失、强调贸易对手国家在贸易保护当中的劣行、淡化贸易保护高昂成本的做法，在透明度原则下变得不再可行。那些推动贸易保护政策的政府，在换届选举中容易被得知真相的选民选下去，与特殊利益集团勾结的政党和政客不得不面临着政治生涯完结的风险。因此，在透明度原则的帮助下，公众有机会成为真正主导政府决策的群体。

按照功能的不同，透明度原则的作用也可以分为两类。第一，透明度原则能够有效地防止在金融危机中贸易管理发生腐败。金融危机下，贸易扭曲的受益者在透明度原则下无所遁形。如果发生了多数人受损而少数人受益的情况，检察机关和公众必然会调查贸易管理主体的廉洁性。阳光作为最好的防腐剂的效用在此时体现得淋漓尽致。第二，透明度原则能够帮助实现对贸易管理的合理性的监督。对于所有国家而言，在行政法层面上对政府行为的合法性进行监督是比较容易实现的。因为政府的贸易管理行为是否合法，标准是非常明确的，举证也相对简单。但是合理性的审查，对于任何一个国家而言都是比较难以实现的。这既是由于合理性的标准众口难调，也是由于举证责任的负担过重，难以证明一个行为是否合理。但是，透明度原则能够帮助各方利益主体了解与自己利益相关的政府行为，并且可以通过法定的渠道表达自己的立场。这就使得政府在进行贸易管理的时候，不得不权衡多方利益主体的要求和主张，在各种复杂的情况下做出尽可能合理的决定。这就是说透明度原则能够使政府贸易管理行为的合理性大大增加。

因此，无论是从主体上，还是功能上，透明度原则都能够有效辅助国内层面的监管；促使政府的贸易政策更趋向廉洁、合理与公平；为国内市场上国内外竞争者的有序经营提供良好的竞争环境；为权力机构和司法机构对行政机关的贸易管理行为进行监督提供必要的信息。这一切，都是使国内经济更好更快发展的前提与必须。

第三章 >>>

透明度原则的国际实施

第一节 国际实施释义

一、何谓国际实施

所谓透明度原则的国际实施，是指在国际法和国际社会层面对透明度原则的适用。这种国际法框架和国际法主体对透明度原则的适用主要包括两方面内容：一是在WTO组织内部各成员对于透明度原则所要求的公布与通知程序的遵守；二是在WTO争端解决机制当中对与透明度原则有关的纠纷的审理及对相关裁决内容的遵守。

将WTO透明度原则的国际实施与国内实施加以区分，是由于二者所遵守的法律体系不同，参与的主体不同，实施的后果不同。WTO透明度原则的国际实施遵守的是国际条约、履行的是条约义务；国际实施的主体是主权国家或单独关税区；国际实施的结果是各国际法主体对透明度原则条款的履行以及违背条约义务所应当承担的责任。而WTO的国内实施遵守的主要是各国国内法对透明度的规定；实施的主体是一成员方的国内政府和民众；实施的结果是对国内法规定的遵守或违背。因此，WTO的国际实施与国内实施由于二者在法律性质上的本质不同而必须予以区分。

二、国际实施之一：公布与通知程序

透明度程序经过了从GATT到WTO的发展和演变，GATT1994所规定

的透明度程序主要是公布和通知。在经过东京回合和乌拉圭回合的发展后，透明度程序已大大丰富，形成了较完善的透明度程序体系。

(一)公布

关贸总协定中规定透明度的核心条款是第10条"贸易条例的公布和实施"。该条第1款要求公布的内容的法律形式包括有关的法律、规章、普遍适用的司法判例与行政裁决及国际协议。第2款进一步规定"任何缔约方采取的普遍适用措施，凡属按既定统一办法提高进口关税、税或其他费用的征收率，或者对进口及由此对国际支付转移实现新的更冗杂的条件、限制和禁律者，在这些措施未正式公布之前，不得执行。"《服务贸易总协议》第3条和《与贸易有关的知识产权协议》第63条也有与关贸总协定第10条类似的规定，即与各该协议有关的法律、规章、普遍适用的司法判例与行政裁决及国际协议都必须公布。

这些政策法律一般由成员政府在指定的官方刊物上公布。这种刊物本身也是公开出版发行，容易为公众及其他成员所获得。关贸总协定第10条和《服务贸易总协议》第3条为政策法规的公布规定了时间限制："迅速"和"立即"，最迟以生效之时为限。关贸总协定第10条第2款更是进一步规定，对现有政策法规的修改和制定的新规则，如其可能对国际贸易造成更大障碍者，未经公布，不得执行。

关贸总协定第10条、《服务贸易总协议》第3条和《与贸易有关的知识产权协议》第63条规定了透明义务在原则上相同的例外，即并不要求各成员披露那些会妨碍法律执行，或违反公共利益，或会损害公私企业合法商业利益的机密资料。

(二)通知

通知义务要求成员方在事先或事后必须将其所采取的贸易措施通知WTO秘书处，或相关的理事会或委员会，或其他成员。WTO协定对通知的使用非常广泛，据统计，在整个WTO多边协议中，有关货物贸易的通知要求达175项，加上服务贸易和知识产权领域，共计215项通知义务。①

通知的内容主要是政府机构所制定和采取的适用时限较短的具体贸易措施，或者只是某一特定事项或政策的实施状况。前者如一成员方如拟依照关

① 赵维田:《世贸组织的法律制度》，吉林人民出版社2000年版，第136页。

贸总协定第19条采取保障措施，应力求预先书面通知成员全体，以便成员方全体以及作为该产品出口国并有重大利害关系的各成员方有协商的机会。后者如各成员方必须将其国家专控企业所经营的进出口产品通知成员方全体。

通知的对象具有特定性，成员须根据WTO协定的具体要求，向相关理事会，或相关的委员会，或其他成员作出个别通知。向各机构的通知实质上也是向所有的成员所进行的一种集体通知，因为，任一成员都可以从有关机构处获得某一成员通知的内容。通知对象的特定化有助于确保在相关事项上有重大利害关系的成员能够及时、可靠地获知一成员所采取的政策或措施，也有利于各机构对成员贸易政策的监督。通知事项多具有较短的时效性，需要有重大利害关系的成员及时作出反应，特定化的通知为及时反应提供了条件。①

（三）报告

报告相对于公布和通知，多用于一成员在某一阶段或某一专题上的贸易政策的综合性通报。报告也是一种有特定对象的透明方式，但只针对有关的组织机构，有利于获取各成员贸易政策的阶段性或专项性的综合信息。例如，《解释GATT第24条的谅解》第11条，关税同盟和自由贸易区的代表应定期向货物贸易理事会报告相关协议运作的情况；如这些协议有任何重大变化或发展，也应在这些变化或发展发生时作出报告。

（四）设立咨询点

设立咨询点，是为贸易政策查询提供了一个制度上的保障和便利。《服务贸易总协议》第3条和《贸易的技术壁垒协议》第10条规定，其他成员就相关政策和法规请求某一成员提供详细情况，那么该成员应及时予以答复，并为此设立咨询点。由于WTO协定主要规定的是成员间的权利和义务，所以只有成员政府有这种查询请求权，成员方国内的组织、公司和个人没有这种权利，如有需要，只能通过本国政府向其他成员提出请求。

三、国际实施之二：争端解决机制

（一）GATT时期透明度原则在争端解决机制当中的适用

通过对GATT1947时期9个案件的专家组报告的分析，我们可以发现：尽管美国和其他缔约方意识到采取这样的措施有可能引发诉讼，但是他们仍

① 张军旗：《WTO监督机制的法律与实践》，人民法院出版社2002年版，第77页。

然倾向于采取与GATT1947的实质性条款(如GATT1947第11条第1款)相违背的措施。GATT1947第11条第1款规定了禁止配额、进出口许可证和任何形式的对贸易的限制。这其中的“其他措施”可以做广义的理解,从而涵盖了层出不穷的非关税贸易壁垒,包括进口许可证要求、反倾销措施、安全与健康法规等。GATT1947第11条第1款的规定使得GATT的专家组可以不通过第10条的透明度原则就可以认定行政管理或其附属措施是违反GATT1947的。这也是透明度条款在GATT时期相当沉默的原因。

透明度原则在关税与贸易总协定时期仅仅体现为第10条这一个条文,而第10条在关税与贸易总协定时期仅仅有9个相关判决①。美国参与了所有的案件,其中在6个案件中充当原告、一个是被告、另外两次是利益相关当事方。但是自WTO建立以来,与第10条相关的诉讼已至少有20起,并且几乎半数的案件都是与美国相关并且涉及反倾销、反补贴和保障措施法律。不同经济发展水平的国家被卷了进来:阿根廷、澳大利亚、巴西、智利、哥斯达黎加、厄瓜多尔、归地马拉、洪都拉斯、印度、印度尼西亚、韩国、墨西哥、泰国、土耳其等。这与关贸时期第10条仅仅作为附带性条文的冷遇大相径庭。

---

① GATT1947临时适用的期间,争端解决只有专家组程序而没有设置上诉程序,上诉机构的成立是WTO取得的一个重要成果。这9个专家组的报告是:GATT专家组报告:*United States — Countervailing Duties on Non-Rubber Footwear from Brazil* (*US — Non-Rubber Footwear*),1995年6月13日发布;GATT专家组报告:*Canada — Import, Distribution and Sale of Certain Alcoholic Drinks by Provincial Marketing Agencies* (*Canada — Provincial Liquor Boards (US)*),案件编号DS17/R,1992年2月18日发布;GATT专家组报告:*European Economic Community — Regulation on Imports of Parts and Components* (*EEC — Parts and Components*),1990年5月16日发布;GATT专家组报告:*Canada — Import Restrictions on Ice Cream and Yoghurt* (*Canada — Ice Cream and Yoghurt*),1989年11月5日发布;GATT专家组报告:*European Economic Community — Restrictions on Imports of Apples — Complaint by the United States* (*EEC — Apples (US)*),1989年7月22日发布;GATT专家组报告:*European Economic Community — Restrictions on Imports of Dessert Apples — Complaint by Chile* (*EEC — Dessert Apples*),1989年7月22日发布;GATT专家组报告:*Republic of Korea — Restrictions on Imports of Beef — Complaint by the United States* (*Korea — Beef (US)*),1989年11月7日发布;GATT专家组报告:*Japan — Semi-Conductors*;GATT专家组报告:*Japan — Agricultural Products I*,above n 19;GATT专家组报告:*Japan — Leather* Ⅱ (*US*),above n 19.

由于各缔约方的公告和通知义务履行情况较好，所以在争端解决机构受理的透明度案件中基本上不涉及到公告、通知、报告、反向通知这些内容。相应的，在服务贸易和知识产权领域透明度的案件也相对较少。专家组和上诉机构作出的透明度裁决一般来说都是与 GATT 第 10 条规定的内容相关的。

（二）WTO 时期透明度原则在争端解决机制当中的适用

由于第 10 条是整个 WTO 法律体系当中透明度原则的最基本表述，因此对它的解释和判断也能够代表 WTO 对透明度整体制度的看法和态度。而通过一系列案件的仲裁，WTO 的争端解决机构对透明度原则的一些内容给出了明确的解释，这些解释的背后体现了争端解决机构和 WTO 的立场。对立场的解读与对规则解释的学习和掌握是同样重要的，因为立场给出了把握纷繁复杂的解释的脉络，同时也是规则未来解释方向的指引。

WTO 时期与透明度原则相关的案件及相关的法律文件包括但不限于：欧共体特定海关事项案的专家组报告和上诉机构报告——WT/DS315/R 以及 WT/DS315/AB/R，2006 年 12 月 13 日经上诉机构修改后通过①；美国虾案（泰国）的专家组报告和上诉机构报告——WT/DS343/R 以及 WT/DS343/AB/R，2008 年 8 月 16 日经上诉机构修改后通过②；美国涉及反倾销及补偿义务商品的海关保证金案（美国海关保证金案）的专家组报告和上诉机构报告——WT/DS345R 以及 WT/DS345/AB/R，2008 年 8 月 16 日经上诉机构修改后通过③；土耳其影响大米进口措施案（土耳其大米案）的专家组报告——WT/DS334/R，2007 年 9 月 21 日报告通过④；墨西哥软饮料和其他饮料税收措施案（墨西哥软饮料税收案）的专家组报告和上诉机构报告——

① http://www.wto.org/english/tratop_e/dispu_e/cases_e/ds315_e.htm，下载日期：2010 年 2 月 28 日。

② http://www.wto.org/english/tratop_e/dispu_e/cases_e/ds343_e.htm，下载日期：2010 年 2 月 28 日。

③ http://www.wto.org/english/tratop_e/dispu_e/cases_e/ds345_e.htm，下载日期：2010 年 2 月 28 日。

④ http://www.wto.org/english/tratop_e/dispu_e/cases_e/ds334_e.htm，下载日期：2010 年 2 月 28 日。

WT/DS308/AB/R 以及 WT/DS308/R，于 2006 年 3 月 24 日通过[①]；多米尼加共和国影响香烟进口及国内销售的措施案（多米尼加香烟进口及销售案）的专家组报告和上诉机构报告——WT/DS302/R 以及 WT/DS302/AB/R，经上诉机构审议最终报告于 2005 年 8 月 29 日通过[②]；美国对阿根廷石油国管状产品反倾销措施日落复审案（美国石油国管状产品日落复审案）的专家组报告和上诉机构报告——WT/DS268/R 以及 WT/DS268/AB/R，最终报告经上诉机构审议于 2004 年 12 月 17 日通过[③]；埃及队土耳其螺纹钢最终反倾销措施案（埃及螺纹钢案）的专家组报告和上诉机构报告——WT/DS211/AB/R 以及 WT/DS211/R，经上诉机构审议于 2002 年 10 月 1 日通过[④]；美国对日本热轧钢板产品反倾销措施案（美国热轧钢案）的专家组报告和上诉机构报告——WT/DS184/R 以及 WT/DS184/AB/R，经上诉机构审议最终报告于 2001 年 8 月 23 日通过[⑤]；美国对韩国不锈钢薄卷材和板材、带材反倾销措施案（美国不锈钢案）的专家组报告和上诉机构报告——WT/DS179/R 以及 WT/DS179/AB/R，经上诉机构审议最终报告于 2001 年 2 月 1 日通过[⑥]；阿根廷影响牛皮出口及皮革进口的措施案（阿根廷牛皮和皮革案）的专家组报告和上诉机构报告——WT/DS155/R 以及 WT/DS155/AB/R，经上诉机构审议最终报告于 2001 年 2 月 16 日通过；美国对韩国 1 兆以上随机存储器（DRAMS）半导体反倾销税案（美国 DRAMS 案）的专家组报告和上诉机构报告——WT/DS99/R 以及 WT/DS99/AB/R，经上诉机构审议最终报告于

---

① http://www.wto.org/english/tratop_e/dispu_e/cases_e/ds308_e.htm，下载日期：2010 年 2 月 28 日。

② http://www.wto.org/english/tratop_e/dispu_e/cases_e/ds302_e.htm，下载日期：2010 年 2 月 28 日。

③ http://www.wto.org/english/tratop_e/dispu_e/cases_e/ds268_e.htm，下载日期：2010 年 2 月 28 日。

④ http://www.wto.org/english/tratop_e/dispu_e/cases_e/ds211_e.htm，下载日期：2010 年 2 月 28 日。

⑤ http://www.wto.org/english/tratop_e/dispu_e/cases_e/ds184_e.htm，下载日期：2010 年 2 月 28 日。

⑥ http://www.wto.org/english/tratop_e/dispu_e/cases_e/ds179_e.htm，下载日期：2010 年 2 月 28 日。

1999 年 3 月 19 日通过①；日本影响农产品的措施案（日本农产品案Ⅱ）的专家组报告和上诉机构报告——WT/DS76/R 以及 WT/DS76/AB/R，经上诉机构审议最终报告于 1999 年 3 月 19 日通过②；美国禁止进口虾及虾制品案（美国虾案）的专家组报告和上诉机构报告——WT/DS58/AB/R 以及 WT/DS58/R，经上诉机构审议最终报告于 1998 年 11 月 6 日通过③；欧共体影响禽类产品进口的措施案（欧共体禽类案）——WT/DS69/AB/R 以及 WT/DS69/R，经上诉机构审议于 1998 年 7 月 23 日通过④；印度尼西亚影响汽车工业的措施案（印尼汽车案）——WT/DS54、55、59、64R，于 1998 年 7 月 23 日通过⑤等。

第二节 争端解决机构对透明度条款的适用

一、第 10 条与 GATT1947 的关系

通过对 GATT1947 时期 9 个案件的专家组报告的分析，我们可以发现：

在总共的 9 个案件当中有 3 个是美国或者欧盟（以前的欧共体）诉日本的。这些案件的议题是第 10 条规定的“透明度的程度”要求。在美国诉日本皮毛案Ⅱ中，美国对日本进口皮革的配额体系发起了挑战。美国认为日本的进口皮革的配额体系违反了 GATT1947 项下的第 10 条第 1 款和第 3 款，因

① http://www.wto.org/english/tratop_e/dispu_e/cases_e/ds99_e.htm，下载日期：2010 年 2 月 28 日。

② http://www.wto.org/english/tratop_e/dispu_e/cases_e/ds76_e.htm，下载日期：2010 年 2 月 28 日。

③ http://www.wto.org/english/tratop_e/dispu_e/cases_e/ds58_e.htm，下载日期：2010 年 2 月 28 日。

④ http://www.wto.org/english/tratop_e/dispu_e/cases_e/ds69_e.htm，下载日期：2010 年 2 月 28 日。

⑤ http://www.wto.org/english/tratop_e/dispu_e/cases_e/ds54_e.htm；http://www.wto.org/english/tratop_e/dispu_e/cases_e/ds55_e.htm；http://www.wto.org/english/tratop_e/dispu_e/cases_e/ds59_e.htm；http://www.wto.org/english/tratop_e/dispu_e/cases_e/ds64_e.htm，下载日期：2010 年 2 月 28 日。

为日本并没有公开整个配额体系和相应的行政管理制度。美国认为：日本的生产者并没有充分运用配给在他们身上的配额的动机，因为没有相应的利益刺激所以日本生产者不愿意使用进口皮革。这种配额体系为国内的皮革生产者提供了保护。该案专家组判定日本的配额体系违反了第 11 条第 1 款，进而认为没有必要再讨论第 10 条的议题。

日本被起诉的第二个案子是日本特定农产品进口限制案。该案在 1988 年判决完毕。美国认为日本对于特定农产品的配额体系除了违背第 11 条第 1 款以外，还违背了第 10 条第 1 款和第 3 款项下的透明度原则。美国主张：日本没有充分、及时地公开其配额目录，不符合第 10 条第 3 款规定的透明度原则的规定。日本则认为除了配额的总量和实施的标准以外，其他的信息没有公开的必要。日本进一步指出类似配额获得者认证信息这样的信息如果一旦公开，就会导致不必要的混乱，并会干涉和影响进口商之间的竞争力。专家组则认为日本的进口配合限制违背了第 11 条，驳回了基于第 10 条提起的诉讼。

在日本半导体案件中，欧盟起诉日本是因为日本根据与美国的自愿出口限制安排所建立的第三国管理系统违反了第 10 条。这一次受到挑战的是日本的行政指导行为。日本政府对出口到欧洲的半导体产品的成本和价格进行记录，并鼓励日本企业在欧洲不要进行倾销。这被认为是对贸易的行政管理过程中的行政指导行为。尽管专家组并没有支持透明度上的诉讼要求，但是专家组也意识到了行政指导行为在推进政府政策中的重要角色。专家组引用日本特定农产品进口限制案的报告指出：行政指导行为的法律实践是日本政府执行政策的传统工具，其基础是皇室的权威与全民的共识，但是行政指导体系的运行方式是不透明的。

关于 GATT1947 第 10 条的详细讨论仅出现在两个专家组的报告中。第一个是加拿大省级市场代理商进口、分销、零售特定酒精饮料案。专家组认为第 10 条并没有要求对相关的国内、国外供应商同时公开与贸易有关的信息，也没有要求缔约方在法规生效前一定要公布该法规。第二个是在智利诉欧共体限制甜苹果进口案（欧共体甜苹果案）中，尽管认定欧盟的做法符合第 3 款的统一性要求，但是专家组仍然认为欧共体过去颁布的一项甜苹果进口配额的法案是违背第 10 条的透明度要求的。这是在关税与贸易总协定时期唯一的一例认为是违反第 10 条的判决。专家组指出第 10 条第 3 款的统一性，并不要求缔约方对所有的甜苹果商采取相同的行政管理程序。在推理的过程中，专家组仍然是先认定欧盟违反了第 11 条第 1 款和第 13 条，然后才认定了过去的进口限制特别法案自公布之日起违背了 GATT1947 第 10 条第 1 款。

从上面的专家组报告中，我们不难发现：在 GATT1947 时期，透明度条款只是作为国民待遇原则和最惠国待遇原则的补充条款。一旦专家组认定一国的行为违反或者符合了国民待遇和最惠国待遇的要求，那么透明度原则是否得到了遵守就不在专家组考虑的范围之列了。即使是在极特殊的一个案子中同时讨论了国民待遇、最惠国待遇和透明度原则，也是在国民待遇是否得到遵守的大前提下，对透明度原则是否得到遵守进行了确认。透明度原则的遵守与否在《关税与贸易总协定》临时适用的期间内，是不影响争端解决的结果的，只是一个附属性的条款。但是在 WTO 时期，透明度原则的境遇却发生了重大改变。

二、GATT1994 第 10 条第 1 款：普遍适用的措施

GATT1994 第 10 条第 1 款是这样规定的："缔约方有效实施的关于海外对产品的分类或估价，关于税捐或其他费用的征收率，关于对进出口货物及其支付转账的规定、限制和禁止，以及关于影响进出口货物的销售、分配、运输、保险、存仓、检验、展览、加工、混合或使用的法令、条例与一般援用的司法判决及行政决定，都应迅速公布，以使各成员方政府及贸易商对它们熟悉。一缔约方政府或政府机构与另一缔约方政府或政府机构之间缔结的影响国际贸易政策的现行规定，也必须公布。但本款的规定并不要求缔约方公开那些会妨碍法令的贯彻执行、会违反公共利益，或会损害某一公私企业的正当商业利益的机密资料。"①

进入 WTO 时代，一些第 10 条的诉讼是基于 GATT1947 时期的行为，这样的诉讼不能适用 GATT1994 的其他条文，这在立法法的理论上被称作"从旧"原则，也就是说法律一般不溯及既往。尽管这些案件是在从关贸总协定时期延续过来的，专家组和上诉机构却没有按照 GATT1947 时期的做法——认为第 10 条是附属性的条款。正如下文将要讨论的那样，即是在认定某些措施

① 石广生：《乌拉圭回合多边贸易谈判结果：法律文本》，人民出版社 2002 年版，第 512 页。

不违反第 10 条义务的案例中，专家组和上诉机构仍然强化了第 10 条的地位，强调了第 10 条的重要性，并就其适用范围和条文的意义进行了广泛的探讨。WTO 的专家组和上诉机构不断地认定某些措施违反了第 10 条，包括：阿根廷限制牛皮出口及皮革成品进口措施案(阿根廷真皮与皮革案)①；多米尼加共和国影响香烟进口及零售措施案②(多米尼加共和国香烟进口与零售案)；欧共体特定海关事项③以及美国涉及反倾销及补偿义务商品的海关保证金案④(美国海关保证金案)。

在 WTO 中，第一次讨论第 10 条是在 1997 年的美国限制人造纤维与棉制内衣进口案的上诉机构报告中。根据这一报告，第 10 条第 2 款可以被认为是体现了具有基础性重要作用的原则的条文，它促使各缔约方充分地公开影响其他缔约方以及国内外企业和个人的政府法案；相关的政策原则被广泛认为是体现了透明度原则的要求并且具备正当程序要求。其中重要的一点是缔约方、受施加限制或其他负担的政府措施影响或者可能受到影响的其他行政相对人应当“有机会获取可信的相关信息”，他们的行为应当相应地得到保护、受到调整，或者作为一种选择，寻求对这些措施本身的调整。

上诉机构对第 10 条的定义，其重要性首先体现在它和早期关贸总协定专家组的讨论有着显著的不同。第一，第 10 条当中的透明度和正当程序经常被 WTO 专家组引用。这和关贸总协定专家组的讨论是显然不同的。第二，WTO 的专家组认为第 10 条的透明度和正当程序保护应当扩展适用到缔约方对其国内居民实施的行政行为领域。例如，影响到外国贸易者的国内贸易行政管理行为，虽然仅仅是国内行为，但是也要受 WTO 法的调整。第三，上诉机构强调了“贸易者的权利与预期”这个概念。在美国羊毛衫案中被上诉机构强调的关于第 10 条的内容是：第 10 条与贸易者的权利与预期直接相关，这是与其他 GATT 条款不同的地方。这一点将在下文详细论证。第四，上诉机构认为第 10 条允许对行政管理措施提出挑战是与 WTO 相符的。这也就是

① WT/DS155/R 及 Corr.1，2001 年 2 月 16 日通过，DSR2001：V，1779。

② WT/DS302/R 以及 WT/DS302/AB/R，2005 年 5 月 19 日经上诉机构修改后通过。

③ WT/DS315/R 以及 WT/DS315/AB/R，2006 年 12 月 11 日经上诉机构修改后通过。

④ WT/DS345R 以及 WT/DS345/AB/R，2008 年 8 月 16 日经上诉机构修改后通过。

说，透明度原则为将国际法适用于国内行政行为打开了大门、找到了入口。

第10条规定：法令、条例与一般援用的司法判决及行政决定，都应迅速公布，并应以统一、公正和合理的方式实施上述的法令、条例、判决和决定。专家组和上诉机构都普遍认为“普遍适用”这个概念应当解释为不限制第10条第1款项下的措施实施的领域。在欧盟进口分销与零售香蕉体制案(欧盟香蕉案Ⅲ)中，专家组和上诉机构宣称第10条适用于国内措施和边境措施。在日本胶卷案中，专家组认为一项措施尽管可能只适用于一个特定的公司或者是一张提单，但是若该措施对未来的事件也具有约束力，则该措施即是符合第10条第1款中“普遍适用”要求的。这种推理在接下来的阿根廷牛皮和皮革案①中被继续沿用。专家组认为即使仅有一家公司从中获利，但是在海关程序的出口许可中许可国内皮革工业的代理者在场的措施仍然是第10条第1款项下的普遍适用的行政管理措施。

总而言之，专家组和上诉机构已经对“普遍适用的措施”给出了广义的解释。普遍适用的措施包括了任何对于整体的行政管理法和政府的任何行为产生显著影响的特定行政管理行为，如作为行政管理之基础的调查。尽管如此，专家组和上诉机构还同时主张保留将一项措施排除于第10条第1款的使用范围之外的灵活性。因为他们一旦认定这种“显著的影响”不存在，则该项措施就不属于第10条第1款调整的范畴。

三、GATT1994 第10条第3款：贸易规则的实施方式与司法救济

第10条第3款第一段要求WTO的缔约方在其所有的第10条第1款项下的法律、法规及行政管理条例当中使用“统一、公正、合理”的管理方式。第10条第3款的第二和第三段规定了与关税事物相关的所有行政行为要有独立的或者客观公正的审查机制。

第10条的重要性在“美国虾案”的上诉机构报告中也得到了体现。在该

① 阿根廷牛皮及皮革制品案的专家组报告指出：第一，本案争议的行业代表参与海关清关程序的法规实质上是海关进出口法律的实施，属于“法律实施”的范畴，应当受到透明度原则的调整；第二，对进口皮革制品征收较高水平的预付款不仅仅针对某批货物，而是针对这一类货物“普遍实施”的措施。

案中，上诉机构认为美国禁止虾及虾产品进口的措施符合GATT1994第20条g款的规定，是一项为了保护可耗竭的自然资源而限制国内的生产和消费的措施。但是美国的保护措施不符合第20条前言的要求，因为美国实施该措施的"方式"构成了对相同贸易条件的不同国家间的武断的和不合理的歧视。上诉机构这样阐述道："第10条第3款的条文适用于这种'方式'。我们认为限制虾进口的美国609条款适用第10条第1款。因此对于履行了WTO义务的行政措施而言必须具备普遍适用的正当程序。一项违背条约义务的措施的适用和管理，仅当其严格符合正当程序的实质要求时，才具备合理性……"①上诉机构还认为美国的609条款实施的方式是"与GATT1994第3条的条文或其含义相违背的"。

在阿根廷牛皮和皮革制品案当中，WTO的专家组和上诉机构已经把"统一适用"这个条文解释为："海关法不应当有所不同，每个出口者和进口者尽管可能处于不同的时间和地点，但是仍当被与其他人相同之方式对待，仍当享受相同的待遇。"②专家组也认为知情权和参与权对于达到第10条第3款第一段的要求而言是非常重要的。专家组指出："合理性和统一性的要求都与信息问题相关，除非信息的获取是统一、合理的，否则一项行政管理措施不可能是公正的。专家组还强调了第10条第3款第一段的三项要求并不能混为一谈，这三项要求都必须各自独立完整地被满足。"③

---

① 美国虾案上诉机构报告第181段。这段文字的中文版参见赵维田：《美国——对某些虾及虾制品的进口限制案》，上海人民出版社2003年版，第1040页。

② 阿根廷牛皮和皮革案专家组报告第11.83段。本案全称为阿根廷影响牛皮出口及皮革进口的措施案。争议涉及的产品是阿根廷出口的牛皮、成品或者半成品的皮革。争议的措施是阿根廷制革行业的代表参与到海关清关程序的有关法规和对进口牛皮施加的较高水平的税收预付措施。在透明度议题下，争议的主要是国内行业代表参与海关清关程序的行政法规是否是第10条第1款规定的"普遍适用"的法律实施措施；该项措施是否是按照第10条第3款的要求统一、公平、合理地实施阿根廷的海关法律。

③ 阿根廷牛皮和皮革案专家组报告第11.86段。

在多米尼加共和国——香烟进口及销售案中，专家组认定“选择性消费税”①的行政管理条款是不合理的，违背了第 10 条第 3 款第一段，因为多米尼加采用了“最相似产品”来确定进口香烟的税率，但这一标准并没有在之前颁布的法规当中得到体现。多米尼加共和国知晓了问题所在后，在该案被提交至专家组之前改进了这一措施。这也是专家组认定该项行政行为违反了透明度原则之后没有进一步取消该措施的原因，因为它已经不具备行政管理的效力。尽管如此，我们仍然可以判定专家组倾向于把第 10 条第 3 款第一段当中的“合理的”做以宽泛解释，并且认为选择性的消费税由于没有事先公布，所以是不合理的。

总结上述案件的争端解决机构法律文件，我们不难发现，WTO 的司法机构秉承这样一种立场：如果政府相关行政行为的信息不能够相应地公开或者保密，那么就构成了“不合理地实施”；如果政府行为的信息因为没有相应地公开或者保密导致有相反商业利益的个人获得了他们没有权利得到的信息就构成了“不公正的实施”。

四、GATT1994 第 10 条与其他货物贸易协定的关系

包括第 10 条在内的 GATT1994 的条款与附件一 A 当中的其他条约的关系还很不确定。《附件一 A 解释摘要》(以下简称《解释摘要》或《摘要》)并没有解决这个问题，它只是指出当 GATT1994 与其他条约相冲突时，其他条约的条款具有优先性，但这仅限于“发生冲突”的时候。那么“冲突”到底意味着什么呢？答案是不确定的，而且因对应的条约不同而不同。

在美国羊毛衫案中，哥斯达黎加主张美国针对进口羊毛及人造纤维毛衫采取的保障措施既违反了 GATT1994 的第 10 条第 2 款，又违背了《服装与纺织品协议》。专家组认为过渡性的保障措施应当受到第 10 条第 2 款和《服装

① 案件争议编号：DS302。本案涉及的产品是从洪都拉斯进口的香烟，以及受到过渡性收费和外汇费影响的所有产品。争议的措施是多米尼加对香烟进口和销售所采取的进口收费和其他措施。多米尼加规定为了保证选择性消费税能够足额征收，对于那些来自国外没有定价的香烟，以与其价格相近的国产香烟平均价格来确定其在缴纳选择性消费税时的价格。而国产香烟的平均价格据多米尼加共和国来说是由其央行的调查而得出的。洪都拉斯证明了多米尼加的央行根本就没有进行类似的调查，因此这种平均价格的调查构成了“不合理地”实施海关法，违反了第 10 条。

与纺织品协议》的约束。但是上诉机构认为没有违反第 10 条第 2 款，而且第 10 条第 2 款不应当调整一个缔约方是否可以赋予一项保障措施以追溯力的问题。虽然没有清晰指出 GATT1994 与其他条约的条文的关系，但上诉机构清晰地表明二者都可以适用。这也就意味着上诉机构认定第 10 条第 2 款和《服装与纺织品协定》的效力应当是互不影响的，透明度条款的适用并不意味着过渡性保障措施应当或者不应当溯及既往。

《许可证条约》与第 10 条的关系在欧盟香蕉案Ⅲ中得到了确认。在该案中，专家组将"冲突"狭义地解释为"仅当其他条约中的一个条文禁止另一条约条文的明文许可，或者缔约方无法同时满足 GATT1994 和其他附件一 A 条约的要求"①。上诉机构同意专家组的看法，认为《解释摘要》允许既适用第 10 条第 3 款也适用《许可证条约》，但是《摘要》也规定了专家组应当优先适用《许可证条约》，因为它是更特别、更具体的条约②。这在法理上也是有依据的，在同一层级的法律之间特别法优于普通法是公认的法律效力位阶规则。如果专家组优先适用了《许可证条约》，那么就没有必要再去适用第 10 条第 3 款第一段了。

这种与关贸总协定时期忽视第 10 条第 3 款的做法相像的裁判，在欧盟——影响特定家禽进口措施案③中受到了挑战。在欧盟家禽案中，巴西认为欧盟有关家禽冻肉进口的规定是以违反第 10 条的方式实施的。因为巴西的贸易者无法了解一单买卖是否属于欧盟这项规定的调整范畴。上诉机构认为第 10 条并没有赋予缔约方政府这样一种义务，即确保国内进口商连续不断地通知外国出口者每一单具体的即将发生的货物买卖所受到的待遇。专家组认为，与欧盟香蕉案Ⅲ不同，即使是在审视了《许可证条约》以后，也应当适用第 10 条第 3 款第一段。原因是《许可证条约》仅仅适用于本案争议中的这部分与许可证相关的行政措施，而第 10 条适用的范围更广，应当适用于"整个贸易领域"④。

某些缔约方十分乐意将第 10 条第 3 款第一段适用于某项特定的反倾销

① 欧盟香蕉案Ⅲ(墨西哥)专家组报告第 7.159 段。
② 欧盟香蕉案Ⅲ上诉机构报告第 204 段。
③ 欧盟家禽案上诉机构报告第 114 段。
④ 欧盟家禽案专家组报告第 268 段。

决定。在“美国——韩国 1 兆及以上容量动态随机存取存贮器征收反倾销税案”中，韩国认为第 10 条第 3 款第一段的正当程序要求也应当适用于美国所采取的反倾销的行政管理措施，这些措施也应当受到严格的检查。与此相似，在美国热轧钢铁案中，日本也主张第 10 条第 3 款第一段的适用范围应当超出其条文中提及的条约的范围，进而适用于美国行政当局所采取的反倾销行政法。

与《许可证条约》相反，专家组在涉及《反倾销条约》的时候则不愿意适用第 10 条第 3 款第一段。在美国热轧钢铁案中，专家组指出：“当我们发现某一项或某一类行为违反了反倾销条约的某一特定条款的时候，我们要面临这一措施是否可以被认为是已经违反了第 10 条第 3 款第一段的问题……我们严重怀疑这种观点的适当性。”①

虽然这种表述没有使第 10 条第 3 款彻底地不适用于反倾销条约，但是专家组不认为应当在反倾销条约的正当程序要求之外再适用第 10 条第 3 款规定的正当程序条款。第 10 条第 3 款第一段对于美国反倾销法的行政管理的适用，在美国对韩国 1 兆以上随机存储器(DRAMS)半导体反倾销税案(美国 DRAMS 案)中被韩国有力地挑战了：“WTO 条约是一个统一的整体。第 10 条的透明度和统一性义务适用于 WTO 条约，包括反倾销条约。缔约方必须以符合第 10 条第 3 款的方式管理每个法律、法规和行政规章。所以第 10 条适用于每一项反倾销行政措施。”②

作为对韩国这一主张的回应，专家组并不支持将第 10 条第 3 款第一段适用于反倾销措施：“我们对于是否应当像韩国所主张的那样适用第 10 条第 3 款持有严重的怀疑。正如美国相应地指出的那样，第 10 条第 3 款第一段的功能，不是一个检验缔约方的特定国内法律和实践的措施与 WTO 是否一致的机制，而是一个保留了各缔约方国内司法体系的功能。”专家组对于审查缔约方的行政管理结构的不安是可以理解的。这毕竟会更深入的涉及国际法对国内主权事项的挑战。但是，这种审查正是第 10 条第 3 款第一段赋予缔约方挑战特定行政措施的权利。

---

① 美国热轧钢铁案专家组报告第 7.267 段。

② 美国对韩国 1 兆以上随机存储器(DRAMS)半导体反倾销税案(美国 DRAMS 案)的专家组报告第 4.461 段。

总的来说，反倾销的案件中，尽管专家组不情愿，但是他们事实上已经认定“特定的倾销决定”是普遍适用的措施，应当受第10条的约束。但是，争端解决机构同样认为不应当在反倾销的正当程序要求之外再适用透明度的正当程序要求。

五、从欧共体——特定海关事项案看争端解决机构的立场

(一)欧共体——特定海关事项案

在被写入《关税与贸易总协定》六十年后，第10条被认为是解决贸易争端的法律基础。在欧盟——特定海关事项案中，美国认为欧洲经济共同体的关税管理体系并不是第10条第3款第一段所要求的那种统一的管理体系，并且欧共体没有对海关相关的行政管理行为提供迅速、及时的行政复审和司法救济渠道。在起诉中，美国也指出了欧盟对特定的进口液晶显示器以及连接线，适用不统一的定价规则和关税行政管理法规。美国认为在欧洲经济共同体层面缺少对不符合统一性的审查机制，这种审查机制的缺位恰恰违背了第10条第3款第一段。① 这个案件是迄今为止WTO争端解决机构关于透明度的经典裁判之一。

事实上，这个案件也是争议的措施最为宏观的一个案件，它争议的是欧共体整体对进口液晶显示器和连接线的海关管理制度，以及国内救济制度的缺失。专家组也认为欧盟的关税行政管理从整体而言是复杂的，有时候也是“不透明的、令人迷惑的”。事实上，专家组进一步指出：“我们可以想象我们努力理解欧盟的关税管理体系的难度，而这种难度对于普通的贸易者尤其是那些想把商品打入到欧盟市场的小商人来说可能是数倍于我们这些人。”②

专家组提到，“争端解决机制和其他的WTO条约中没有任何条款阻止一个缔约方挑战另一个缔约方整体制度”。③ 尽管这样，专家组仍然以“不属于专家组的管辖范围”④为由驳回了美国对欧共体整体海关管理制度的挑战。

① http://www.wto.org/english/tratop_e/dispu_e/cases_e/ds315_e.htm，下载日期：2010年2月28日。

② 欧共体特定海关事项案专家组报告第7.191段。

③ 欧共体特定海关事项案专家组报告第7.44段。

④ 欧共体特定海关事项案专家组报告第8.1段。

最终，专家组以对于液晶显示器和连接线的分类标准不统一以及定价规则的不统一认定欧共体违法。

在上诉中，上诉机构认为欧盟的关税管理体系应当可以作为一个整体而在第 10 条第 3 款第一段项下被挑战，而且这种挑战属于相关条款的调整范围。上诉机构继续指出，在欧盟香蕉案Ⅲ和欧盟家禽案中涉及的"行政执法措施的区分"①并没有排除挑战一个不统一的行政执法措施的可能性。上诉机构还特别指出早期的判决不能够排除对于一种被规定于第 10 条第 1 款（普遍适用的执法措施）的法律工具的"实质内容"的适用②在第 10 条第 3 款第一段项下（贸易规则的统一、公正、合理地实施）进行挑战。因此，一个缔约方可以挑战一项法律措施的实质内容，条件是这种内容决定该项法律的行政管理的实质内容，同时该措施的实质内容必然导致不统一、不公正或不合理地违背第 10 条第 3 款第一段的行政管理措施。上诉机构认为欧盟的各缔约方之间的关税法律的差别本身并不必然违反第 10 条第 3 款第一段的"统一性"要求，除

① 这一提法的英文是：administrative-substantive distinction，笔者将其翻译为行政执法措施的区分。在三权分立的国家，行政权实际上是法律的执行权力，因此笔者认为将这个短语译为行政执法措施的区分更能够准确表达它的意思。实际上，朱榄叶在她的专著《世界贸易组织国际贸易纠纷案例评析》第 6 页提到过类似的内容。她指出：如果 WTO 的案件设计的是一个成员的国内法规定，那么专家组就会做这样一个"经典区分"：是法律本身的要求必然导致执法者违反了 WTO 的规定还是法律授权的执法措施以违反 WTO 的方式执行。如果是前者，那么可以认定法律本身（per se）不符合 WTO 的规定，申诉方只要证明该法存在并且是具有强制力的即完成了自己的举证责任；如果专家组认定是法律授权的执法措施违反 WTO 的规定，那么申诉方就不仅要证明法律授权了这样的执法方式，而且还要证明行政机关以不符合 WTO 的方式采取了这些执法措施。她将这种"经典区分"理解成为强制性法律规定与授权性法律规定的区别。这种提法不够准确。根据我国的立法法，立法机关授权其他部门进行补充立法包括了两个层次，第一是就本法涉及的特殊领域、特殊问题授权其他主体进行立法，第二是就本法的具体实施办法授权执法部门制定细则。这两种授权所产生的规范性法律文件统称为授权性法律规定。但是很显然，第一层次的授权所产生的规范性法律文件与授权的法律属于同一层级，属于法律本身，而不是法律的执行措施。根据 WTO 专家组的论述，经典区分显然区分的是法律和法律的执法措施，而不是法律和授权对本法特殊领域进行补充而产生的法律。因此，此处还是译为"行政执法措施的区分"更为恰当。

② 此处上诉机构的表述为：earlier rulings did not exclude the possibility of challenging under Article X：3(a) the substantive content of a legal instrument that regulates the administration of a legal instrument of the kind described in Article X：1.

非这种国与国之间的差别确实导致了在具体情况下形成了不统一的行政管理。

在认定欧盟的海关管理体系原则上可以在第 10 条第 3 款第一段项下作为一个整体被挑战的基础上，上诉机构回避了“作为一个整体”的这个问题，理由是上诉机构没有足够的事实依据来对此做出判决。另外，上诉机构驳回了专家组认定的对进口液晶显示器和连接线的海关管理措施违反第 10 条第 3 款第一段的裁决，这些被认定为没有违反 WTO 要求的措施包括依据关税法的行政管理措施和与审计程序及挡光帷幔①产品的关税分类。上诉机构仅支持了专家组认为液晶显示器的关税分类导致了不统一的行政管理、违背了第 10 条第 3 款第一段的观点，支持专家组驳回依据第 10 条第 3 款第二段提出的诉讼要求。

在这起里程碑式的案件中，上诉机构通过进一步模糊行政法和行政执法措施的区分，赋予了第 10 条更广泛的适用空间，并且为未来可能发生的对法律实质这个整体的挑战打开了大门。上诉机构在本案中使用了两个法律技术。第一种是在认定 WTO 法律是否适用时使用了 WTO 法和在先判决“并没有排除”特定条款的适用这种表述。第二种是使用“实质上的行政执法措施”这个标准，这样无论一项措施在名义上被叫做法律、法规还是条例、法令，甚至只是一种习惯性的做法，只要它具备了行政管理的实质内容并且具备了相应的影响，那么它就构成了受第 10 条调整的“普遍适用的执法措施”。

在 WTO 的争端解决机构所解决的透明度纠纷当中，欧盟特定海关事项案是非常具有典型意义的案件。这个案件争议的措施是一个地区性组织的关于特定产品的宏观海关管理制度，包括了关税分类、审计和国内行政复审和司法救济程序。虽然专家组对这种主张持否定意见，但是上诉机构却肯定了这一主张。根据《争端解决程序的谅解》，上诉机构的裁决为最终裁决。因此，我们可以认定 WTO 的争端解决机构认为即使是一个宏观的海关管理事项，一个整体的法律制度也应该受到第 10 条第 1 款（普遍适用的执法措施）和第 3 款第一段（贸易管理的实施方式）、第三段（法庭救济）的调整。

这种做法是史无前例的，在 GATT 和 WTO 的历史上，还从来没有过一项宏观的整体行政法律制度在司法机制中被挑战的先例。这种做法使得

① 英语原文为：tariff classification blackout drapery.

WTO 法律规则对缔约方的国内制度安排有了更深入的介入。缔约方的国内行政管理制度，如果同时满足了与贸易有关和不透明这两个条件，那么就面临着在争端解决中败诉的局面。根据透明度原则的要求，一国的行政管理制度如果与贸易有关，那么必须首先履行公布和通知义务，其次要满足执法方式统一、公正、合理的标准，第三还要为行政相对人设置相应的行政复议程序和国内司法救济程序。由此，我们可以得出第一个结论，在 WTO 透明度的强制性要求下，缔约方必须具备行政复议制度和行政诉讼制度。

此外，由于欧盟——特定海关事项案将一个整体的海关管理制度纳入了争议措施的范围内，所以缔约方的行政复议和行政诉讼的可诉性必然要做出相应的改革。一个整体的海关管理制度，其国内行政主管机关必然是中央国家机关的海关管理部门，那么对它进行行政复议的只能是中央国家机关，在中国就是国务院。如果行政复议机关维持了原行政行为，相对人不服的可以到法院提起行政诉讼。相对人可以选择原行政行为做出的行政机关或行政复议机关作为被告。如果行政复议机关改变了原行政行为，相对人可以以复议机关作为行政诉讼的被告。在美国，这样的制度设计不存在问题，因为联邦政府是可以作为被告参加诉讼的。但是在中国，国务院不能作为行政诉讼的被告将导致行政复议结果无法在国内得到司法救济的局面。这就违反了 WTO 的透明度要求。目前，将一项宏观的整体行政管理制度作为被诉措施的做法还仅仅是个案，因此它的影响还没有显现出来。可以预见的是，欧盟——特定海关事项案必然引发缔约方的大面积的行政复议法和行政诉讼法制度改革。

(二)保护贸易者的预期

保护贸易者的预期是在透明度原则的适用过程中发展出来的一个法律概念。这个概念与关税与贸易总协定时期的《争端解决程序的谅解》第 23 条第 1 款所规定的“保护合法预期①”概念紧密相连。

在 GATT1947 法律框架下，《争端解决程序的谅解》第 23 条第 1 款规定：“凡任何一个缔约方认为，它依本协定直接、间接预期的任何利益受到抵消或损伤，或者实现本协定的任何目的受到妨害，而这是由于：

(a)另一缔约方未履行其本协定的义务，或

(b)另一缔约方采取的任何措施，不论其是否与本协定相冲突

① 这里的保护合法预期主要是指保护缔约方的合法预期。

(c)存在任何其他情势,均可提出诉讼。"①

这一规定在WTO时期得到了继承。在《建立WTO的马拉喀什协定》附件2——《关于争端解决规则与程序的谅解》第23条第1款中规定:"当成员寻求纠正违反义务情形,或寻求纠正妨碍适用协定任何目标的实现的情形时,它们应当援用并遵守本谅解的规则和程序。"②从GATT1947时期传承至今的这一条款,被认为是在WTO的争端解决机制中启动"非违法之诉"的依据。也就是说,尽管一个缔约方的措施并没有违背WTO的具体条款,也没有违背自己的关税减让和非关税壁垒等方面的承诺,但是若其他缔约方根据WTO法所持有的合法预期受到妨害,则该缔约方的行为仍然可以按照非违法之诉程序被起诉。

保护(缔约方)的合法预期被认为是WTO法特有的善意原则。善意原则是国际法的一般法律原则之一。而国际法的一般法律原则具有普遍的渊源效力,在未被明确写入某部国际法律条约的情况下仍然可以适用。善意的含义被格老秀斯以先人西塞罗的语言描述为:"善意,要求一个人去做他所说的话时应当同时考虑他意欲何为。"③而善意原则在很多国际法条约中得到了体现。《联合国宪章》第2.2条规定:"各会员国应一秉善意,履行其依本宪章所担负的义务,以保证全体会员国由加入本组织而发生之权益。"④《联合国海洋法公约》第294条也规定了善意解决纠纷的义务,它说:"法院或法庭如决定该项主张构成滥用法律程序或根据初步证明并无理由,即不应对该案采取任何进一步行动。"这里面的"滥用法律程序"指的就是"违反善意义务"的情形⑤。WTO保证各缔约方加入世界贸易组织所应当持有的合法预期,即使其他缔约方的行为没有违背具体的规则,这本身就是善意原则的体现。

---

① 转引自刘敬东:《WTO法律制度中的善意原则》,社会科学文献出版社2009年版,第114页。

② 石广生:《中国加入世界贸易组织知识读本(二),乌拉圭回合多边贸易谈判结果:法律文本》,人民出版社2002年版,第423页。

③ [荷]格老秀斯:《战争与和平法》,何勤华等译,上海人民出版社2005年版。

④ [德]奥本海:《奥本海国际法》,王铁崖译,中国大百科全书出版社1995年版,第23页。

⑤ 刘敬东:《WTO法律制度中的善意原则》,社会科学文献出版社2009年版,第49页。

对于透明度原则的适用来说，除了保护缔约方的合法预期之外，还保护贸易者的合法预期。这也是WTO时期透明度原则在法理上的另一个突出特点。专家组倾向于保护在市场中进行经济活动的贸易者的预期利益。例如，在“美国——阿根廷石油王国管状产品反倾销措施的日落审查案”中，专家组着重展示了日落审查对在商业世界当中的外国贸易者产生的真实影响。WTO中，很强调在缔约方之间，在互惠和多边的妥协基础上保护竞争性关系的预期利益。

而在阿根廷牛皮和皮革案中，专家组对于“贸易者的合法预期”是这样来表述的：“第10条第3款第一段要求对于一项措施应当检验其对于商业领域中进行经济活动的贸易者的真实影响。这当然并不是要求展示贸易损失，正如它并不是可以违背GATT1994所必需的。但是，它应当包括对于是否会因为实施关税法规过程中的经主张但未被证实的偏见、不合理性和不统一性而对商业形势产生可能的影响”。[①]

“贸易者的预期”的直接、详细含义最少包括两个方面。第一，它强调了当私人贸易者要求其政府关注在适用国内贸易政策或采取边境措施的透明度和统一性时，第10条所起的重要作用。第二，它强调了WTO作为一个国际组织所得到的进行良好治理的授权，WTO应当保护私主体的贸易者的预期而不仅仅是缔约方的预期，这种保护应当通过保证透明度、可归责性和其他正当程序价值来实现。这就展示了从一个以互惠关税和多边妥协为基础的法律体系向一个追求“善治”(good Governance)的体系进化的过程。如果说保护缔约方的合法预期是体现了善意原则的话，那么保护贸易者的预期就为WTO实现“善治”打开了一扇大门。

善治，是“治理”的一种，也被译作“良治”。1989年，世界银行首次使用“治理危机”(crisis in Governance)一词，是一个与“统治”相对比的概念。治理是“各种公共的或私人的机构管理其共同事务的诸多方式的总和”。而政府统治是指政府运用政治权威，通过发号施令、制定政策和实施政策，对社会公共事务实行单一向度的管理。治理与统治的最基本，甚至可以说是本质性的区别是，“治理虽然需要权威，但这个权威并非一定是政府机关，而统治的权威必须是政府。治理的实质在于建立在市场原则、公共利益和认同之上的合作。统治是政府对社会公共事务实行单一向度的管理。而治理则是一个上下互动

① 阿根廷牛皮和皮革制品案专家组报告第11.71段。

的管理过程，它主要通过合作、协商、伙伴关系、确立认同和共同的目标等方式实施对公共事务的管理”。①

治理能够弥补政府统治下宏观调控的失误和市场机制的失灵，但是治理也不是万能的。它不具备政治的权威性和国家意志的强制力；在大多数资源的有效配置方面有超过市场机制的惊人表现。为了克服治理的局限性，就有必要实施“良好的治理”或“善治”。概括地说，“善治就是使公共利益最大化的社会管理过程。善治的本质特征，就在于它是政府与公民对公共生活的合作管理，是政治国家与市民社会的一种新颖关系，是两者的最佳状态。善治实际上是国家的权力向社会的回归，善治的过程就是一个还政于民的过程。善治表示国家与社会或者说政府与公民之间的良好合作，从全社会的范围看，善治离不开政府，但更离不开公民。从某个小范围的社群来看，可以没有政府统治，但却不能没有公共管理。善治有赖于公民自愿的合作和对权威的自觉认同，没有公民的积极参与和合作，至多只有善政，而不会有善治”。②

WTO法作为国际法，旗帜鲜明地保护贸易者个体依据WTO的法律所持有的合法预期，这本身就是为私主体参与到国际贸易的全球治理创造了对接的路径。与保护缔约方的合法预期相比，保护贸易者的合法预期使得参与到国际贸易管理中的主体越来越广泛、国际贸易管理层级的纵深从国际社会延展到了国内社会、本地市场和市场的参与者。这是在透明度原则下，WTO法取得的又一个重要进步。

（三）透明度原则适用的扩张与收缩

WTO的专家组和上诉机构在一系列案件的争端解决中不断拓展透明度原则的适用范围。阿根廷皮革案专家组指出第10条第3款第一段也适用于一项行政管理措施的宗旨，即行政管理措施背后的立法或执法意图。第10条第3款第一段不受最惠国要求的限制，也没有必要把这一内容的适用限制在有进口或者出口关系的两个或以上缔约方之间。第10条在WTO中的演进，使得第10条的适用范围延展至实质性措施和行政措施，这种延展是通过对第10条条文的解释和对早期专家组进行的实质性措施与行政措施的分类加以模糊处理来实现的。

---

① 俞可平：《从治理到善治》，http://www.zjol.com.cn/05culture/system/2007/12/04/009027095_01.shtml，下载日期：2010年3月18日。

② http://iask.sina.com.cn/b/15836617.html，下载日期：2010年3月18日。

近来对第 10 条第 1 款和第 10 条第 3 款第一段的解释已经超越了条文本身的适用范围。欧盟特定海关事项案的判决说明一个整体的制度可以作为第 10 条第 3 款第一段项下被起诉的对象，这可能会鼓励缔约方提出新的诉讼。例如第 10 条对于欧盟关税管理制度的挑战会继续强化欧盟的关税制度是不透明的，令人迷惑之观点。另外，美国虾案使得第 10 条如果不能以明文的方式适用于第 20 条前言部分，那么可以适用第 10 条的宗旨。因此，发展关于第 10 条，特别是第 3 款第一段的法理成为可能，这种发展可以解释第 20 条项下的措施，或者可以解释第 20 条的前言。

争端解决机构不仅扩大了第 10 条的适用范围，也扩大了其他条款的适用范围。在厄瓜多尔诉欧盟香蕉进口体制案的执行小组程序当中，争议的双方同属于 WTO 的缔约方，同时双方还有双边条约规制贸易摩擦。一方提出依据双边条约来解决贸易摩擦，不应当再适用 WTO 的争端解决程序。WTO 的争端解决机构再次使用了高超的法律技巧，指出“WTO 的法律并没有禁止争端解决机构受理有其他条约调整的贸易争端”[①]。

WTO 争端解决的扩大化倾向与 WTO 宗旨的扩大化倾向是一致的。在关贸总协定时期，国际经济法的体系严格遵守并积极推动贸易自由化的主题，数量限制、高关税被认为是全球经济发展的毒瘤。尽管在学理上还存在争议，贸易自由化的合理性在世界贸易组织的建立过程中被延续了下来，但是更为醒目的变化是 WTO 将与贸易相关的环境可持续性以及发展中国家等命题[②]

① 张玉卿在 2008 年国际经济法年会上的发言，http://www.csiel.org/meeting_info.asp? id=46，下载日期：2010 年 3 月 13 日。

② 石广生：《乌拉圭回合多边贸易谈判结果：法律文本》，人民出版社 2002 年版，第 4 页。《马拉喀什建立世界贸易组织协定》前言规定：本协议各成员，承认其贸易和经济关系的发展，应旨在提高生活水平，保证充分就业和大幅度稳步提高实际收入和有效需求，扩大货物与服务的生产和贸易，为持续发展之目的扩大对世界资源的充分利用，保护和维护环境，并以符合不同经济发展水平下各自需要的方式，加强采取各种相应的措施；进一步承认有必要作出积极的努力，以确保发展中国家，尤其是最不发达国家，在国际贸易增长中获得与其经济发展相适应的份额；期望通过达成互惠互利的安排，切实降低关税和其他贸易壁垒，在国际贸易关系中消除歧视待遇，为实现上述目标作出贡献；从而决心建立一个完整的、更有活力的和持久的多边贸易体系，以包括关税与贸易总协定、以往贸易自由化努力的成果和乌拉圭回合多边贸易谈判的所有成果；决心保持该多边贸易体制的基本原则和加强体制的目标。

纳入了WTO条约的前言中。就像下文即将论述的那样,WTO将其宗旨从单纯的贸易自由化扩展到环境、发展、就业等领域,这也必然导致WTO在全球范围内所涉及的贸易管理规则的扩张。这种贸易管理规则的扩张,又是反过来以透明度为前提的。

但是,WTO的争端解决机制的文化是:对第10条的扩张解释不必然导致在具体案件中适用第10条。第10条第3款第一段是否适用于附件一A的其他条约也是因不同的条约而异。第10条第3款第一段尚未被适用于反倾销协议,但是在现阶段正当程序条款已经适用于许可证协议。一些缔约方认为美国的贸易救济法,尤其是反倾销的内容是违反第10条第3款第一段的统一性、公正性和合理性要求的。因此,第10条将继续被援引作为反对美国贸易救济法的依据。专家组和上诉机构不愿意将第10条适用于美国的贸易救济体制。相反,专家组将会继续注重应用反倾销协议、反补贴协议和保障措施协议的特殊程序条款。

这种做法与争端解决机制的一贯风格相符。举例来说,在欧盟选择性关税案中,专家组扩张了第10条第3款的适用范围,但同时否定了大部分专家组认为被告方违背第10条第3款第一段的判决,仅仅支持了专家组认为液晶显示器的关税分类导致了不统一的行政管理进而违背了第10条第3款第一段的观点。与此相似,在多米尼加共和国香烟进口销售案中,第10条第3款第一段中的"合理性"也被做以广义的解释,尽管争议的措施已经被改正。在美国——韩国1兆及以上容量动态随机存取存贮器征收反倾销税案中,专家组仅适用第10条第3款第一段来说明违反了反倾销协议的措施没有必要再去按照韩国主张的那样进行第10条项下的合法性审查。这种在相似案件中对于第10条第3款第一段适用的显著不同是符合争端解决机制的文化及一贯做法的。争端解决机制一贯致力于避免做出引起或可能引起争论的决定,这是远远不够的,争端解决机构还要公正地发展法学理论这样才能使未来的专家组和上诉机构能够继续将WTO的授权扩张到超越传统的保护和促进贸易自由化的领域中去。

第四章 >>>

WTO透明度原则的国际保障：贸易政策评审机制

在WTO许多协议中都有关于透明度的要求和规定，在2000年以前整个WTO多边协议中，有关货物贸易的通知程序要求就已经达到175项，加上服务贸易和知识产权贸易，共计215项通知义务。① 即便这样，WTO协议中的透明度要求往往都存在着具体领域的特定倾向性，分别强调某一部门、某一领域的透明义务。与此不同的是，贸易政策评审机制从全面的、系统的角度在国际层面保障各成员贯彻实施WTO的透明原则。

贸易政策评审机制的目标之一就是"通过提高各成员贸易政策和法律实践的透明度并使之得到更好的理解"。从贸易政策评审机制的运作上看，成员向贸易政策评审机构定期报告制度；评审过程中各有关成员方之间的质询、答辩制度，以及评审结束后各方报告的公布等，均体现了透明度的要求。不仅如此，贸易政策评审机制还倡导成员内部贸易决策的透明。从《贸易政策评审机制协议》所确定的贸易政策评审范围来看，"对各成员方贸易政策的评审以其发展需要、经济背景、政策和目标以及外部环境为立足点和出发点，通过全面评审每个成员方的贸易政策及其实施"②，使所有的成员都能了解其他每一成员的贸易政策及其近期实施情况。"为了尽最大可能提高透明度，要求各成员方在评审周期内经常性地向贸易政策评审机构递交报告，全面描述有关贸易政策及其实施情况。显然，与多边或单边协议中的单项透明度要求相比，贸易政策评审机制的整体透明度要求更能符合WTO的透明度原则，也更有利于

① 赵维田：《世贸组织的法律制度》，吉林人民出版社2000年版，第136页。

② 陶中元：《对WTO贸易政策评审机制的重新审视》，载《世界经济与政治论坛》2002年第2期。

WTO透明度目标的实现。”[1]因此，把贸易政策评审机制视为实践WTO透明度原则的一项工具是有充分的理由和根据。

第一节 贸易政策评审机制的历史演进

贸易政策评审机制(trade policy review mechanism)是世贸组织的三大机制之一(另外两项机制是贸易谈判机制与争端解决机制)，它的有效运行，对于改善国际贸易的整体环境、促进成员对多边贸易体制法律规则与制度的遵守、预防国际贸易摩擦，均具有重要意义。研究贸易政策评审机制，加深对它的认识和理解，对于我国加入世界贸易组织后履行WTO成员方义务，充分利用贸易政策评审机制增加我国的对外贸易量、改进对外贸易结构，将大有裨益。作为《建立世界贸易组织的马拉喀什协定》的附件三，《贸易政策评审机制协议》是乌拉圭回合达成的第一个协议，足见谈判各方对它的重视程度。早在1989年，世贸组织成立之前，贸易政策评审机制就已经临时适用。经过十几年的运作，它在世贸组织体制中的作用已得到广泛的认同。

一、GATT时期的规定

1947年成立的关贸总协定(简称总协定，或GATT)一贯强调需要增强贸易体系的透明度和稳定性。透明度是指缔约方有义务公布所有法律、法规、司法判决和普遍使用具备一般效力的行政决定及货物和服务贸易有关的国际协定，缔约方还有义务以合理和公正的方式实施贸易措施。为此GATT规定了贸易政策的通知(Notification)制度，要求缔约方使用关税替代传统的配额方法，作为贸易管理的新的主要方式，缔约方在实施一项新的贸易措施之前有与利害缔约方协商和阐明该措施的义务。1947年总协定成立时并没有建立一

① 陶忠元：《对WTO贸易政策评审机制的重新审视》，载《世界经济与政治论坛》2002年第2期。

项约束缔约方贸易行为的一般监督机制①，当时主要通过其他具体的贸易规则条文来促进各缔约方贸易政策措施的透明从而监督多边贸易规则的实施。GATT 关于促进贸易政策透明的条文主要有第 10 条、第 11 条、第 22 条等。其中，第 10 条规定缔约方有义务公布其贸易规章，第 11 条规定仅允许使用关税作为国内工业的保护手段，第 22 条规定了协商义务。另外，对于实践中业已发生的违反总协定义务的情形，受损的缔约方可依据第 23 条，提出“利益的丧失或损害”的指控，诉求争端解决程序，恢复缔约方之间权利和义务的平衡。

GATT1947 曾规定了许多通知条款②，通知涉及的多是政府机构所制定和采取的适用时限较短的具体贸易措施，或者只是某一特定事项或政策的实施状况。总协定第 10 条关于“贸易条例的公布与实施”的规定，对总协定缔约方经济贸易政策透明度作了专门要求。根据该条，总协定要求贸易条例公布的内容主要是缔约方所制定和实施的比较重大的法律法规，它们往往有普遍的和较长期的适用性和较大的稳定性，如一缔约方的《对外贸易法》、《海关法》以及与其他缔约方的国际协议等。公布是透明义务的最为重要的部分，因为这些内容构成了一缔约方有关国际贸易的政策法规的主体。

总协定的实施主要依赖于缔约方之间的相互“盯梢”(Peer)，这在总协定早期，缔约方数目有限并且各缔约方贸易保护手段单一，主要使用关税手段的情况下，曾经发挥过一定的效果。二十世纪六十年代，随着大批新独立的国家加入总协定，总协定缔约方数目急剧增加；七十年代，主要资本主义国家经济陷入滞胀困境之中，市场竞争更加激烈，各成员方贸易保护主义开始重新抬

---

① See G. J. H. van Hoof & K. de Vey Mestdagh, *Mechanisms of International Supervision*, *in Supervisory Mechanisms* in Int'l Econ. Org, P. van Dijk ed., Kluwer Law Int'l, 1984, pp. 11～15. 根据 Von Hoof 和 K. de Veymestagh 在“Mechanism of International Supervision”一文中的观点，一般监督机制应具有以下四个特征：第一，根据国际协定设立；第二，经常性；第三，普遍性。即该组织内的各成员必须一视同仁地接受监督；第四，全面性，即对成员的有关行为进行全面监督，而不局限于对某一特定事件的处理。

② 如总协定第 6 条(反倾销与反补贴)第 6 款，第 13 条(数量限制的非歧视管理)第 3 款，第 16 条(补贴)第 1 款，第 17 条(国家专控产品的贸易单位)第 4 款，第 18 条(对经济发展的政府援助)第 7 款、第 14 款、第 17 款、第 21 款，第 19 条(对某些产品进口的紧急行动)第 2 款，第 24 条(区域贸易集团)第 7 款，第 27 条(减让的拒绝与撤回)，第 28 条(减让表的修改)第 3 款、第 4 款、第 5 款，第 37 条(承诺)第 2 款都有关于通知义务的规定。

头，贸易保护的手段从单一的关税走向多样化、隐性化。此时，由于经过总协定之前的七轮谈判，关税已大幅削减，关税作为贸易保护的壁垒已经基本得到了合理的限制，美、欧、日等主要资本主义国家纷纷转向那些透明度较低、不易监督和预测的非关税措施。此外，一些处于总协定边缘之上或之外的模糊地带，如“自动数量限制”、“有秩序的销售安排”也层出不穷，总协定的通知和公布义务被践踏。由此可见，GATT 虽在关税减让和限制使用配额方面取得了令人瞩目的成就，但是却没有办法防止缔约方通过非关税壁垒及其他非直接的贸易保护方式。① 以上这些情况使得总协定缔约方之间的相互监督变得异常困难，多边贸易体制遭到了破坏和侵蚀，国际贸易环境日益恶化，缔约方之间的贸易争端骤然增加，国际社会因此对总协定体制的有效性产生了普遍怀疑。

二、东京回合谈判的萌芽

由于 GATT1947 的通知义务当时并没有得到很好的执行，加之关贸总协定的缔约方从当初的 23 个增加到 100 多个以后，情况更为复杂。1973 年 9 月至 1979 年 4 月举行的关贸总协定第七轮多边贸易谈判即“东京回合”，是在国际社会贸易保护主义压力日益严重危及到关贸总协定体制，各成员方因此要求重新审议总协定的呼声高涨的情况下发起的。因此东京回合一开始就关注对缔约方贸易政策和法律实践的监督。

这次谈判通过了《关于通知、协商、争端解决和监督问题的谅解》（简称“《谅解》”），除了重申缔约方承担的贸易法规和措施的公布和通知义务以外，还进一步规定各缔约方“尽最大可能将他们采取的影响总协定执行的贸易措施通知缔约方全体”。② 在资料交换方面，《谅解》规定，如果一缔约方有理由相信另一缔约方的贸易措施会扰乱总协定的利益平衡，他可以直接向该缔约方索取更多的资料并要求他作出解释。③ 可见，《谅解》在贸易政策透明方面较 1947 年关贸总协定对缔约方的要求更高。在监督问题上，它授权缔约国全

① Victoria Curzon Prize，GATT's New Trade Policy Review Mechanism，*The World Economy*，1991，Vol. 14，No. 2，P. 227.

② 《关于通知、协商、争端解决和监督的谅解》第 2 条。

③ 《关于通知、协商、争端解决和监督的谅解》第 3 条。

体“经常、系统地评审贸易体制的发展情况”。[①]

1980 年 3 月 26 日，总协定又通过了《总干事关于通知和监督问题的建议书》，使《谅解》中的有关规定进一步具体化。根据建议书的规定，贸易体制的发展情况由理事会每半年召开一次特别会议进行评审。评审前，由总协定秘书处起草一份报告以供理事会特别会议讨论之用；特别会议之后，有关文件报告予以出版。由于秘书处的报告以及理事会的评审多停留在事实描述上，加上这种评审只是针对国际贸易体制一般情况的讨论，而非对各个缔约方的贸易政策和法律实践的全面评估，故作用非常有限。[②] 东京回合之后，各成员方的贸易保护主义做法继续蔓延。

三、“七贤报告”的制度设计

1983 年 11 月，关贸总协定总干事邓克尔邀请 7 位著名的经济和金融界权威人士组成 7 人小组对国际贸易制度及其面临的问题进行研究。经过长达两年的考察，1985 年 7 人小组发表了题为《争取较好未来的贸易政策》一书，即著名的“七贤报告”。

报告在分析了目前危及国际贸易的主要问题后，提出了解决这些问题的行动建议。在第 8 条，专家们倡议总协定加强缔约方贸易政策措施的国际透明度，具体做法就是“应要求各成员方政府定期说明其总的贸易政策并进行答辩。为此，一个可行的办法就是定期审查，对主要国家每年审查一次，对其余的国家则不必经常审查。每次审查时，应成立一个代表 3 至 5 国政府的工作组，审议总协定秘书处对有关国家贸易的政策报告，向该国代表质询并提出建议……”[③]在定期审查中关贸总协定秘书处的角色以及应当发挥的功能，专家们认为：“应授权总协定秘书处着手进行国别贸易政策研究、搜集、保存和公布贸易政策措施和行动的综合性资料；要求就这些措施和行动提供更多的情况并加以说明；要求讨论这些措施和行动。这样，秘书处作为整个贸易制度的监督者将帮助防止背离这些原则，并加强所有国家（特别是小国和发展中国家）

---

① 《关于通知、协商、争端解决和监督的谅解》第 24 条。

② Victoria Curzon Prize, GATT's New Trade Policy Review Mechanism, *The World Economy*, 1991, Vol. 14, No. 2, P. 228.

③ 金星南、任泉：《争取较好未来的贸易政策》，载《国际贸易问题》1985 年第 9 期。

维护其贸易利益的能力。”①

这样,“七贤报告”就正式提出了对关贸总协定缔约方贸易政策进行定期评审的建议,勾画出未来贸易政策评审机制的蓝图,进行了初步的顶层设计,并为达成这一机制提供了广泛坚实的舆论基础。

四、贸易政策评审机制的最终确立

1986年9月,在直接启动乌拉圭回合谈判的《埃斯特拉角部长宣言》中,来自90多个国家和地区的100多名部长们指出:“谈判应旨在增加了解和达成协议,保证关贸总协定的监督机构能够对缔约方的贸易政策和法律实践及其对多边贸易体制运作的影响进行定期监督。”这样,加强总协定对缔约方贸易政策和措施的监督作用就被确定为乌拉圭回合十五项谈判议题的一项。②为此,乌拉圭回合谈判专门确定由“关贸总协定体制作用谈判小组”(Function of GATT System,简称FOGS)就上述议题进行谈判。该谈判小组一方面借鉴了经济合作发展组织(OECD)和国际货币基金组织(IMF)长期以来对成员国的宏观经济政策进行审议的成功经验,另一方面又吸收了“七贤报告”的研究成果,初步达成了贸易政策评审机制协议草案。

1988年12月在蒙特利尔举行的乌拉圭回合中期评审会议上,谈判各方都同意创立贸易政策评审机制,通过了该协议,并决定从1989年4月12日起临时运行贸易政策评审机制。③ 乌拉圭回合谈判结束之际,对关贸总协定贸易政策评审机制进行了一定的修改,把中期产生并且已经在GATT体系下运行的贸易政策评审机制作为附件三列入了乌拉圭回合的最后文件之中。内容共分七大部分,包括:目标;国内透明度;评审程序;报告;与GATT1994和GATS国际收支条款的关系;对机制的评审;国际贸易环境发展情况综述。1995年1月1日,伴随着《建立世界贸易组织的马拉喀什协定》的生效,世贸组织的贸易政策评审机制亦开始正式运作。

贸易政策评审机制作为世贸组织透明度原则的国际保障机制,其形成经

---

① 金星南、任泉:《争取较好未来的贸易政策》,载《国际贸易问题》1985年第9期。

② 丁祥高:《贸易政策审议机制考察》,载《株洲工学院学报》2005年第3期。

③ 《贸易政策评审机制协议》虽然是乌拉圭回合谈判的成果之一,但作为一个GATT的机制是可以单独生效运行的,而不是一起等到乌拉圭回合结束时才生效运行。

过了一个漫长的历史过程。贸易政策评审机制经过的不平凡历程,或许正可以从一定程度上证明它与世贸组织其他协议的差异。归纳起来,这种差异主要体现在以下几个方面:首先,《贸易政策评审机制协议》是乌拉圭回合达成的第一个协议,这个协议可以说是酝酿已久、民心所向、众望所归,充分说明了各成员对它的重视程度。其次,早在世贸组织成立以前的1989年,贸易政策评审机制即已开始临时适用,在把它纳入世贸组织体系之前,1994年各缔约方对该机制进行了一次审议,对其运作进行了一些事务性改革,但是主体制度设计并没有发生改变。再次,《贸易政策评审机制协议》的体例设计也不同于其他协议,整个协议由一条构成,其下七款不以罗马数字或阿拉伯数字表示,而是以英文字母表示。它的设计者或许是为了表明各款之间的并列关系,并不强调各款之间的主次轻重关系。最后,对于贸易政策评审结果的法律效力,该协议明文规定贸易政策评审机制无意将评审结果作为履行各协定项下具体义务或争端解决程序的基础,也无意向各成员增加新的政策承诺。①

第二节 贸易政策评审机制的政策审查制度

一、贸易政策评审机制的目标与范围

(一)贸易政策评审机制的目标:强制性义务或者保障透明度

贸易政策评审机制的目标在《建立世界贸易组织的马拉喀什协定》的附件3——《建立贸易政策评审机制协议》A段被表述如下:"通过提高各成员贸易政策和法律实践的透明度并使之得到更好的理解,有助于所有成员更好地遵守多边贸易协定和适用的诸边贸易协定的规则、纪律和在各协定项下所作的承诺,从而有助于多边贸易体制更加平稳地运行。为此,评审机制可以对各成员的全部贸易政策和法律实践及其对多边贸易体制运行的影响进行定期的集体评价和评估。但是,该机制无意作为履行各协定项下具体义务或争端解决程序的基础,也无意向各成员增加新的政策承诺。"②

① Annex 3 of the Marrakesh Agreement, WTO, 1995, para. A.

② Annex 3 of the Marrakesh Agreement, WTO, 1995, para. A.

关于贸易政策评审机制的目标从文义解释上存在一定的分歧。一派观点以法官出身的Qureshi[①]教授为代表，强调了该机制作为GATT/WTO法律义务执行的一部分。Qureshi教授认为法律的解释是根据法律文本的特定方面形成的，尤其是词组“更好地遵守……规则、纪律和承诺”表明贸易政策评审机制意在确保各成员方对GATT义务的遵守。Mavroidis[②]也承认透明因素的重要性，但对秘书处不愿对各成员方与GATT是否一致的措施发表更强有力的观点题目进行批评。在乌拉圭回合FOGS谈判小组中，也有一些缔约方支持Qureshi教授的观点。如印度认为监督应该有助于成员更好地遵守GATT的纪律和义务。

另一派观点以经济学家出身的Blackhurst教授为代表，强调透明度是好的经济政策能够被采用的关键，也是贸易政策评审机制的目标之所在。也就是说这一派的观点认为贸易政策评审机制的目标是实现各成员方贸易政策和法律实践的透明。Sam Laird教授认为在词组“对贸易政策和法律实践的更好的理解”或“对全部贸易政策和法律实践及其对多边贸易体制运行的影响进行定期的集体评价和评估”中的目标出发来理解法律文本是重要的。同时马拉喀什文本十分明确地指出，该机制“无意作为履行WTO各协定项下具体义

---

① Asif Hasan Qureshi教授现任教于英国曼彻斯特大学，是英国政府的WTO问题的智囊，曾经担任过包括WTO在内的多个国家和国际组织的法律顾问，包括巴基斯坦(1998,2000,2003)、沙特阿拉伯(2001)、海湾阿拉伯国家合作委员会(1987)、联合国开发计划署(1998)、亚洲开发银行(2000)、联合国贸易和发展会议(2001)、英联邦秘书处(2001,2002,2003)、伊斯兰开发银行(1999)、国际贸易与可持续发展中心(2003 & 2006)、世界贸易组织(1999,2004)、柬埔寨(2005)。也正是这种担任WTO法专家顾问的经历，使得Qureshi教授对于WTO法的观点、看法和理解对于各WTO成员方和国际组织产生了深刻的影响。在此处，Qureshi教授对于贸易政策评审机制应当实质性地约束缔约方的观点就是其影响深远的诸多观点之一。

② Petros Mavroidis教授是希腊人，现任教于哥伦比亚大学法学院，曾在WTO法律事务部工作，有很多关于WTO和GATT的著作。他活跃于WTO争端解决的舞台，并长期担任发展中国家进行WTO诉讼的免费援助律师。也正是在WTO工作和为发展中国家诉讼提供法律援助的经历，使得Petros Mavroidis教授的学术观点有机会对于各成员方的法律实践产生深刻影响。此处，Petros Mavroidis教授关于WTO秘书处拒绝对各成员方与GATT是否一致的措施发表更强有力的观点的批评就是其影响深远的诸多观点之一。

务或争端解决程序的基础，也无意向各成员强加新的政策承诺”。[①] Blackhurst Richard 教授也对这一观点表示支持。Blackhurst 在国内和国际层面探索了透明度的概念。他认为贸易政策评审机制的评审建立在公众所知的资料之上，被看作是透明度原则的实践，而不是评估单个成员是如何遵守 WTO 具体规则的。在国内层面，当选的官员和公务员可能会受既得利益者（亦即“权力寻租者”）的影响而作出有助于此类群体而不利于公众总体福利提高的决策。透明度原则可以通过唤起国内公众对潜在代价和政策利益的警惕并揭示出对贸易伙伴潜在的有害的影响，从而有利于作出较好的决策。[②] 由于这些原因，各成员方有理由对经济政策制定的所有方面提高透明度和加强监督，而贸易政策评审机制有益于使人们了解对世界贸易和贸易制度有重大影响的 WTO 成员的贸易政策，也有益于较小的国家去追寻推动他们自身经济的贸易政策。

（二）评审的范围：是否包括对贸易政策产生影响的其他政策

在 FOGS 谈判小组当中，美国认为将贸易政策纳入其他经济政策的范畴是重要的。贸易政策评审的范围大于有限的对 GATT 义务的评审，其目的是增强人们对整个贸易政策的理解并促使缔约方在其经济政策中反映这些贸易政策。瑞士也认为贸易政策评审应该包括财政、金融和货币政策对贸易制度的影响。1993 年欧盟在贸易政策评审机制的主要发言人 Roderick Abott 就指出，贸易政策评审机制的用途之一在于其充当了一个论坛，在这个论坛上，政策得以解释和讨论，信息得以获取，观点可以通过非冲突和非法律的方式得以表达。人们可以理解，一个法官可能会对贸易政策评审机制采用狭义的、执行性机制的解释，而具有对公共政策进行辩论背景的经济学家则更关注经济的问题，这正如同在好的国内政策和好的国际公民之间不可能划分出根本性的分割线一样[③]，我们也很难区分这种不同理解的优劣。

“有几位学者关注贸易政策评审机制对改进国内政策的益处和对其他国

① Sam Laird，The WTO's Trade Policy Review Mechanism：From Through the Looking Glass，*The World Economy*，1999，Vol. 22，No. 6，P. 742.

② Sam Laird，The WTO's Trade Policy Review Mechanism：From Through the Looking Glass，*The World Economy*，1999，Vol. 22，No. 6，P. 743.

③ Sam Laird，The WTO's Trade Policy Review Mechanism：From Through the Looking Glass，*The World Economy*，1999，Vol. 22，No. 6，P. 743.

家及贸易制度的间接影响(Spriggs,1991;Laird 和 Messerlin,1990;Banks,1992)。他们认为,贸易政策评审机制是对国内透明度的多边补充,认为贸易政策评审机制可以帮助改进国内政策的制定和国内经济中资源的分配。在满足这些国内目的的过程中,该机制也可以产生与多边贸易制度目的协调一致的国内政策:即自由的贸易、国内放松管制等。”①

国内学者主要的观点②是:贸易政策评审机制实际上是各成员对接受评审成员进行讨论和质询的一个论坛,通过报告和讨论以提高透明度,增强对接受评审成员贸易政策和法律实践的理解。他们认为透明度是 WTO 的目标和基本原则之一,在 WTO 下透明度的实现是通过两种方式,一种是通过定期的通报,另一种是 WTO 对成员的贸易政策进行单个的评审,即贸易政策评审。并且在《贸易政策评审机制协议》中,WTO 成员一致认可了贸易政策问题上政府决策的内部透明的必要性。尽管如此,目前要在 WTO 体系内建立一种要求成员对其贸易政策和法律实践进行自查的强制机制尚不成熟。因而《贸易政策评审机制协议》对成员内部贸易决策透明的规定不是强制性的,成员们只承诺“在他们自己的体制内鼓励和促进更大的透明度”。③

每一成员都将成为受审的对象,但评审的频率在成员之间有所不同。评审的频率根据成员贸易对“多边贸易体制”运作的影响而定,其影响根据最近

---

① 陈咏梅:《WTO 贸易政策评审机制法律问题研究》,中国检察出版社 2009 年版,第 16 页。

② 国内学者主要围绕“WTO 透明度原则”的理论来展开对贸易政策评审机制目标的认识,反映出他们从不同视角对此问题进行的总结和归纳,可以概括为三种学说。其一,“实施说”:贸易政策评审机制从全面系统的角度敦促各成员方贯彻实施 WTO 的透明度原则(参见陶忠元:《对 WTO 贸易政策评审机制的重新审视》,载《世界经济与政治论坛》2002 年第 2 期);其二,“提高说”:贸易政策评审机制是通过对各成员贸易政策与实践的理解和提高透明度,更有效地发挥多边贸易体制在世界经济中的作用(参见王新奎:《入世后过渡期贸易政策评审机制对深化中国经济体制改革的影响》,载《世界贸易组织动态与研究》2004 年第 2 期);其三,“强化说”:贸易政策评审机制以全面强化 WTO 的透明度原则为己任(参见阎质杰:《贸易政策评审机制理论与实践研究》,载《辽宁行政学院学报》2004 年第 5 期)。

③ 王新奎:《入世后过渡期贸易政策评审机制对深化中国经济体制改革的影响》,载《世界贸易组织动态与研究》2004 年第 2 期。

一个具有代表时期成员的世界贸易份额而定，而不是潜在的份额。[①] 实践中，秘书处使用动态的三年平均法[②]，简而言之，"最近一个具有代表性时期"就是动态的最近三年。根据这一"影响"(impact)标准，前四位贸易实体(欧共体作为一个)每两年接受评审一次，后十六位每四年接受评审一次，其余的除最不发达国家外每六年接受评审一次，最不发达国家可以考虑更长的期限。[③] 例外的情况还有，当某一成员的贸易政策对其他成员产生重大影响的变化时，贸易政策评审机构可要求该成员接受非固定期间的评审。对于具有共同对外贸易政策(比如关税同盟)的成员来说，评审集中在共同贸易政策和法律实践的所有方面，包括个体成员的相关的贸易政策和法律实践。

贸易政策评审是贸易政策评审机构的职责。贸易政策评审机构根据受审成员提供的全面的报告和WTO秘书处提供的报告进行评审。两份报告的内容限制在与受审成员外贸体制有关的相关信息。每一次评审要指定两名讨论人，由讨论人来引导贸易政策评审机构会议的讨论。讨论人由贸易评审委员会主席挑选，并以个人身份参与讨论。[④] 讨论人一般是贸易代表，但贸易代表是否作为讨论人参加会议视个人情况而定。各成员邀请正在接受贸易政策评审的成员方的代表去评判WTO秘书处报告和受审成员政府报告，经过观察和思考后这些代表所发表的评论在发送至日内瓦的该国代表团之前先发回至代表本国。对其他成员贸易政策和法律实践进行评价的本质是对其他国家主权范围内管理事项的一种评价，这种评价尽管是《贸易政策评审协定》所明确赋予成员方的权利，但各成员方对于出席评审有时仍然不太热衷。在贸易政

---

① Blackhurst Richard, Strengthening GATT Surveillance of Trade-related Policies, In: *The New GATT Round of Multilateral Trade Negotiations: Legal and Economic Aspects*, Eds. Meinharf Hilf and Ernst-Ulrich Petersmann, Kluwer Law and Taxation Publishers, Deventer (The Netherlands), 1988, P. 151. 在该篇文章中，作者认为，"在缔约方全体总的贸易额内一缔约方的份额可能异乎寻常地少，因为该缔约方具有极度的贸易保护主义——在这种情况下，人们可能争议认为，需要对该缔约方进行比单根据其贸易份额而进行更频繁的评审。一个更根本的缺陷在于，通常贸易份额标准不能考虑一国国内产出所占的世界贸易份额"。

② Jai S. Mah, Reflection on the Trade Policy Review Mechanism in the World Trade Organization, *Journal of World Trade*, 1997, Vol. 31, No. 5, P. 51.

③ 《贸易政策评审机制协议》C段第(ⅱ)项。

④ 《贸易政策评审机制协议》C段第(ⅳ)项。

策评审机构完成评审之后，受审成员方提交的报告和 WTO 秘书处报告，连同贸易政策评审机构评审过程中所作的摘要记录都将公布，并送交下一次部长级会议讨论。①

二、参与评审的主体

参加贸易政策评审的主体，当然不仅是局限于贸易政策评审机构和被评审的成员方，在整个过程中，承担着重要工作的还有 WTO 秘书处，在评审会议召开时具有特色的两名会议参加者——讨论人(Discussant)，以及与评审密切相关和对此关注的其他成员方，这些都是贸易政策评审中的参加主体，每一次评审都离不开他们的积极合作。在此我们尝试着分析一下参加评审活动的主体。

(一)贸易政策评审机构

贸易政策评审机构是主持贸易政策评审的 WTO 机关，从前文已知，它是 WTO 总理事会行使贸易政策评审职能时的称呼，负责管理贸易政策评审机制(TPRM)，按照国别对各成员的贸易政策和贸易行政管理定期进行全面评审。该机构独立于 WTO 的其他行政机构，使得贸易政策评审机构在监督活动中处于一种超然而独特的地位，成为 WTO 贸易政策透明度的重要监督机构。

贸易政策评审机构由全体成员方的代表组成，设有主席一职，主席从成员驻 WTO 日内瓦代表中产生，还可以再选一名副主席。主席和副主席任期一年，每年在该年召开的第一次会议时选出，他们主持贸易政策评审机构的工作直到下一年的第一次会议结束。根据《贸易政策评审机制协议》C 段的规定，在前一自然年的中期，贸易政策评审机构要为下年制订一个评审计划，关注并讨论各成员方的最新贸易政策评审报告。贸易政策评审机构应与直接有关的成员方磋商确定每年的评审安排。主席还与受审成员方协商，选择在评审会议中的讨论人。②

WTO 秘书处内负责贸易政策评审机制职责的是贸易政策评审司。《秘书处报告》根据贸易政策评审司起草的两份调查表而制作。第一份是基本的

---

① 《贸易政策评审机制协议》C 段第(ⅵ)项和第(ⅶ)项。

② Annex 3 of Marrakesh Agreement, WTO, 1995, para. C.

调查问卷,第二份是更详细的问卷,包括基于第一份问卷所得结论得到的信息而进一步展开调查的信息和内容。除了调查表,WTO秘书处的职员也去到正接受评审的成员的首都以便收集信息。《秘书处报告》没有固定的格式,尽管如此,评审前期,该报告通常由六章和一个总结构成。① 而后期经过一定的发展,该报告通常由四章和一个总结构成。②

(二)WTO成员方

一般认为WTO各成员是接受评审的主体,因为他们是WTO法律关系的参加者,独立地享受WTO协议下的权利,承担WTO协议下的义务。这种观点固然凸显了WTO成员方必须按照《建立世界贸易组织的马拉喀什协定》附件3当中的《贸易政策评审机制协议》接受评审的义务。但是这种观点忽略了在某一成员方接受评审时,其他成员方可以提出疑问、要求受评审成员的权利。因此,所有的WTO成员方不仅仅是被动地接受评审的一方,同时也是在其他成员方接受评审时积极参与咨询、评价的主体。

贸易政策评审机制要对各成员方的所有贸易政策和法律实践及其对多边贸易体制运作的影响进行集体评审,作为WTO成员的各个自主权关税区也要接受单独评审,而不是与其从属的主权国家合并在一起接受评审,如中国的香港和澳门特别行政区。在所有成员中,比较特殊的是欧洲联盟。根据《建立世界贸易组织协议》第10条,欧共体(后来的欧洲联盟)不仅取得世贸组织的成员资格,而且还是它的创始成员。这不仅意味着欧洲联盟将以一种与世界贸易组织成员完全平等的身份参加这一新型组织的各项活动,而且标志着现代国际组织理论与实践的一种新的发展趋向。③ 在贸易政策评审中,欧洲联盟是作为一个贸易实体(Trade entity)接受评审,而不再分别对欧洲联盟各成员国进行单独的评审。从1989年到2004年,欧洲联盟共接受了七次评审(包

---

① 这些章节处理如下问题:(1)经济环境;(2)贸易政策体制、框架和目的;(3)与贸易有关的外汇兑换制度;(4)各种措施的贸易政策和做法;(5)各部门的贸易政策和做法;(6)贸易争端和磋商。引自:Asif H. Qureshi, *The World Trade Organization Implementing International Trade Norms*, Manchester University Press, 1996, P. 112.

② 这些章节处理如下问题:(1)经济环境;(2)贸易体制;(3)各种措施的贸易政策和做法;(4)各部门的贸易政策。引自:Trade Policy Review-European Union, Report by Secretariat, http://docsonline.wto.org-WT/TPR/S/136,下载日期:2011年10月26日。

③ 曾令良:《世界贸易法》,武汉大学出版社1996年版,第60页。

括欧洲共同体)。[①]《贸易政策评审机制协议》C段规定,对于由一个以上成员方组成的具有共同对外政策的实体的评审,应包括影响贸易的所有政策因素,也包括其单个成员方的有关政策和法律实践。这条规定实际上是针对欧洲联盟的,它要求在对欧洲联盟进行贸易政策评审时,既要对欧洲联盟整体进行评审,也要考虑单个成员方的有关贸易政策和法律实践。[②] 所以对欧洲联盟的评审最为复杂,工作量非常大。

(三)WTO秘书处

如前所述,为了服务和配合贸易政策评审机构的评审工作,WTO秘书处设立了贸易政策评审司(Trade Policy Review Division,简称TPRD),具体负责贸易政策评审的行政事务。秘书处要为贸易政策评审以及相关的活动提供下列的工作和服务:(1)就每一个受审成员向贸易政策评审机构提供一个全面的秘书处报告。秘书处根据各种渠道收集的资料以及调查访问受审成员方后做出报告。(2)秘书处为会议提供支持。秘书处要把成员方的政府报告和秘书处自己的报告翻译成三种WTO的工作语言,提前分发给各成员方,负责会议上的书面提问表和答复表的转发、会议有关事项的安排和通知。(3)秘书处在评审会议后还要对会议做出一个备忘录和负责整理评审会议中的有关文件并公布出版。(4)秘书处的TPRD要为WTO收支限制委员会的会议准备报告和提供支持,负责WTO年度报告中"贸易政策发展"这一章的撰写,以及为WTO的更好管理提供受审成员方的简要备忘录。

TPRD目前有17个专业经济学家的职位:包括13个专业人员加上1个主席和3个副主席。TPRD在各层面共有27个职位。其预算只占WTO整个预算的仅6%,其职员数占WTO职员人数的大致10%。由于人员流失的情况比较严重,在某些时候并非所有的位置都是满员的。[③] 与其他国际组织

---

① Find TPRs by Country,http://www.wto.org/english/tratop_e/tpr_e/tp_rep_e.htm#bycountry,下载日期:2011年5月1日。

② 在统计上,对欧洲联盟的一次评审是算一次评审的,但在对接受评审的成员方的数目进行统计时,有时又是以欧洲联盟的所有成员方的数目计算的,有必要予以注意区分。

③ Keesing,D.B.,*Improving Trade Policy Reviews in the World Trade Organization:Policy Analyses in International Economics*,Washington DC,Institute for International Economics,1998,P.42.

相比，TPRD 目前的成绩都是低成本、高产出。理论上，评审目前的频率应该为每年 30 个左右①，相当于每年每一经济学家评审约 2 个，实际的评审率可能有些出入。而每一次评审即使加上来自秘书处职员的协助，也存在相对少的人员投入。②

同样范围和同样复杂程度的世界银行报告一直以来几乎都要由一组专家作出，并且可能需要高级职员 20 至 30 个月的时间，有时还会耗时更长以完成涉及其准备过程中所有的协调、标准化、评审、编辑和认同等。国际货币基金组织也基本是如此操作的。贸易政策评审的工作效率比大学研究的效率也更高。在贸易政策评审中，比如 TPRD 的工作典型就是由个人进行而不是由一组人进行。在大学进行的研究每年每个教授很少有超过一卷书的工作产出，除非有研究辅助人员的广泛参与。世界银行集团的附属机构国际金融公司(IFC)，大多数的项目由单一的投资官员管理，该投资官员单独工作或同一位专业工程师共同合作。典型的国际金融公司各部门每个工作人员在其每年的任职期间完成不超过一个项目。虽然与这些项目相关的文件的总和通常少于贸易政策评审中的文件，但考虑到 IFC 投资官员还必须花时间寻找项目、谈判和对专家的结论进行协调，根据相关的规章制度还涉及高级官员和专家对项目的评审和认同程序。但即使如此，以世界银行集团的标准来看，IFC 已是一个高效运作的机构了。

值得一提的是，贸易政策评审的进行还需要 TPRD 专职人员具有多方面的才能。在 TPRD 中每一经济学家都必须精通评审中涵盖的所有多边问题。他们还需要花费时间与 WTO 的法律和外界专家们沟通以听取他们对受审成员法律、法规、协议和义务等的解释，即使这些内容不是秘书处报告的主要关注点，但也需要这样做。比如 TPRD 专职人员还要考虑不同人士提到的对评审进行改进的建议，单这点就增加了对 TPRD 职员多方面才能的要求。相对而言，世界银行很少要求其职员要像 TPRD 的经济学家那样具有多方面的才能。

---

① 作者根据目前 150 个成员按照各自评审周期接受评审计算得出。

② Keesing, D. B., *Improving Trade Policy Reviews in the World Trade Organization, Policy Analyses in International Economics*, Washington DC, Institute for International Economics, 1998, P. 42.

WTO对评审报告的撰写方面应当主要由内部工作人员完成。如果未来的顾问是TPRD的前任职员并因此对贸易政策评审报告的撰写从开始到结束都很熟悉，对整个程序的内容都有经验，当然可以允许例外，让这样的外界顾问更多地承担贸易政策评审的工作。一种更有效的对顾问的使用方法可以是将其作为贸易政策评审机制指导委员会的参与者。贸易政策评审正朝着人们所期望的方向在迈进，这主要是由于来自贸易代表集体的压力，他们希望任命好的主席和讨论人并提高评审报告分析性质量，而TPRD本身也逐渐进一步涉入到有争议的领域，发表的评论也更强有力。

即使目前的贸易政策评审没有极大的变化，假设仍由训练有素的TPRD职员而不是外界顾问继续作为对新增加的评审进行评审的最有效的方式，为满足贸易政策评审的现实需要和未来潜在需求，每年不断增加的贸易政策评审数量对该组织来说也成了巨大的挑战。如果秘书处和TPRD打算提高贸易政策评审的质量和扩大贸易政策评审的范围，这一挑战将会更大。TPRD人员的数量和调查贸易政策及做法的预算将不得不增加，并且这应以一种系统和协调、渐进的方式进行。

与此同时，人们越来越认识到，对于发展中成员或转型经济的成员来说，贸易政策评审是一种极佳的技术援助形式。希望看到其技术援助资金得到建设性使用的潜在的赞助者可能会发现，对贸易政策评审机制的援助使相关的每一成员都将获利。WTO其他成员迫切希望获得贸易政策评审机构还未进行评审，或美国对各成员方贸易评估（US National Trade Estimates）还没有进行评估的那些国家的贸易政策的更多、更好的信息。① 因此，来自WTO之外的技术援助至少可以解决资源问题的一部分。

（四）讨论人

按照《贸易政策评审机制协议》C段的规定，为了活跃贸易政策评审会议的气氛，主席可与受审成员方协商，选择会议的讨论人。讨论人以个人的身份参加评审讨论，并不代表他们的政府，是在每次会议前从各成员驻日内瓦代表中选出的。讨论人的选择要体现发达成员和发展中成员之间的平衡并同时考虑地区利益的平衡。讨论人至少要在会议前一周，把他们准备在会议上提出

① 贸易政策评审机制是在多边层面对WTO各成员进行的贸易政策评审，而美国的“国别贸易评估”是在其国内层面对其他国家的贸易政策进行的评估。

的主要议题大纲提交给其他成员方，作为会议讨论的主题。这样做是为了与其他成员就他们的提问进行协商，让他们精心准备好书面提问并在会议上积极发言。

三、与贸易政策评审有关的其他内容

顾名思义，贸易政策评审机制的评审内容应该就是 WTO 成员方在其主权范围内所制定的贸易政策。贸易政策是 WTO 成员方就有关商品流动、技术转让以及服务贸易而制定的一套开放市场和履行其他入世承诺的法律、法规和其他法律规范性文件以及它们的实施。但贸易政策评审机制法律文本的 A 段关于贸易政策评审机制的目标规定，评审机制应能定期对各成员方的所有贸易政策和实践①(trade policies and practices)以及其对多边贸易体制运作的影响进行集体评审。显然评审机制已经不仅仅局限对于成员国内的贸易政策和法律实践进行评审，还要对其贸易政策和法律实践对多边贸易体制所造成的影响进行集体的评估。应该说，后者才是该机制的核心要义之所在。

制定国内的贸易政策，本属一国主权范围内的事，主权国家对内政享有最高统治权，他国无权过问。但现实是当今世界全球化程度原来越高，劳动生产的各要素通过市场机制在全球进行配置，各成员方国内政策对于外国的生产要素也产生直接的影响。具体到贸易保护这个议题来说，各成员方国内的政策都有一定的“溢出效应”，尤其是该国的对外贸易政策和法律实践，会直接影响到其贸易伙伴和国际收支的平衡，如果没有溢出的效应，那倒是没有评审的必要了。所以国内政策对多边贸易体制运作的影响是评审的关键内容，贸易政策评审的焦点也是放在那些会对其他成员方产生影响的贸易政策和法律实践上。“当单个国家的行为开始对其他国家产生外部效应(external effects)时，就需要建立一种国际经济秩序，所有的国家都有必要在产业化的过程中约定同意什么领域是属于一国保护内的范围和什么领域需要由一系列共同的规则进行管理并划定它们之间的界限，以此减少擅自根据各自的意图对彼此的

① 这里的做法是指政策的实施，贸易政策和做法就是指贸易政策和贸易政策的实施活动以及它的实施效果。

行为进行干涉。”[①]

加入世贸组织，各成员方就必须接受 WTO 体制下共同规则的管理。对成员方的贸易政策和法律实践进行详尽的评审，其目的也是在于了解和判断其对多边贸易体制的影响，关系到成员方是否遵守多边贸易的规则、纪律和承诺。所以在贸易政策评审协议文本的 A 段的第二款里面特意补充说明了“评审机制的作用是审查成员方的贸易政策和法律实践对多边贸易体制的影响”。

此外，为了提供充分的评审信息资料，更好地理解成员方的贸易政策和法律实践，在评审的时候，“既要以有关成员的外部环境为背景，也要以其广泛的经济和发展需要、政策和目标为背景”[②]。这样，实际上使得贸易政策评审的范围又扩大了。贸易政策评审还要涉及各成员国内和国外的环境，例如国内的经济改革、外部的国际贸易气候，这些都成为在评审时考察的内容。在 1996 年对美国的贸易政策评审中，“主要涉及四个议题：(1)经济状况和区域贸易安排；(2)美国实施贸易政策的策略；(3)贸易政策措施；(4)部门问题”。[③] 2002 年 10 月在对日本的评审中，则主要围绕三方面展开：(1)宏观经济和结构改革；(2)贸易政策；(3)行业状况。[④] 2003 年 11 月对土耳其贸易政策评审中，主要的内容包括四部分：(1)经济背景；(2)贸易和投资政策；(3)具体的贸易措施；(4)行业问题。[⑤] 由此可见，评审的内容都比较广泛和宏观，一般仅其中一部分是专门围绕贸易政策和法律实践，还有一部分是针对行业的发展状况，其他的则是关于经济背景和改革状况的。

如果从贸易的对象来看，在 GATT 下，评审的内容仅针对货物贸易政策和法律实践。随着贸易政策评审机制延伸到 WTO 继续生效，评审的领域自然扩展到 WTO 的其他两个重要组成部分，即服务贸易和知识产权贸易。实

---

① Victoria Curzon Prize, GATT's New Trade Policy Review Mechanism, *The World Economy*, 1991, Vol. 14, No. 2, pp. 228～229.

② Annex 3 of Marrakesh Agreement, para. G.

③ 陈良运、巢宏：《WTO 贸易政策审议机制的运行状况及其存在问题探讨》，载《国际商务研究》2002 年第 3 期。

④ Trade Policy Review-Japan, Report by Secretariat, WT/TPR/S/107, 9 October, 2002.

⑤ Trade Policy Review-Turkey, Report by Secretariat, WT/TPR/S/125, 19 November, 2003.

际上，与WTO附件各协议相关的内容和措施都可以成为评审的对象，如与贸易相关的投资措施(TRIMs)，甚至是区域贸易协定。在1998年对欧盟的评审中，成员方对欧盟的书面提问即集中在欧盟的区域化与多边贸易体制的关系上，其中主要的五个问题是：(1)经济一体化不能妨碍贸易自由化；(2)扩大了的欧盟内部成员贸易优惠问题；(3)对世贸组织协议的履行；(4)部分产业的贸易问题；(5)欧盟与未来的多边贸易体制。①

评审不仅涉及传统贸易政策，包括关税和其他与国界相关的措施，而且还对下列国内经济贸易情况进行审查，包括：国有工业、服务业和销售机构等领域的私有化和反垄断行为；政府采购中的竞争条件；国内商品和服务的税收结构；出口或投资激励。"评审还常常表明为保证贸易和投资更加稳定，需要有效地进行管理，例如在金融服务部门。在其他一些评审中，贸易政策评审机构努力强调了稳定的宏观经济政策、贸易自由化、经济增长与贸易自由化和放松管制在结构改革中的角色之间的关系。"②

可见，理论上评审虽不作为各个协议具体义务的执行和争端解决程序的依据，也不对成员方施加新的政策义务，但却包含了丰富的内容。它不仅涉及贸易政策和法律实践，而且还涉及与这些贸易政策和法律实践相关的经济和发展背景、经济改革和结构调整措施。它不仅包含了货物、服务和知识产权贸易的政策和措施，而且还覆盖与贸易相关的措施。从具体的贸易政策措施来看，不仅涉及传统的贸易政策，还包括能对贸易流动产生影响的投资金融措施以及它们之间的相互关系。

现在贸易政策评审的范围已经涵盖了广泛的、各种各样的贸易政策措施，包括所有乌拉圭回合期间纳入多边贸易谈判范围的所有领域——服务贸易、对外投资、政府采购、知识产权保护和竞争政策等。尽管如此，对这些新的议题，评审倾向于保持描述性并且通常是肤浅的。再者，评审对贸易政策的有些方面仍保持了沉默，或至少在所有评审中没有持续地涵盖它们。有些方面也没有像其他方面那样进行深入或探索性的分析。贸易政策评审还面临着与后乌拉圭回合保持同步的挑战，因为后乌拉圭回合对信息技术、电讯、金融服务和运输等领域进行了谈判，这一部分内容在贸易政策评审报告的分析中可能

---

① 戴常明译：《欧盟贸易政策评审》，载《世界贸易组织动态与研究》1998年第4期。
② 景巧妮译：《贸易政策的发展》，载《世界贸易组织动态与研究》1999年第9期。

就不全面、相对弱化或者是缺乏的。

(一)临时和非常规的类似关税的措施

虽然每次贸易政策评审基本能够对关税进行彻底、系统的分析,但通过设置临时税或改变税目结构而导致的对进口产品的附加税却通常会被忽视。这些不是关税,但也在海关环节征收的税费通常占据进口产品整个税收负担的很大的份额。例如"在1996年对摩洛哥的贸易政策评审中,1996年报告简要地提到了适用于实际上所有进口的15%的税收。我们可以发现,1995年征收的15%的税率由一系列名义关税构成,不包括各种各样的非关税措施和一些不透明的农业壁垒,这些壁垒如果关税化将是天文数字的税率"。[①] 相比而言,"根据1989年的贸易政策评审,摩洛哥的关税仅在2.5%到最多为45%之间(最高关税45%是从1984年的100%和1982年的400%急剧下降的)。1989年的报告没有报道平均关税,但报告表明了1988年实际征收的关税总计仅为进口值的9%,这明显低于1996年报告平均的名义关税。再者,复合平均关税从1989年的25%增加到1996年的超过38.8%。简单的算数告诉我们,这逆转了上世纪80年代关税下降的趋势"。[②] 而1996年对摩洛哥的评审只提到了对进口征收的15%的关税而忽视了其他的进口产品附加税。

(二)反倾销

贸易政策评审通常十分关注反倾销政策,但评审很少涉及部门或成员的反倾销行为发生率或他们使用反倾销的最近趋势。"在呈现不同成员反倾销行为信息方面还需要更多的一致性。Pelkmans 和 Cazaniga 指出,1995年的欧盟贸易政策评审没有提供欧盟反倾销行为的发生率。1994年对美国的贸易政策评审,Krueger 也提出了类似的批评。这一评论可以发展成对贸易政策评审的一种总的批评,那就是,评审不够彻底,或者说对反倾销行为的处理不是强有力。令人遗憾的是,这一现象一直持续到现在。"[③]

既然美国和欧盟达成了一种"攻守同盟"(unholy alliance),相互在其公开

---

① 1996年报告的进口税税率为1995年实际征收的税率。

② Keesing, D. B., *Improving Trade Policy Reviews in the World Trade Organization*, *Policy Analyses in International Economics*, Washington DC, Institute for International Economics, 1998, P. 31.

③ 陈咏梅:《WTO贸易政策评审机制法律问题研究》,中国检察出版社2009年版,第72页。

发言中不对彼此贸易政策体制中的反倾销行为进行批评，评审中的这一缺陷可能会变得更为严重。人们普遍认为，反倾销已转变为“自愿”出口限制和其他数量限制的替代物，并且目前在全球层面是贸易政策中的一个主要问题。很多专家认为，反倾销在美国保护性措施中最为严重，在欧盟，反倾销也位于保护性措施前列。如果美国和欧盟保持他们的攻守同盟，继续不对各自的反倾销行为进行批评，那么贸易政策评审中对反倾销问题的全面、充分的评审就变得尤为重要了。

（三）区域贸易安排和双边投资协定

在贸易政策评审中值得仔细审查的另一个问题是不少成员纷纷融入区域贸易安排和双边投资协定。到目前为止，根据世贸组织的统计，标志着地区经济一体化开始运作，并已通知关贸总协定和世贸组织的区域贸易协议（Regional Trade Agreements，简称 RTAs）已经有 250 多个。其中的 130 个是于 1995 年 1 月后通知世贸组织；累计有 170 多个于最近生效；另外约有 70 个未通知世贸组织，但已运作。2002 年以来，进入谈判阶段的区域安排已超过 20 个。[①] 在地区经济一体化的参与者中，不仅有发达国家，还有发展中国家。很多安排还正在进行磋商和谈判，在那些已经存在的区域贸易安排中，很多都同时在扩大其成员范围并加深成员间的联系。

根据双边和地区框架而作的承诺可能与参加方所作的多边承诺并非一致。例如，针对北美自由贸易协议（NAFTA），国内立法（如美国）要求本国的地区承诺优于其多边承诺。[②] 在全球贸易自由中所面临的挑战之一就是要使这些双边和区域贸易安排和双边投资协定不会发展成为对外提高新的壁垒、不会扰乱贸易自由化的历史进程。

贸易政策评审机制已经对目前全球范围内地区经济集团中合作程度最深、最大的欧盟进行了有规律的评审。欧盟这一脱胎于欧洲煤钢统一市场经济联盟的国际组织，其一体化进程逐渐加深。欧盟很多方面不但赋予了其成

---

① Daniel T. Griswold, *Free Trade Arrangements: Stepping stone to a More Open World*, *Center for Trade Policy Studies*, http://www.freetrade.org/pubs/briefs/tbp-018.pdf, Nov. 18, 2003，下载日期：2011 年 5 月 1 日。

② Keesing, D. B., *Improving Trade Policy Reviews in the World Trade Organization*, *Policy Analyses in International Economics*, Washington DC, Institute for International Economics, 1998, P. 34.

员特殊的待遇，而且对地中海和东欧的同盟国以及其前殖民地国都给予了特殊的优待。像其它一些工业化国家一样，欧盟建立了适当的贸易优惠制度给予世界上最穷和最不发达国家以免税的待遇。贸易政策评审需要有规律地对所有上述这些方面进行报告，事实上，这也解释了为什么对欧盟的贸易政策评审是所有贸易政策评审中最长和最详细的。

另一个区域贸易安排——南非关税联盟在1997年第一次接受了评审，最近一次评审是在2003年。然而，还有很多其他重要的区域组织没有纳入专门的贸易政策评审的范围，只是在其单个成员的评审中对其进行了讨论。这些贸易政策评审中很少能够系统地揭示某成员一旦融入区域贸易安排和双边投资协定将对该成员履行WTO义务带来的问题，大多数评审只是将区域协定进行分类或最多描述一下某成员加入了哪些区域协定。这显然不符合贸易政策评审的宗旨和预期。贸易政策评审应当更多地做些持续和充分的工作，以描述和分析受审成员加入不同协定、安排之间的冲突和潜在的冲突。

贸易政策评审机制在评审加入不同协议的成员方时，应当考虑对该成员加入的协议进行审查，例如，应当在对北美贸易自由区成员进行评审时对其所涉的北美自由贸易协议（NAFTA）进行审查。贸易政策评审机构在1995年在对加拿大的评审中发现：NAFTA协议在诸如机动车和纺织品方面在原有原产地规则的基础上又强加了新的贸易壁垒，使贸易流向从协议的非成员国转入到成员国之中，这明显属于贸易转移而非贸易创造，与WTO的区域体制规则相违背。NAFTA在劳工和环境标准方面的附属协议也可能成为新的贸易保护手段。当成员达成大量的双边协议和区域协议时出现的协议之间重大的不一致时，也会发生贸易保护的危险。当某一协议的主要成员发现其自身处于另一协议的次要位置，并且这些协议可能存在不一致时，可能导致这一成员对另一协议进行阻挠行动的安排。1995年对加拿大的贸易政策评审简要地提到了这一问题，并建议渥太华方面更认真地审查其所参加各项协议之间的相互关系。

"贸易政策评审机制也应当考虑对亚太经合组织（APEC）成员朝着其1994年在印尼茂物所宣称的目标的进展情况进行评估。这些目标的准确含义还没有得到统一的解释，而每一成员正设计其自己的措施目录。APEC成员包括太平洋地缘和亚洲的大多数国家，还包括NAFTA成员国。评审应对APEC成员中任何潜在的自由贸易安排以及在APEC动议下采取的任何重要的步骤进行仔细的审查。当然,对 APEC 成员单独的评审应当密切关注他们与 APEC 相关的行为;评审也可以系统地监督各成员对茂物目标的承诺进展。同时,东南亚国家联盟(ASLAN)的成员,其中大多数也是 APEC 成员,正朝着他们自己的区域自由贸易协议迈进。无论是在对单个成员的评审时或是在对各成员参加的协议单独进行审查时,评审各成员的进展都有必要。”①

通过系统地辨认各成员参加协议的目标和这些协议以及其他区域安排下所取得的进展,贸易政策评审可以有助于联系这些协议的倡议并使其成员更好地融入 WTO 之中。关注这些区域安排可以证明 WTO 有益地抵消了区域化倾向和对多边义务的分离。

(四)出口促进措施

几乎所有的贸易政策评审都很少对直接影响出口的措施进行全面的审查。贸易政策评审的确讨论了各成员对出口的壁垒——他们的出口税、出口禁止和出口限制许可证制度以及适当的出口补贴。但评审很少关注对出口有促进作用的其他形式,包括免税、退税制度、出口促进措施和营销帮助、以出口为导向的外商投资促进措施、出口融资平台、出口担保和保险以及在诸如标准、审查、质量控制和竞争等方面对出口企业提供的帮助。在贸易政策评审中,对这些问题,有一些进行了表面性的审查,而其他多数问题则被忽视了。忽视的主要原因似乎是 WTO 在法律上有义务考虑补贴和贸易壁垒等事项,而没有义务审查各成员对出口采取的积极措施。

为出口而对进口物资免税或退税的制度和规定尤其需要进行审查。这些制度很少在贸易政策评审中被报告和评价。通常,贸易政策评审机构甚至没有注意到出口商是否得利于税收退回或类似的措施(根据世贸规则,对出口的自由贸易待遇在每个成员方境内都是允许的,但并非所有成员都建立了此类运行良好的制度)。如果某些成员的确有出口退税制度,但他们通常不会详细说明这一退税措施是如何进行管理的以及这一制度运行情况如何。这样的制度实际上是难以有效地进行管理的,尤其是在发展中国家。如果贸易政策评审机构识别并描述了被证明是构成不公平市场竞争的那些免税、退税制度,将为各成员提供有用的帮助。“除此之外,贸易政策评审可以对这些制度进行明

① 陈咏梅:《WTO 贸易政策评审机制法律问题研究》,中国检察出版社 2009 年版,第 69 页。

确的描绘以为出口商提供受审成员自由贸易待遇的情况。评审也应该评价这些制度如何有效运行，如果相关信息可以较容易地获取，评审可以根据出口商的类型对这些制度的评价进行分类。而专业的出口商是否能够使其增值税迅速地获得退回则是人们关心的另一个问题了。”①

实施出口促进措施和进行出口营销协助的组织机构，其行为效果的影响如何是贸易政策评审得以发挥实质性作用所必须要解决的另一个问题。尤其在发展中国家，这些组织机构的作用通常才刚刚开始发挥，未来其发挥作用的手段、机制和影响充满了变数，使得贸易政策评审机制对于这些现象进行辨认、描述，遑论进一步进行评价。贸易政策评审要求至少在最低限度上评价受审成员负责出口促进的主要机构，但是由于不同国家的政府机构设置不同，这种“负责出口促进的主要机构”本身就很难确定，1996 年对多米尼加共和国评审的情况在此方面则相当典型。在对多米尼加共和国的贸易政策评审报告当中列出了负责出口促进的六个组织，但是没有根据涉及促进出口的情况进行特别的顺序排列。这些组织中大多数是诸如商会或行业协会和其他商业组织等私人组织。虽然主要的公共出口促进组织也被列了出来，但其主导作用如何没有被深入讨论。事实上，这些组织不但没有吸引多少投资者投资到该国，而且在该国免税的出口加工区之外也没有发挥其促进出口的作用。在多米尼加国内的出口加工区内，出口加工区自身就具有投资促进效应。与此相类似，在 1995 年对哥斯达黎加的评审中和 1996 年对萨尔瓦多的评审中均没有提到美国 1993 年政策的变化。实际上美国在 1993 年的政策变化要求美国国际发展署(USAID)撤出在这些国家的主要投资和出口促进机构。美国国际发展署支付了这些机构的整个预算费用，而其撤出使得这些机构缺乏足够的资金而不能发挥应有的作用。

因此，乌拉圭回合期及其以后的回合对多边谈判的扩张要求贸易政策评审同样也要扩大，需要对反倾销行为进行持续性的分析，还需要将评审扩展至各成员方参与和缔结的区域协定和双边协定，尤其是这些协定与多边贸易体制的一致性和对多边贸易体制的影响应当列入贸易政策评审的范围。在要求更缜密地对待出口促进待遇时，贸易政策评审报告可以试图系统地描述和评

---

① 陈咏梅：《WTO 贸易政策评审机制法律问题研究》，中国检察出版社 2009 年版，第 72 页。

价对贸易、投资等构成障碍的相关问题。

四、贸易政策评审的标准

贸易政策评审机制评审的范围广泛，成员方的经济发展水平又参差不齐，贸易政策评审机制法律文本本身也并没有规定一个固定的评审标准统一适用于所有成员方。因此，很难说贸易政策评审已经形成了一个明确、具体的评审标准。但是，贸易政策评审机制既然是要通过对 WTO 成员方的贸易政策和法律实践进行定期集中评价和评估来审查其对多边贸易体制的影响，这就必然意味着需要存在一个作为评审的参照标准，才能对其做出评价。虽然《贸易政策评审机制协议》没有明确规定评审的标准，但从对协议语言文字的解释和谈判者的意图上我们不能否认：贸易政策评审机制不只是一个登记成员方贸易政策发展情况的机制，它专门融合了“评审”(review)、“评定”(assessment)、“评价”(evaluation)的综合含义。① 因此，任何方式的“评审”、“评定”和“评价”都暗合某种准则的存在。离开了这种标准，就不可能有评审，也无法进行监督。

(一)法律标准

贸易政策评审的法律标准就是 WTO 法律体制所形成的一个法律框架，它是对国际经济关系进行调整的规范。既然贸易政策评审机制旨在促使各成员更好地遵守 WTO 规则、纪律和在各协定项下所作的承诺，那么评审的过程必然会针对 WTO 的规范进行。

虽然贸易政策评审机制的目的是有助于促使各成员遵守 WTO 规范，但其目的看来似乎并不具有排他性。对此协议中缺乏某种清晰的表述，这也可能是谨慎的表现。这源于一个事实，即贸易政策评审机制实践的作用在于“审查成员方的贸易政策和法律实践对多边贸易体制的影响”②。这是因为对由什么构成“多边贸易体制”没有一个清楚的定义，它可以解读为“多边贸易法律体制”，或者解读为经济学状态的“事实上的多边贸易体制”。

在评审实践中，“无论是秘书处报告的总结分析，参加评审会议成员的提

---

① Asif H. Qureshi, *The World Trade Organization: Implementing International Trade Norms*, Manchester University Press, 1996, P. 117.

② Annex 3 of Marrakesh Agreement, para. A(ii).

问和评论，还是评审会议主席的总结性评论，绝大多数都是从经济的角度进行的。显然评审活动更多地适用了经济标准”。[①] 这种做法具有明显的优越性，对规则的遵守能够不墨守成规，不是简单僵化的适用法律标准，可使贸易政策评审机构及各成员能在更广泛的范围内，以更方便的方式评审成员的贸易政策。例如，有些违反贸易规则的行为可能不会对贸易体制的健康产生不利影响，也可能不会影响其他 WTO 成员的利益，这种情况下，贸易政策评审机构和其他成员方一般不会去质疑这些违反规则的行为。因为根据经济学上的理性人的假设，一般只有受害方或认为自己的潜在利益可能受到影响的一方才有足够的利益激励，进而去质疑其他成员违反规则的行为。还有一些并不违反规则的行为也可能对国际贸易体制的健康产生影响，这种行为用法律标准判断是合法的，相反用经济标准来看却是不妥的。这其实是规则导向和结果导向的矛盾。但如果以结果否定规则的情形频繁发生，这只能说明规则本身就存在缺陷，不能够适应社会经济、政治的发展。但是规则不健全，绝不等于不需要规则。从长远来说，强化经济效益而淡化规则的行为，不利于维护世贸组织规则的权威性和有效性，不利于提高世贸组织成员的多边法制意识，甚至最终会损害经济利益。

因此把法律标准作为对各成员的贸易政策进行评价和评估的依据比较恰当。具体地说，这一标准的内容就是多边贸易法律框架中的的各项原则、规则、制度以及各成员做出的有效承诺。第一，贸易政策评审机制的目标是“有助于所有成员更好地遵守多边贸易协定和适用的诸边贸易协定的规则、纪律和在各协定项下所作的承诺”，“有助于多边贸易体制更加平稳地运行”。该目标是否能实现，就是评审的参照标准。第二，“实践中，不仅秘书处的报告，而且参加评审会议的其他成员从受审成员的某项政策是否合法的角度发表评论或提出问题的情况并不少见。如在 1997 年对欧盟的评审中，瑞士代表提出询问，欧盟禁止从瑞士进口的一些动物产品，是否有科学根据，是否与欧盟的国际义务相一致。美国代表提出的问题之一是，欧盟缔结地区贸易协议的方法是否与 WTO 的要求相一致。古巴代表和捷克代表也提出了欧盟有关措施的

① 丁祥高：《贸易政策审议机制考察》，载《株洲工学院学报》2005 年第 3 期。

合法性问题”。[①] 在对其他成员的评审中也有不少关于受审成员某项或某些贸易政策的合法性的评论和问题。[②] 所以我们不能否认法律标准的存在。不仅如此，实践中还应加强以法律的标准对各成员的贸易政策和法律实践进行评审。当然，贸易政策评审机制的法律标准并不意味着在评审活动中，一定要将某一成员方的每一个贸易政策和法律实践贴上合法或不合法、与世贸组织法一致或不一致的标签。实践中，贸易政策评审机制往往从多边贸易体制的基本原则出发，使用经济分析的方法，评估成员的贸易政策和法律实践及其对多边贸易体制的影响，而较少对这些贸易措施的法律地位做出判断。

(二)经济标准

在东京回合关于贸易政策评审的谈判小组谈判期间，不仅经济标准本身是否构成贸易政策评审的标准是一个突出的问题，而且对经济标准的准确范围也存在一定的分歧，不同的利益主体对此有不同看法。在对评审标准进行讨论的过程中，一些来自发展中国家的代表主张狭义地对文本进行解释，认为仅仅根据 WTO 承担的义务为范围就足够；而一些发达成员则站在了广义解释 WTO 文本的立场上，即是必须考虑贸易政策和法律实践的整个背景，包括它们的合理性及与其他经济政策的关系。一位发达成员方的代言人坚持认为：“遵守 GATT 义务与‘好’的经济政策之间的关系足以紧密以致主要依据经济规范的监督绝不会偏离总协定的方向。”[③]

但有学者认为，从法律本身而言，无法得出 WTO 规则与“好”的经济政策

---

① WTO Doc. , Trade Policy Review: European Union, Minutes of Meeting, WT/TPR/M/30, 26 January 1998.

② See Summary Observations: RRESS/贸易政策评审机构/100(13 January 1998, Argentina, PRESS/贸易政策评审机构/106(9 June 1999, Egypt), PRESS/贸易政策评审机构/108(91 July 1999, United States), PRESS/贸易政策评审机构/169(19 January 1998, Japan); Concluding Remarks: PRESS/贸易政策评审机构/107(25 June 1999, Egypt), PRESS/贸易政策评审机构/100(14 July 1999, Argentina), PRESS/贸易政策评审机构/66(27 NOVEMBER 1997, European Union), PRESS/贸易政策评审机构/70(30 JANUARY 1998, Japan), http://www.wto.org/, 下载日期：2011 年 8 月 20 日。

③ Blackhurst Richard, Strengthening GATT Surveillance of Trade-related Policies, In: *The New GATT Round of Multilateral Trade Negotiations: Legal and Economic Aspects*, Eds. Meinharf Hilf and Ernst-Ulrich Petersmann, Kluwer Law and Taxation Publishers, Deventer (The Netherlands), 1988, P. 148.

之间存在着必然的联系的结论。再者,赋予二者之间的这种联系是否适当也存有疑问。① 好的经济政策也许会很好地导致遵守 WTO 规则,但根据其法律特性,它们并不必然与 WTO 规则相关联。因为国内法和国际法的行为规范准则是依据规范的字面表达而决定的,法律的字面意义或者是文义解释,总的说来是唯一的决定许可或非许可行为的因素。在解释某一规则时,政治等其他因素可能要充分的考虑,但从根本上来说依据《维也纳条约法公约》规定的条约解释通则和条约解释补充规则来解释文本是国际法认可之主要方法。所以,也不能说各成员采用了"好"的经济政策就意味着其遵守了 WTO 规则。

从以规则为导向的监督转向包括以经济政策为基础的监督不能解决"好的经济政策"和 WTO 规则之间的关系这一问题。二者之间法律关系的缺乏导致了排除非其他先决条件的经济标准的适用。如果诉诸这样的经济标准,那么 WTO 的职能将会被超越,因为为了达到经济标准就可以突破法律规则,这是不可能实现的,成员方并不期望授权外部力量去干涉他们的经济事务——即使是在监督的层面上。再者,"好"的经济政策到底是什么,理想状态中的好的经济政策是否真的存在,本身就是需要进一步研究和论证的命题。

"根据对 WTO 规则的解释,WTO 规则允许各成员选择如何适用,而并不希望侵犯各成员主权。希望规范各成员方贸易政策的方式总的说来只是少数派的意见。"②提交 WTO 评审的仅限于国内贸易政策对国际贸易的影响、国内贸易政策对国际贸易的阻碍、在国际范围内形成了歧视等方面的内容。WTO 规则的核心是贸易政策和法律实践必须满足透明度原则的要求,并且要达到非歧视的标准,还必须通过适当的程序按适当的方式进行。如果这些条件满足了,那么一成员就可以自由地规定其贸易政策了。

当然,评审的大部分内容都是对受审成员的国内经济和贸易政策所进行的描述和经济学的分析,对这些无可避免地要采用一定的经济标准。尤其是要描述受审成员的贸易政策的变化时必然要设计统计、建模和经济学分析,例

---

① Asif H. Qureshi, *The World Trade Organization: Implementing International Trade Norms*, Manchester University Press, 1996, P. 120.

② Petersmann, Strengthening the domestic legal framework of the GATT multilateral trade system, In: *The New GATT Round of Multilateral Trade Negotiations. Legal and Economic Problems*, Eds. Petersmann and Hilf, Kluwer Law International, 1988, pp. 45～46.

如关税减让幅度、关税保护率、自由化的程度以及补贴的幅度等等。在判断成员方是否遵守多边贸易规则时，有些事项本身就是经济学模型当中的一个变量因素，只有依据经济标准才能作出判断，例如构成倾销和补贴的幅度。

此外，对成员方的贸易政策评审，还要“在有关范围内”，并以成员方的外部环境、广泛的经济和发展需要、政策和目标为背景。① 这里，“在有关范围内”根据 WTO 规范评估成员方的贸易政策和法律实践是何意不是十分清楚。这意味着对 WTO 规则的遵守的评估应该局限在 WTO 规范本身所许可的范围内考虑这些情况？还是设想以规则为导向的评估应该以更广泛、更灵活的准则为背景呢？对此人们众说纷纭。但无可置疑的是，对成员方的政策评审必须使用经济学的参数进行描述和分析，才能具体确定成员方的贸易政策和法律实践是进步还是退步了。此外，评价贸易政策和相关的财政或金融货币政策的相互作用以及贸易政策对多边贸易体制的影响，这些都需要用计量经济学的统计和分析方法来表示和分析其中的相互关系。②

关于经济分析的方法并没有太大的异议。在贸易政策评审机制协议中，正如前文所述的那样，设计了由集体成员进行的“评价、评估、评审和评定”的程序。需要补充的是，在根据受审 WTO 成员方所宣称的国家目标评价其贸易政策方式的过程中，以及在决定这些方式对其他成员贸易的影响时，由于成员方实际制定贸易政策的方式与其所宣称的国家目标并非总是一致，二者的协调必然会存在一定的难度。对此有学者认为：“如果情况显示，某一特定的与贸易有关的政策或一系列政策不仅给贸易伙伴们带来麻烦，而且对于达到该成员所宣称的目标并非很有效或有效，那么结果可能是在不断增加的同行的压力下，该成员修改这一政策。”③

总的来说，无论是法律标准还是经济标准，要对贸易政策评审设定一个明确统一的标准无疑是困难的。因为贸易政策评审机制不对成员方的所有政策

---

① Annex 3 of Marrakesh Agreement, para. A(ii).

② Asif H. Qureshi, The New GATT Trade Policy Review Mechanism: An Exercise in Transparency or ‘Enforcement’? *J. World Trade*, 1990, pp. 156～158.

③ Blackhurst Richard, Strengthening GATT Surveillance of Trade-related Policies, In: *The New GATT Round of Multilateral Trade Negotiations: Legal and Economic Aspects*, Eds. Meinharf Hilf and Ernst-Ulrich Petersmann, Kluwer Law and Taxation Publishers, Deventer (The Netherlands), 1988, P. 147.

和法律实践做出合法或非法的评价，即使要做出一定的评价，评审的结论也是比较模糊和具有弹性的。但贸易政策评审机构对成员方进行评价和提出建议的参照标准，应当是WTO的贸易规则、纪律和成员方的承诺，其中比较明显和突出的评审标准就是透明和非歧视原则，其他几个世界贸易组织的基本原则①也都是评审中所考虑的标准。

评审的标准应该是动态的、发展的，它随着多边贸易体制规则的发展而发展，随着国际经济环境和国内经济改革的变化而变化，不断适应贸易自由化的进程。从GATT生效以来以及在WTO法律体系中，各成员方一直在不断地开展新的贸易谈判、达成新的共识并作出新的承诺。相应地，成员方的具体义务和应该遵守的规则也在变化之中，所以不能也无法固守一个确定的标准。

概括地说，评审标准就是受审成员方所应该遵守的多边贸易规则、制度和承诺。但是仅仅使用这些法律标准是不够的，还要对成员的某些政策变化进行动态的观察和跟踪，对多边贸易体制的影响进行定量分析，这就需要采用一定的经济指标作为标准。因此，法律标准和经济标准二者不可偏废，应当在贸易政策评审的过程中综合考虑。特别需要强调的是，发展中成员和发达成员的经济发展水平以及贸易实力存在巨大的差异，对不同的成员进行评审时所采用的标准应具有灵活性，才能更符合实际。发达成员不能以自己的政策目标和市场开放的程度来对发展中成员做硬性要求。

五、贸易政策评审的程序

（一）评审周期

贸易政策评审机制规定所有成员方的贸易政策和实践都要受到评审，但不同成员方可以有不同的评审周期。确定评审周期的关键因素是某成员方的贸易政策和实践对多边贸易体制的影响程度，其量化为该成员在世界贸易总量中所占的比重。实践中秘书处使用动态的三年平均法，简言之，最近一个具有代表性的时期就是动态的最近三年。按照这种划分，贸易额排在前四位的成员要接受两年一次的评审，现阶段为美国、欧盟、日本和加拿大；排在后面的

① WTO的基本原则包括非歧视待遇原则、透明原则、自由贸易原则和公平竞争原则。对各原则的详细分析可参见徐泉：《国家经济主权论》，人民出版社2006年版，第129～136页。

16个国家接受每四年一次的评审，目前他们是：中国香港、韩国、新加坡、瑞士、墨西哥、澳大利亚、马来西亚、泰国、挪威、印度尼西亚、巴西、土耳其、南非、以色列、印度和阿联酋；其他成员方接受每六年一次的评审，但对于最不发达国家可以确定一个更长的周期。

由此可见，贸易政策评审机制在确保其一般性的同时，又兼顾了世贸组织成员发展不平衡的现实，侧重对占世界贸易较大份额的成员的贸易政策与实践的监督，体现了贸易政策评审机制的灵活与务实，具有一定的科学性。贸易额比重大的成员率先接受该项确定评审周期的原则有利于推动发展中国家参加评审。成员方无论参加对其他成员方的评审还是自己愿意接受评审，贸易政策评审机制都能为成员方阐述他们的贸易政策和需要提供一个有用的场所以及为欠发达成员方提供技术合作。同时贸易政策评审机制也为发展中成员方对几个发达成员方的贸易政策的担心和不满提供了一个平衡的机制，因而吸引了越来越多的成员积极参加评审。

（二）具体的评审程序

第一份调查表分配给各有关部门和政府机构，由他们共同合作和协商回答调查表；根据收到的被评审方的答复，秘书处开始初步的起草步骤。第二份调查表在访问首府前4周寄送出给该成员方。访问接受审议成员的首都是WTO秘书处信息收集过程中的另一个组成部分。在每个成员大约花一周时间，派去2至3个工作人员。与有关部门和机构进行的讨论都是在详细问卷的基础上进行，这些问卷按秘书处报告的结构制定的，事先提交以便有关部门进行准备。在访问中，WTO的工作人员也经常向私营企业，如制造商协会和商业协会，以及有关研究机构进行咨询。之后，秘书处开始准备报告草案，评审方政府部门开始准备政府报告。秘书处的报告草案四章的内容要送到被评审方的国内政府部门去对事实进行核实以及提出意见，对此的答复要在2～3周完成。整个过程可能会占用12到13周的时间。完成秘书处报告和收到政府报告后，将它们翻译成WTO的其他工作语言，复制后在会议4周前分发给其他成员方。真正的审议由贸易政策评审机构主持进行，这对所有成员开放，并要从成员中选取两名讨论人，以便鼓励进行辩论，这两人以个人身份参加会议，不代表各自成员政府。会议一般连续举行两个上午。首次会议由接受审议的成员代表致开幕词，成员的代表团通常为部长级的，随后讨论人发言，与会者各自发表意见。第二次会议讨论主要是围绕主席、讨论人及秘书处与接受审议的成员根据第一次会议情况进行磋商后确定的主题进行。成员对已经提出的问题做出答复,并进行进一步讨论。如有必要的话,可以在下一个月内做出书面补充答复。

此外,贸易政策评审机制规定,为取得最大限度的透明度,每一个成员方应该定期向贸易政策评审机构提交报告。全面的报告应当按照贸易政策评审机制规定的统一格式,介绍有关成员方所遵守的贸易政策和实践。这种格式开始应以《1987 年 7 月 9 日决定》(BISD/406 — 409)规定的“国家报告提纲格式”为基础,并在必要时加以修改,以将包括的范围扩展到附件一中的多边贸易协定和(在适应的情况下)诸边协议所包括的贸易政策的所有方面。这种格式可根据经验加以修改。

贸易政策评审过程时间表①

顺序	事项	时间	备注
1	秘书处启动初步研究和准备一份对受审成员方的调查表并寄送给该成员方	1—3 周	受审成员方要与贸易政策评审机构协商评审的有关程序
2	受审成员国内政府部门对调查表进行答复(包括提供政府公告和其他核心问题的官方文件)	3—4 周	需答复的问题由商务部把问题分配给其他部门和政府机构,共同合作和协商回答调查表
3	根据收到的受审成员方的答复,秘书处开始初步的起草步骤。第二份调查表在访问首府前四周寄送给该成员方	大约 8 周	第二份调查表是秘书处访向首府时与成员政府就政策进行讨论的基础
4	秘书处代表团访问受审成员方首府	5—10 天	由受审方政府对秘书处代表团就第二份调查表进行回答,并由部长和其他官员与代表团进行讨论
5	秘书处准备报告草案,受审成员方政府部门准备政府报告	12—13 周	秘书处的报告草案四章的内容要送到受审成员方的国内政府部门去对事实进行核实并提出意见,对此的答复要在 2—3 周内完成

① 陈咏梅:《WTO 贸易政策评审机制法律问题研究》,中国检察出版社 2009 年版,第 115 页。

续表

顺序	事项	时间	备注
6	完成秘书处报告和收到政府报告	大约两周	
7	编辑秘书处报告,并把秘书处报告和政府报告翻译成WTO的其他工作语言,复制后分发给其他成员方	5周	两个报告构成评审会议讨论的基础,报告必须在会议四周前送达其他成员方代表
8	举行评审会议,首先由受审成员方的官员做政策综述的发言,然后是讨论方发言	2天,但仅在早上进行	评审会议以贸易政策评审机构主席的总结性评论结束
9	秘书处准备会议备忘录和文件的最后公布出版	大约2周	

第三节 对透明度原则保障作用的实现

一、通过与争端解决机制的互补来保障透明度原则的实现

(一)理论与制度

1. 贸易政策评审机制与争端解决机制都属于《建立世界贸易组织协议》的附件,贸易政策评审机制属于附件三,《关于解决争端的规则与程序的谅解》(DSU)属于附件二。并且,争端解决机构(DSB)和贸易政策评审机构(TPRB)是总理事会的"同一套班子,两块牌子",是理事会在行使不同职责时的不同称呼而已。也说明了贸易政策评审机构和DSB与总理事会在地位上是平等的,都是WTO的主要常设机关(Principal Organ),分别担负着WTO的不同职能。

2. 贸易政策评审机制与DSM相互配合、相互补充。贸易政策评审机制也可以说是解决矛盾与摩擦的一种方式,只不过它是一种非强制性、非司法性的解决方式。贸易政策评审机制与DSM密切相连,以至于在贸易政策评审机制的产生过程中,已有学者认为贸易政策评审机制是执行成员义务的一种

方式。

(1)贸易政策评审机制提高了国际贸易的可预见性,预防和减少了贸易争端。贸易政策评审机制所确立的定期报告制度和定期集体评审制度,大大提高了国际贸易政策的透明度,降低了各成员方互相不了解甚至是误解的风险,减小了成员方的贸易政策对立和冲突的可能性,也减少了成员方对某些贸易政策的争执。WTO设计了贸易政策评审机制和DSM,兼采了外交与司法手段,是用两条腿走路。① 这体现了现代解决争端的国际法的一种趋势:从解决争端到预防与管理争端;强制手段与和平方法的互补结合;政治方法与法律方法的对立统一;传统的国家间方法与国际组织协调联合;国际争端机制的有效性和多样性与世界统一适用的国际法制度与规范所要求的和谐一致与系统性之间的良性动态平衡。② 贸易政策评审机制与DSM的对立统一关系,恰恰呼应了国际组织职能上的不断完善和创新的过程,有力地配合了争端解决制度对透明度原则的适用。

(2)WTO的争端解决机制是贸易争端解决的最后手段,为WTO多边贸易体制的法律义务或规则得以遵守、条文得以正确解释乃至整个贸易体制得以有效运转提供了有强制力的保证。贸易政策评审结果较之争端解决结果而言不具备必要的强制约束力。成员方经评审后的最终结果,即贸易政策评审机构发布的报告只是对有关该成员方贸易政策信息的发布及对其实施情况的评价,但并不具有约束性和强制性。它既不能被引申至各协议或争端调解程序并作为对成员方施加强制性约束的基础,也不能据此对成员方添加新的承诺。贸易政策评审机构也承认了"对国内透明度原则的执行必须建立在自觉的基础上,并应考虑到每一成员方的法律和政治体制",这可能会使贸易政策评审机制对各成员贸易政策及其实施情况的监督被局限于一种事后"盯梢",评审结果对各成员方的影响完全建立在他们自律的基础上,贸易政策评审机构应该具有的功能尚不能充分发挥,使贸易政策的评审有可能退化成一种仅在WTO各成员之间进行贸易政策信息传递的管道。由于没有强制约束力,

---

① 赵维田:《世贸组织(WTO)的法律制度》,吉林人民出版社2000年版,第430～436页。

② Jonathan I. Chamey, Third Party Dispute Settlement and International Law, *Columbia Journal of Transnational Law*, 1997, Vol. 36, pp. 64～89.

就不能对一些成员在贸易政策评审中所暴露出来的问题和不足施加压力。如果某个成员方不愿意按照贸易政策评审机构给出的建议进行自我约束的情况下，必然导致这些贸易政策长时期地背离或偏离 WTO 多边贸易规则，由此引发大规模的成员方之间报复与反报复不断升级的连锁反应。而争端解决机制在法律上的决断性和一定程度的强制性使得它成为"为多边贸易体制提供保障和可预见性的中心环节"。①

(二)案件审理过程中的互动

1. 巴西的贸易政策评审与争端解决案件

贸易政策评审机构于 1996 年、2000 年和 2004 年三次对巴西的贸易政策进行评审。② 第一次评审对巴西在 WTO 成立前的经济状况进行了整体述评，后两次集中对巴西因承担 WTO 义务而进行的国内贸易政策和法律规范性文件改革进行评审。1996 年的巴西，经济仍然十分封闭，贸易政策评审机构建议在一系列领域进行改革，如对国内出口商的支持措施改革和国内农业部门改革，与 TRIPs 协议相符合的立法改革和增强透明度等。另外，巴西的进口体制也相当僵化，并且频繁地实施临时措施。还有对纺织品保障配额的运用、保护性的关税结构和机动车行业的数量限制等，这些措施被用来将贸易从非南锥体共同市场③(Non-Southern Common Market，简称 MERCOSUR)转移至包括本国市场在内的其他市场，构成贸易转移，而非进行贸易创造。除了初级产品和制造业外，巴西服务业的市场化和自由化程度也不高。

因此，在上世纪 90 年代巴西面临对其一系列产业支持计划的指控，如对其国内机动车行业有关贸易和投资体制的指控和对初级产品规定的指控。而巴西在对其有关初级产品的指控中胜诉了一个案件，在对其补贴的指控中败

---

① 《关于争端解决规则与程序的谅解》第 3 条第 2 款。

② 1996 年 10 月 4 日的 WTO 秘书处报告 WT/TPR/S/21、2000 年 9 月 27 日的 WTO 秘书处报告 WT/TPR/S/75 和 2004 年 11 月 1 日的 WTO 秘书处报告 WTO/TPR/S/140。

③ 1991 年 3 月 26 日，阿根廷、巴西、乌拉圭和巴拉圭总统和外长在巴拉圭首都签署《亚松森条约》，条约规定，将于 1994 年 12 月 31 日建成南锥体共同市场。南锥体一体化的目标是建立一个广阔的市场、鼓励联合投资、实现技术现代化和提供成员国企业的竞争能力。因其地理形状似一把锥子，故而得名。引自王雨本：《WTO 之外的国际经济组织》，人民法院出版社 2002 年版，第 408 页。

诉了一个案件。在其败诉的案件中，他对飞机的出口补贴计划被加拿大提出了申诉。[①] 由于巴西通过随后解除国家垄断和价格控制的管制，朝更开放的贸易和投资体制迈进，因此有关巴西机动车行业的几个案件最终都以和解方式结案。其进口程序通过实施一种清关的自动化体系而大大得以简化。

再如，在2000年的贸易政策评审中，巴西在电信和金融服务领域的自由化得到了肯定。尽管如此，2004年的贸易政策评审认为，巴西必须继续进行改革，撤销其保留的对关税的限制和投资壁垒，撤销其不断增加的临时措施的适用，消除程序上的障碍。由于贸易政策评审机制与争端解决的配合使用，巴西的政策正逐渐变得与WTO协议规定相符合，并且更加的清晰和透明。

2. 美国的贸易政策评审与国际贸易争端

贸易政策评审机构于1996年、1999年、2001年、2003年和2006年五次对美国的贸易政策进行评审。[②] 1996年，美国的贸易政策，如原产地规则、国际标准(standard-related)、贸易壁垒、纺织品配额制度和不断增加的临时措施在贸易政策评审中被提了出来。1999年，评审中主要关注的是关税壁垒、与标准相关的技术性壁垒、农业支持和轻微保护(slightly-protected)的服务行业。前四次评审关注的主要问题是：反倾销等贸易救济措施的滥用、对国内产业的关税保护、技术标准贸易壁垒、政府采购的非国民待遇、单边贸易制裁的使用和持续的出口补贴等。但事实上，这些需要改革的在广泛领域实施的做法并没有太多的改变，服务行业和竞争法上的改革也不足以抵消上述政策已经带来的贸易扭曲。总之，美国的市场准入进程还有待进一步完成。在2006年对美国的评审中，贸易政策评审机构的关注点集中在了临时措施的广泛使用和与标准有关的要求上。

美国存在的与WTO不相符合的贸易政策实际上可以通过争端解决机制当中的争端案件审理情况进行反映，即通过考察美国被指控的贸易政策范围、数量进行反映。自WTO成立以来，美国被诉案件超过百起。美国败诉的主

---

① 关于该案的具体情况可参见案件编号为WT/DS/46的文件资料。

② 1996年10月21日WTO秘书处报告WT/TPR/S/16，1999年6月1日WTO秘书处报告WT/TPR/S/56，2001年8月15日WTO秘书处报告WT/TPR/S/88，2003年12月17日WTO秘书处报告WT/TPR/S/126和2006年2月15日WTO秘书处报告WT/TPR/S/160。

要案件包括国际标准贸易壁垒案件(如委内瑞拉和巴西与美国关于汽油标准的纠纷[①],印度、马来西亚、巴基斯坦和泰国与美国关于禁止虾及虾制品进口的纠纷[②])、各种反倾销和反补贴等贸易救济措施案(如日本、欧共体与美国关于1916年反倾销法的纠纷[③],欧共体、加拿大、澳大利亚等与美国关于2000年持续倾销和补贴抵消法的纠纷[④])、保障措施案件和对外国销售公司的税收减让等。此外,巴西诉美国的高地棉补贴案[⑤]使成员方对美国补贴的关注成为了焦点。在该案中,专家组裁决认为,美国的农业计划构成了非法的补贴。[⑥]

由此可见,考虑到 WTO 的贸易政策评审是实施其纪律的一种武器,贸易政策评审可以对受审的成员方政府施加压力以使其履行 WTO 协议项下的义务。它是争端解决机制的又一翅膀。[⑦] 尽管如此,在贸易实践中,贸易政策评审机制缺乏与多边贸易谈判机制和争端解决机制的紧密联系和协作。贸易政策评审机制在多边贸易体制的维护和制衡作用方面本身的强制约束力明显逊色于争端解决机制,在缺乏多边谈判机制和争端调解机制支持的情况下,现行贸易政策评审机制在协调和纠正各成员方贸易政策与多边规则的偏差方面的作用显得极其有限。

二、通过与 WTO 其他制度互为补充保障透明度原则的实现

(一)贸易政策评审机制与国际收支条款的互补

《贸易政策评审协定》第 E 段规定了评审安排要与《1994 年关贸总协定》和《服务贸易总协定》中收支条款的义务相互协调,这是一个技术性立法条款。

---

① 案件编号分别为 WT/DS2 和 WT/DS4。

② 案件编号为 WTO/DS/58。

③ 案件编号分别为 WT/DS/162、WT/DS/136。

④ 案件编号分别为 WT/DS/217、WT/DS/234。

⑤ 参见 2004 年 9 月 8 日的专家组报告,案件编号为 WT/DS/267;2005 年 3 月 3 日的上诉机构报告,案件编号为 WTO/DS/267/AB/R。

⑥ See Eliza Patterson, The WTO Decision on U. S. Cotton Subsidies, ASIF Insight, March 2005, http://www. asil. org/insights/2005/03/insights050323. html,下载日期:2011 年 5 月 1 日。

⑦ Kumar Ratnesh, *WTO: Structure, Functions, Tasks, and Challenges*, 2002, P. 42.

由于国际收支状况对于一个国家的经济贸易改革有着重大的影响，如果某个成员国面临国际收支严重失衡局面而要与国际收支限制委员会磋商，又恰好要接受贸易政策评审的安排，这时候成员政府就同时面临着两个重要的任务且相互冲突。因此该条款规定"各成员方承认减轻政府负担之需要还取决于《1994年关贸总协定》和《服务贸易总协定》中收支平衡条款下的全面磋商"。因此，在这种情况下贸易政策评审机构的主席和世贸组织的收支平衡限制委员会的主席以及接受评审成员方应当共同磋商，设计出一个合理的工作安排，使贸易政策评审的评审频率和收支平衡问题的磋商在时间上能协调起来。

时间的安排对贸易政策评审机构的工作进展非常重要，因为随着WTO成员数的增加，每年评审的国家或地区越来越多，例如在2005年就有15个成员接受评审。① 一方面，贸易政策评审机构在组织一次评审的时候，要不断地召开会议，与成员方预先进行磋商，以确保贸易政策评审的顺利进行。另一方面，由于贸易政策评审机构本身就是总理事会，他还有很多总理事会的职责要履行，要管理WTO的日常工作。所以协调好贸易政策评审机构的工作相当不容易。

在每年的贸易政策评审年度报告中，贸易政策评审机构总是不断地强调各成员遵守时间表和评审期限的重要性。一旦某一成员的国际收支出现紧急情况时，如果可能影响到贸易政策评审的如期举行，就需要与贸易政策评审机构和国际收支限制委员会进行三方协商，对评审事项重新做出安排。但评审时间的推迟不能超出1年。因为根据贸易政策评审机制规定的评审周期的有关规定，贸易政策评审机构每年的评审任务越来越重。所以即使是出现国际收支的异常导致某一成员评审不能如期进行时，推迟也不能超过一定期限，以免影响下一年的评审计划，否则就会造成一个多米诺骨牌效应，即每年贸易政策评审机构的工作都延迟到下一年度。

因此，《贸易政策评审机制协议》E段就是一个协调贸易政策评审机构和其他机构工作安排的技术性立法条款。但对于如何协调以及协调结果如何的问题，贸易政策评审协议本身没有做进一步的规定，需要具体情况具体分析。该段规定的作用就在于当某成员在国际收支平衡出现问题时，让贸易政策评

① Chronological list of TPRs，http://www.wto.org/english/tratop_e/tpr_e/tp_rep_e.htm#chronologically，下载日期：2011年5月1日。

审机构主动进行协调，以避免因为工作的相互冲突导致贸易和收支的冲突；另一方面也确保贸易政策评审机构评审工作的计划顺利执行。

（二）贸易政策评审机制与对国际贸易环境发展总评的关系

贸易政策评审机制的最后一条还规定了贸易政策评审机构也要针对正在对多边贸易体制产生影响的国际贸易环境的发展进行年度总评。① 根据G段的规定，贸易政策评审机构在评审贸易政策时其职能被分为两个部分，一部分是组织对部分成员单独的评审，另一部分就是对全球国际贸易大环境的进行宏观评估。

国际贸易环境的发展与各成员的贸易政策是密切相关的，成为各成员制定贸易政策考虑的外部因素。贸易政策评审机构在通过对各成员进行评审的过程中，会对整个国际贸易环境的发展以及其影响因素有比较深刻和内在的把握，贸易政策评审机构每年也要对该年的贸易政策评审情况做出一个总结评价，制成一个报告予以公布。由贸易政策评审机构同时对国际贸易环境的发展进行年度总评是比较合适的。同时，贸易政策评审机构在进行年度评估的时候，还应该得到WTO的总干事所作的关于世贸组织的主要活动和影响多边贸易体制重大决策的问题的年度报告的支持。

---

① Annex 3 of Marrakesh Agreement, para. G.

第五章 >>>

WTO透明度原则的国内作用机制

WTO的透明度原则存在的意义就在于通过透明的贸易管理减少贸易壁垒、防止贸易保护，促进国际贸易的健康发展。从现有的制度设计来看，WTO首先是从国际法层面上为各缔约方提供了透明度的标准，这是宣示性的规定；其次，为了监督各缔约方履行透明度义务的情况，贸易政策评审机制发布定期报告公布相关情况，但是这种报告仅仅是评述性的，不具备强制执行力；最后，为了弥补贸易政策评审报告没有强制执行力的不足，争端解决机构在司法程序中适用透明度原则，但是这种适用属于事后救济，违法已经发生、损害已经出现，更何况争端解决机构裁决的执行情况也不容乐观。

所以说仅仅从国际法层面上为透明度设立标准、进行监督并进行司法救济，无法保证透明度在各缔约方国内的充分实现，无法对违反透明度的行为进行事前的预防，无法消除各缔约方违反透明度原则的“内心冲动和欲望”。关注贸易摩擦的国内成因，分析推动各缔约方政府进行贸易保护的幕后力量，才能从根本上保证透明度的实现。

第一节　国际贸易争端的国内原因

1982年11月，时任世界银行行长克劳森在《GATT财长会议声明》中指出：“我们需要克服贸易政策决定领域中一个根本性的缺陷。国内的和国际的决策过程都是偏向于一方的，偏向于那些遭受损失的一方利益主体。这种偏见已经导致了贸易谈判的这样一段历史——减少进口壁垒似乎已经成为了一种有对价的行为，对价则为其他国家自愿放弃同等价值的壁垒。”

正如前文所述，在东京回合谈判时期，缔约方政府已经脱离了国际贸易规则的管制。政府未能遵守国际规则不能仅仅归咎于国际经济法的不完善及其代表机构——GATT 的不足。在很大程度上，GATT 缔约方政府的贸易政策制定机构即国内立法机构，已经不受国际条约控制。如果要重建国际贸易秩序，那么正确认识国际难题的成因就是至关重要的。我们不仅要看到国际难题的国际因素，也要认识到国内原因。关于政府决策困境的外部因素的研究已经很多了，但是对于国内势力的影响的研究却很少。众所周知的是，国内势力对国际贸易决策的影响是非常强有力的。忽视国内势力的影响力或者是认为国内因素很容易克服，都将是愚蠢的。

缔约方政府频频采取非关税措施来进行贸易保护就是很好的证明。这些非关税措施往往是有意以产业政策的名义实施，并被某些国内团体认为是纯粹的国内事务，与外国人没有任何关系。但是这样的措施对其他国家的出口和失业有影响，正如农产品补助政策所明确展示出来的那样。美国对农产品和农业产业的高额补贴，提高了美国农产品在国际市场上的竞争力。这似乎是美国国内产业政策和财政支出方式的内政问题，但是，美国的做法挤占了其他粮食出口国家在国际市场的份额，使得其他粮食出口国家的粮食产业以及上下游相关产业的布局和就业受到抑制。在这样的情形中，美国的产业政策实际上为农产品产业负担了一部分成本，美国农产品在国际市场上的价格没有完全体现出它的成本，其他对农产品没有高额补贴的国家就面临着不公平的竞争，农产品在国际市场上的贸易就被扭曲了。

近年来，一个产业的扶持政策往往还会对其他产业的产品在国际市场的贸易产生巨大的影响。2007 年，国际社会普遍关注的一个名词是“粮食危机”。这次粮食危机的一个重要原因，就是大量的粮食被用来转化为汽车的燃料。有学者将粮食的这种流动趋势形象地比喻为“富人的车子”跑赢了“穷人的肚子”。实际上，受到现有技术的制约，粮食转化为燃料的成本仍然非常高昂，但是由于各成员方对环保新燃料产业的普遍扶持政策，使得各主要粮食产区兴起了一股建设粮食生产酒精的工业企业的热潮。对新燃料产业的扶持，直接导致粮价飞快上涨，粮食走私大行其道，国际粮食贸易秩序混乱，大量的人口处于饥饿的威胁之中。因此，要研究国际贸易摩擦就必须研究摩擦的国内因素。

一、要求政府进行贸易保护的政治压力

已经有证据表明要求政府对那些不具有竞争力的产业或产业进行贸易保护的呼声通常不会和那些将要为此付费的人的利益进行很好的平衡，也就是说对弱者的同情往往会掩盖这种同情所付出的成本。对于广泛存在的消费者和纳税人的利益来说，有效地组织起来为自己争取利益往往比那些处于竞争弱势的行业或产业难得多。

也许会有人说广大的消费者和纳税人尽管没有被组织起来形成一个团结而强大的力量，他们仍然可以通过“投票箱”来行使自己反对政府议员游说者的个体权利。对此，美国经济学家曼瑟·奥尔森[①]这样阐述道：“如果有信息完全充分的公民，那么参选的官员就不会受到游说议员者的哄骗，因为选民一旦知道自己的利益被背叛，那么在下次选举的时候他们会用选票来还击不忠诚的代言人。”

问题的关键是选民并不都是“信息完全充分”[②]的，而且选民和消费者还有意无意地对此保持漠视。这种漠视可以用经济学的理论来解释。想做到信息完全充分，那么在政府部门的信息渠道依赖相关产业部门的情况下，要想获取全部的真实的明确的信息就必须要进行政府渠道以外的调查和搜寻。调查和寻找这类信息的成本往往超过了选民或消费者从中可以获取的利益。此外，如果想对选举结果产生影响的话，选民利益遭到背叛的信息必须在选民中广泛地传播。但是作为一个个体的消费者或选民不会为了自己单独的经济利益而承担这个艰巨的任务，即使他或她掌握着此类信息。

这种贸易保护需求内在的不平衡还掺杂着公众支持国内产业的既得利益者的天然倾向。因为政府财政补助的对象往往是受到进口产品影响的本国企业，这样的企业往往又分布在低竞争力、高就业的行业，如钢铁、汽车、农产品等领域。所以公众在情感上更倾向于本国企业是无可厚非的，无论这样的观

---

① Mancur Olson, *The Rise and Decline of Nations*, New Haven and London: Yale University Press, 1982. P26.《国家兴衰探源》是曼瑟·奥尔森的代表作之一，他的代表作还有《集体行动的逻辑》和《权力与繁荣》。这三本书都已经被译成中文出版。

② 此处英语原文是：perfectly informed。这与经济学当中信心完全充分的市场即为完美市场的理念是相似的，因此笔者将这一概念译为“信息完全充分”的。

点是基于“免费午餐的幻境”，还是来自于对外国竞争者和本地劳工组织的反感。考虑到相关的经济原则并不是显而易见的，所以在感情选择以外的理性选择中也倾向于支持政府提供财政补贴，也是可以理解的。

此外，处于竞争劣势的产业积极地寻求政治代言人，在立法机关和传媒中大力鼓吹他们寻求特殊的待遇——补贴的必要性。在这里人本主义的视角成为了这些贸易保护主义支持者的同伙。因为迫在眉睫的失业、工厂倒闭，和那些有可能减少了工作机会的经济学的复杂的争论相比起来，更能够提供活生生的动人故事。因此，社会大众会很清楚地知道那些拒绝变革的产业的难处和如果政府不提供特殊待遇可能带来的害处，但是公众并不了解整个国民经济将会从这样的贸易保护行为当中遭受什么样的损失。

二、条块分割的行政体制

事实上，大多数国家的政府都采取了实质上响应了这些挽救特定产业的呼声的行政举措。这种响应和行动本身也属于贸易保护。处理贸易和与贸易有关的事物的行政安排和政策事务一般被交给不同国民经济生产部门对应的不同行政机关负责；而这些机关之间存在着各种各样的冲突，包括对某些事项的交叉管辖和相互推诿，甚至还包括部门利益的针锋相对、此消彼长；这些行政机关给出的建议很少考虑宏观经济影响，更多的是从本部门的经济利益出发，最终成为狭隘而专注地保护或者补助特定产业的建议。

一个典型的国家政府机关包括大量的单独的部、司、处等。他们中有一些具有宽广的视角，把整个国民经济作为一个整体来考虑，如财政部、审计署等面向整个国民经济领域的，但是也有许多机构则是狭隘地关注本部门的利益，如农业部、环保部、交通部等。这种特别产业部门的产生是出于政治家们天然地“有所为”的野心，也是出于政府不断扩张其权力范围和责任的需要，是“行政国”现象的典型表现。① 政府在国民经济整体中遏制贸易壁垒要面临的困境，部分是由相关行政机关设置的零碎、繁多，以及制度性安排导致的。

---

① See James T. Bennett ,Manuel H. Johnson, *The Political Economy of Federal Government Growth*:1959—1978,Texas A and M University,1980.

上文提到的这些政府部门所具备的“狭隘而冲突地仅关注本部门本行业利益”的职能,也是政府在制定公平的贸易以及与贸易有关的政策、遏制贸易壁垒所面临的重要阻碍因素之一。每一个部门都致力于为其相对应的经济主体和行业争取利益,只要他的“客户”有这样的需求,而他的客户们又往往是处于竞争劣势当中的。在这种情况下,对于当前社会热点和近期利益的关注往往会超越长期利益和整个经济体利益的考量。政府通常会通过保护、补贴或其他方法来提供公共补助。而这种补助通常会带来新一轮的其他部门为自己利益进行的游说活动。在讨论这个问题的时候,美国国会委员会评论道:“许多机构当中,每个机构多半会仅服务于自己以及相应的成员集团,加起来就成为了为整个经济体服务的公共机构。”①

这种客户主义的现象与一个美国学者所描述的制度碎片化相关。阿侬·威尔达瓦司盖②在一个对预算过程的研究中指出“生存并扩张的欲望被嵌加了进来”。他说:“那些政府机关赖以生存的利益集团,以为其服务的机关为其争取了多少利益来评判政府机关是否有用。利益集团得到的越多,发展得越壮大,越是能够帮助对应的政府部门。”

英国前内政服务部门的负责人阿姆斯特朗勋爵在二十世纪七十年代中期也有过类似的论述,他说:“这个体系已经具备了自体生命体系。所以,在政府的某个角落一定有一小部分人的工作取决于产业当中发生的事情,他们会尽可能地守护住产业的利益,因为那也是他们利益的所在。在伦敦官府大道,随处可见为每一个经济活动奔走游说的人。”③

---

① See Advisory Committee on National Growth Policy Processes, *Forging America's Future*, Washington: US Government Printing Office, 1976.

② See Aaron Wildavsky, *Budgeting: a Comparative Theory of Budgetary Processes*, Boston: Little Brown, 1975, p. 7.

③ See Lord Armstrong of Sanderstead, *Government and Industry Relationships*, *Lubbock Memorial lectures* 1974—75, Oxford: Pergamon Press, 1976. 这段话的英语原文为:The system developed a life of its own, so that there is now almost certainly somewhere in the government a little unit of people whose job it is to acquaint themselves with what is happening in each industry and, as fat as somewhere in Whitehall sponsors for almost every economic activity.

客户集团对于英国政府形成决策的过程的影响，已经被深入的研究所证实①，在美国也是如此。政府与利益集团的谈判、讨价还价和磋商是政府决策过程的核心特征②。相似的趋势也出现在了斯堪的纳维亚和西欧的其他地区。利益集团和相对应的政府机构之间的这种互动是确实存在的，是"天生"的，也是不可避免的。因此，对于想要提高整体国民经济水平的国际贸易自由化来说，认清这种联系是非常重要的。

1971 年，美国总统尼克松成立的联邦统计总统委员会的报告研究了机构设置的碎片化和"反应性政策回复"的出台以及政府决策所依赖的信息渠道的关系，指出了这种体制决定了政府决策信息基本上来自于那些受到威胁的个别经济部门，而不是来自整个国民经济整体。报告说："政策主体在定义困境的时候所面临的典型困境是，这些所谓的困境仅仅存在于政治的语境之下。政治体系的运转是应激性(convulsive)的，在危机到来的时候它必须快速地对全体选民做出反应。因此，当它面对着被鼓动起来的公众的时候，它没有足够的时间来做出最理想的政策回复。在这种情况下，做出决策所依赖的信息基本上来自于有相关职能的机构和支持特定利益的劳工主义者。"③

"应激性"说明了选举制度在国家机关和利益集团的勾结中的制度性的无力。选举制度在政党和利益集团之间勾结达成共识的时候，也是选民无力去监督权力的行使、无力去表达普通民众的真正意愿的时候。这种应激性的回应和决策所依赖的信息管道，再结合政府部门对于特定利益集团的依赖，使得政府的决策更偏向了处于焦点中的部分，而忽视了整体的经济利益。条块分

---

① See S. H. Beer, Pressure Groups and Parties in Britain, *American Political Science Review*, 1956, Vol. L, No. 1, pp. 613～50; J. E. S. Haywood, Institutional Inertia and Political Impetus in France and Britain, *European Journal of Political Research*, 1976, Vol. 4, No. 4, pp. 34～59. 相关的专著有 Jack Hayward and R. N. Berki, *State and Society in Contemporary Europe*, Marin Robertson, Oxford, 1979; J. J. Richardson and A. G. Jordan, *Governing Under Pressure: the Policy Process in a Post-parliamentary Democracy*, Marin Robertson, Oxford, 1979.

② See R. A. Dahl, *Pluralist Democracy in the United States*, Rand McNally, 1967; See Thomas Lowi, American Business, Public Policy, Case Studies and Political Theory, *World Policies*, 1964, Vol. XVI, No. 4, pp. 677～715.

③ See Presidential Commission on Federal Statistics, *Report of the Presidential Commission on Federal Statistics*, Washington: US Government Printing Office, 1971.

割的行政机关将会产生条块分割的并且通常是封闭的政策信息体系。

在这方面近来有一个非常突出的例子。2009 年 4 月 20 日，美国钢铁工人联合会以中国对美轮胎出口扰乱美国市场为由，向美国国际贸易委员会（International Trade Committee）提出申请，对中国产乘用车轮胎发起特保调查。按照社会大众的一般认识，钢铁工人的利益与轮胎零售业的市场秩序应当是没什么关联的。相反，与这个特保调查有着直接利益关系的美国轮胎制造商、美国相关产业的零售商和销售商却旗帜鲜明地持反对态度。尽管如此，在同年 6 月 29 日，美国贸易委员会建议对中国输美乘用车与轻型卡车轮胎“连续 3 年分别加征 55%、45%和 35%的特别从价关税”。[①] 9 月 12 日，奥巴马批准了对中国轮胎特保案实施限制关税。

在这一案件中，美国钢铁工人联合会就是利用了自己在政坛的代言人效力，推动了美国国际贸易委员会惩罚性关税的出台。这种钢铁工人联合会代言人的力量，甚至可以掩盖轮胎业的整体利益。实际上，中国出口到美国的轮胎大多数是外资在中国办的企业所生产的产品。出口所获得的利润当中也有相当大的一部分归属于美国。对中国的轮胎征收惩罚性关税，实际上损害了美国企业在华的投资收益。轮胎的进口商和零售商的营业额受到显著影响。另外，中国轮胎在美国市场上是性价比较高的低端产品。征收惩罚性关税以后，中国出口的轮胎将面临提价，而全美国的轮胎的消费者将为这一轮提价买单。受益的是钢铁工人，但是受损失的是轮胎行业的健康发展和消费者的长远利益。

三、对贸易的危害

对困难产业的贸易保护往往体现为政府的财政补助，而补助的实施却往往依赖条块分割的行政制度安排。在特定的政府部门服务于相应的国民经济生产部门的前提下，政府不能够对抗日益增加的贸易保护主义和扶植政策需求。这个原因是非常重要而又往往被忽视的。当特定的产业在应对经济形势变化中处于困境时，政府往往会枉顾国家经济政策的长期目标而对这些产业进行补助或补贴。

在市场竞争中处于劣势的产业不可能去游说议员减少或取消对自己的贸易保护，因为没有一个追逐经济利益的市场参与者会主动减少自己的收益。

---

① http://news.sohu.com/20090912/n266671782.shtml，下载日期：2010 年 3 月 13 日。

那么下面这个假说必然成立：在依据贸易政策和产业政策所采取的行政举措中，大多数引导产业度过困难时期的行动都将会直接地导致对特定产业的贸易保护的增加。条块分割的制度安排所带来的一个不可避免的结果是：为了应对外国贸易竞争所采取的政府行为必然会成为一块块的零碎的政策措施；这些行为本质上是产业专项性的；其立场往往是倾向于贸易保护主义的。条块分割的行政机关不仅会相互推脱，相互抢利益，也会导致行政主体和特定利益集团的捆绑。

当行政职权被条块分割的时候，为特定利益集团量身定制的措施就会出炉。危害之一，这些政策的最初目标达成之后，政策仍然会在很长一段时间存在并延续其影响。也就是说，贸易保护的政策最初可能会是有利于国民经济稳定和发展的，但是一个普遍存在的问题是贸易保护的政策在超过“边际”之后，往往因为受益者的争取或者民众的忽视而继续存在。对于国民经济整体而言，这种贸易保护的政策其边际收益是严格递减的。导致这种过分的“延续”的原因是这些政策牢固地确立了特殊集团的主张和利益，这就给取消这些政策增加了阻力。阻力既来自于既得利益集团，也来自于相应的行政管理主体。以对农产品的补贴为例，政府若想取消对农产品的高额补贴，既要面临农产品行业从业者的积极反对，也会面临政府内部农业管理部门的消极行政。这种贸易保护所带来的既得利益既来自于政府内部，也来自于政府外部。进行产业补助的官僚体制和商业实体相互作用、相辅相成，形成一个共生的生态。这或许会在很大程度上引导政治力量的运作。

另一种危害来自于间接的长远影响，受影响的是国民经济的整体秩序。贸易保护政策，即保护特定利益集团免于经济调整的政策，会给国民经济带来整体影响。这些贸易保护政策表面上看起来没有影响到政治利益主体。但是一旦其他的政治利益主体和行政管理机构发觉自身的利益需要和相应的产业或企业的贸易保护政策挂钩，也会纷纷效仿并要求采取新的隔绝经济形势变化影响的贸易保护措施。这样，“每个要求进行保护的集团都会发现自己在整个经济政策中只是微小的一部分，而整个经济政策将会变成一系列特别措施的复杂的综合体”①。这些特别措施难以审核、行政管理成本高昂并损害整体

① See Tumilir, *Economic Policy as a Constitutional Problem*, *Fifteenth Wincott Memorial Lecture*, London: Institute of Economic Affairs, 1984.

经济利益。最终,所有既得利益主体对于自己的利益被取消的担心,将会导致所有特殊保护政策受益者的联合行动,而这些行动将会一起绑住贸易自由化的手脚。

在国内政策决定过程中,这种固有的保护产业免于在经济调整中遭受损失进而对其进行贸易保护的倾向性已经表明:接连不断的贸易自由化的国际条约虽然约束了原有的贸易保护的形式,但是也迫使了新形式的贸易保护措施的产生。"这些新的贸易保护措施具有产业或行业专项性的天然属性。这些新的贸易保护措施在传统上被认为是国内政策事务及其转化形式,而不是国际事务"①。哈罗德·B.马慕哥仁②,美国前首席贸易谈判代表在数年前注意到:"在政策制定者和媒体没有完全了解是怎么一回事的时候,保护主义正在变得越来越精密。这些利益集团原来只是渴望调整或者限制进口的政府措施,但是现在他们正在寻求尽可能多的途径的五花八门的贸易保护措施,来对贸易自由化进行'骚扰',而且所有的'骚扰'都是符合法律规定的。这些利用不公平贸易法条款的程序可以被描述为'将外国利益和进口商的利益置于各种困境之中'"。

在整个世界贸易当中,被"管理"的贸易份额在WTO建立之初已经占到了40%至48%。③ 当这些不可见的公共补助政策的增加损害着国际贸易体系的时候,这些政策的应用却造成了国内经济增长的假象。也就是说条块分割的行政机关的设置使得新保护主义从公众的视野和理解当中消失了。新保护主义政治成本更低、更为柔和。

---

① 贸易政策和许多"国内主权事务"之间的界限越来越模糊。经济合作组织(OECD)将这种现象描述为"正在蒸发掉的界限",并最早在1972年强调了这一现象。参见经济合作组织的报告:*Report of the OECD's High-level Group on Trade and Related Problems*。讨论了类似问题的论文有Jean Rey et al.,*Policy Perspectives for International Trade and Economic Relations*,*Report to the Secretary-General*,OECD Secretariat,1972,Paris.还有Richard Blachurst,*The Twilight of Domestic Economic Policies*,The World Economy,1981.

② See Harald B. Malmgren,*Significance of Trade Policies in the World Economic Outlook*,The World Economy,1977.

③ See Tumilir,*Economic Policy as a Constitutional Problem*,Fifteenth Wincott Memorial Lecture,London:Institute of Economic Affairs,1984.

四、贸易环境恶化的现实因素

政策环境当中固有的支持贸易保护的偏见日益增长的原因有三个：

第一，压力集团(pressure group)①的成长。曼瑟·奥尔森在他重要的著作《国家兴衰探源》当中描述了把普通民众组织起来对抗有效的压力集团的难度。事实上那些看起来对每一个人都有利的集体行动常常难以实现。这种难度取决于压力集团的规模以及每个成员的预期利益，还有成员的要求得以实现的可能性。他令人信服地论证了如果政治条件相对稳定，则压力集团将会随着时间的流逝而增加。在二战刚刚结束的时候，工业压力集团在许多国家处于混沌不明的状态并没有形成规模，那时各成员方政府还没有过多地受到压力集团的干涉和束缚。其后的许多年间，随着越来越多的工业联盟和游说团体的成立，政府越来越受到压力集团的束缚。为了长期地逃避竞争压力，各个行业的说客们已经武装了起来，以应对一个又一个接踵而来的产业或行业的危机，这种情况必将继续下去。

第二，先例的力量。每次采取贸易保护措施的授权都创造了一个可援为先例的例子，这将导致新的保护措施的需求的产生并使这种需求难以抗拒。英美法是判例法国家，在先案件对其后案件有示范效力。况且，在当代社会公平的理念已经深入人心。如果已经对钢铁产业采取了保护措施，那我们又有什么理由来拒绝汽车产业呢？

第三，政府职能部门的增加。随着经济的发展，不仅经济领域压力集团随之发展壮大，连政府也必须要通过不断增加服务特定经济部门的政府机构来适应新经济的要求。我们可以观察到，在全世界范围内，政府的规模在过去的四十年中出现了前所未有的扩张。这已经强化了行政管理者上文所述的潜在的“客户主义”倾向，并使得政府部门从更宏观的视角来考虑特定经济部门的利益变得更加困难。

这些思考恰当地解释了GATT后期在国际贸易领域，传统的以关税为主题的贸易谈判显著受阻的原因。在关税与贸易总协定时期，关税谈判作为传

---

① 这里的压力集团实际上就是给政府施加压力要求对这些团体进行贸易保护的集团，即上文所述的既得利益集团。英文原文是 pressure group，为了尊重原意笔者在这里将其翻译为压力集团。

统贸易谈判的主要方式，已经成为了关税谈判的受害者。因为各缔约方普遍的做法是，把谈判对手的关税减让承诺作为自己做出相应妥协的对价来处理，而这种处理在经济学上是十分错误的。经济学理论认为，整个宏观经济，而不仅仅是贸易者，都将会从关税减让当中获益。所以不论相对方是否进行关税减让，各成员方都应当为本国的整体经济利益而进行关税减让。而关税减让早期的成功也反映了在国际贸易中还有许多可以进行有意义的妥协的领域。但是压力集团即既得利益集团的发展壮大和条块分割的政府部门的增加使这一切变得越来越难。

问题的关键在于，传统的国际谈判模式，即妥协——对价模式中的谈判者，由于国内压力，不得不以表面上看起来没有任何国内损失的方式来进行谈判并表现谈判成果。这种处理问题的方式把自己国际谈判中所做的让步隐藏起来，限制在了隐形的贸易壁垒当中，这些贸易壁垒以最轻微的保护主义色彩出现。同时，他们在国内的同事在以更隐蔽、更秘密的方式进行着贸易保护，保护效果未必比传统的关税壁垒差。但是无论是对国内民众还是对国外的政府和产业来说，都更不易察觉。

由于常常被用来保证特定利益以缓解国内政治压力，传统的谈判方式所得出的成果已经背离了国家的整体经济利益，而国家的整体经济利益正是整个谈判进行下去的基石。在这种情形下，多边贸易谈判只能带来虚假的贸易自由。事实上如果贸易谈判继续在这个层面上进行，我们所能做的只能是祈祷奇迹的发生。

一位美国国会议员这样描述谈判过程："产业政策就像导弹，你不得不拥有一枚导弹，这样当你的贸易伙伴发射他们的导弹时，你也能发射你的导弹。"①这并不是说多边贸易协定在本质上有什么缺陷，只不过是谈判的基础、谈判者的手段都已经变得没有意义。

在主要的工业化国家的范围内，都存在着贸易保护的政治市场。国家官僚体系的条块分割已经被认为是这种政治市场当中的供方。而压力集团即既得利益集团则是这个市场当中的需方。对于贸易自由化来说，非常重要的一点是，贸易政策的制定者对于贸易保护的政治市场当中的需方，对抗能力非常

① See *Industrial Policy: An Unfair Trade Practice?* Congressional Quaterly Weekly Report, Washington, D. C. :Congressional Quarterly, Inc. ,29 January 1983, P. 214.

的有限。正是因为如此，从削弱供给一方的力量入手，对于供方作用的抑制和消除对于减少贸易自由化的政治干涉是非常重要的。

第二节 贸易政策透明度的必要性

正像美国的学者默里·L·韦登鲍姆所说的那样："贸易保护主义盛行的根本原因是贸易保护是一小撮人利用政治程序来争取自身利益最大化的工具……从根本来说，解决贸易保护问题的出路在于把清晰的教育与强大的说服工作相结合。"①

一、作为政府职能的行政公开

当公众不能全面了解国际贸易谈判的国内影响的时候，谈判结果的不确定性就会使公众反对进行这些国际贸易谈判，而不会考虑这些谈判是否会增加国民福利。这些对谈判结果不确定性的恐惧和担心，被那些希望避免竞争和改革的人所利用。总的来说，贸易保护政策的既得利益者利用了公众的对不确定性的恐惧、对本国企业收益受损和产业工人失业等悲剧的同情。

一个国家的政府也应当了解国际贸易自由化可能产生的国内影响。这不单单对于制定政策而言具有非常重要的意义，而且对于制定这些政策的主体来说更有利于他们取信于民。因为如果在政策制定过程中加入此类信息，那么政府也会更容易取得公众的信任。封闭的决策体系只会导致民意的失控，丧失公众的信任。这是因为行政的秘密性通常意味着对更多的公权力滥用的授权。如果没有持续的公共审查，政府当局就会为自己留出更多的空间来解释什么是"公共利益"，也就大大增加了公权力滥用和执法任意性的空间。这样做的结果就是，既得利益者将会有强烈的欲望利用转型压力来改变官员的

① See Murray L. Weidenbaum, Responding to the Challenge: Corporate Governance, *Vital Speeches of the Day*, 2002, Vol. 68, P. 597. 默里·L. 韦登鲍姆在1981年—1982年间，受聘出任里根总统经济顾问委员会的第一任主席。其著作《全球市场中的企业和政府》已翻译成中文。

观念和获取公众的同情心，这样扭曲贸易的行为就可能得到政府的授权，从而变得合法。

这些要素共同作用，将不可避免地推动国内贸易保护政策的出台。而这些政策从本质上讲并不是维护公共利益的，而是服务于特定的少数既得利益者的。一般来说，行政机构的条块分割和对贸易保护成本的粉饰，表面上减少了在国内政策制定过程中没有受益个人和个体利益受损的成员的损失，而且看起来增加了贸易保护政策受惠者的利益。真正的危害和损失，可能要在很久以后的某个时刻才能被发觉。因此，建立一个对今日之行政行为的未来结果的问责机制对于国际贸易自由化来说显得尤为重要。隐瞒贸易保护的成本的行政行为，虽然在短期内对于经济增长和促进就业有立竿见影的成效，但是其对国民经济整体活力的损害已经造成。况且，其危害结果可能要在很久以后才会被发觉，而当时做出这样决定的政客和官员往往已经高升或离职。针对这样的情况，我们必须要建立一个对当下的行政行为的未来影响进行“追溯式”问责的机制。这是事后补救的办法，而且可操作性较低。因为，对于已经离职、退休官员来说，除非涉及刑事犯罪，否则不受到《公务员法》奖惩任免规定的影响。况且，对这些人的问责并不意味着损害没有发生。

防止损害，根本性的解决办法是事前预防。按照透明度原则的要求，在贸易保护政策出台以前、在国际贸易谈判进行当中，政府应当公布、通知自己的计划，发动从学者到商人再到普通民众的大讨论，并在此基础上做出科学的、客观的决策。上文已经论证了政府决策所需要的信息并不会在“政治市场”当中广泛地散播。政府提供这些信息的理论上的正当理由被曼瑟·奥尔森这样表述道：“正因为议员为特殊利益集团提供公共产品，所以这些公共产品的深刻影响并没有被公民很好地或完美地了解。”[①]更为重要的是，信息作为公共产品的这种情况不仅仅存在于惯常认为的市场机制不成功的情形下，在那些

① 这段话的英语原文是：Just as lobbies provide collective goods to special-interest groups，so their effectives is explained by the imperfect knowledge of citizens；and this in turn is due mainly to the fact that information and calculation about collective goods is also a collective good. 参见 Mancur Olson，*The Rise and Decline of Nations*，New Haven and London：Yale University Press，1982，P. 26.

有关信息仅仅为政府所掌握的时候也是如此。事实上，有关贸易保护的详细信息是政府不乐意提供的少数公共产品之一。

在贸易政策中，宏观经济视角和长远视角是否能够取得成功取决于政策的制定者是否具备了这些视角。这要求决策者在政策制定过程中不仅仅要考虑"客户"们的主张和要求，还要尽可能全面地考虑政策对整个经济体的影响。正如前文所述，政府和在政府当中拥有代言人的利益集团有很强烈的避免这样做的欲望，因此我们不能守株待兔或者等天上掉馅饼。国民经济的宏观、长远发展依赖于让国民了解贸易保护影响这个前提和为国内民众提供对贸易保护行为进行公共审查的程序。我们把这种程序称为"国内透明度"，即公开的、信息充分的政策制定过程。这在行政法上属于行政公开的范畴。

行政公开是行政法的基本原则之一，其基本含义是："政府行为除依法应保密的以外，应该一律公开进行；行政法规、规章，行政政策以及行政机关作出影响行政相对人权利、义务的行为的标准、条件、程序应依法公布，让相对人依法查阅、复制；有关行政会议、会议决议、决定以及行政机关及其工作人员的活动情况，除依法应保密的以外，应允许新闻媒介依法采访、报道和评论。"①行政公开原则的依据规定在我国《宪法》第27条第2款中："一切国家机关和国家工作人员必须依靠人民的支持，经常同人民保持联系，倾听人民的意见和建议，接受人民的监督，努力为人民服务。"

---

① 吴建依:《论行政公开原则》，载《中国法学》2000年第3期。行政公开重要性在于它是防治腐败最好的防腐剂。不公开、不透明的暗箱操作既是审判活动中滋生巨大腐败的温床，使得在其中许多环节上使权力的黑手有机可乘，也是引发行政相对人不满的直接原因：审判不公开、不透明。使得许多申请人和社会公众对审判结果的合法性和公正性产生了强大的不信任感。贯彻行政公开原则，实行行政公开，把政府的所作所为公开出来，将事情摆到桌面上，也就意味着监督可以从口头落实到实处，意味着原先罩在公民头晌主任的光环不在虚无缥缈，意味着行政领导人和手中拥有一定实权的人员利用职权索贿受贿，滥用职权谋取权利，从而推动廉政建设。因此，"暗箱操作容易滋生腐败，而公开行政是最好的防腐剂，已经成为法治国家的共识"。参见王名扬:《美国行政法》，中国法制出版社1995年版，第959页。

与中国的原则性规定不同①,1949 年德国基本法第 5 条规定:"人人有自由采访可允许报道的知情权。"美国在 20 世纪 50 年代根据正当法律程序原则制定了《情报自由法》②,直接规定了公民对政府文件的知情权,后来又通过了《阳光下的政府法》③,将行政行为的公开固定为政府的职能,并可就行政公开对政府问责和诉讼。凡此种种都证明了公开各项行政活动不仅仅是政治口号层面的宣传,它已经发展成为了一个现代政府所必须具备的职能。

行政公开在保障信息透明度方面有非常具体的作用。政府必须具备的信息功能有两个方面。第一,政府必须使自己的行为和意图为公众所知、改进自己行为的前瞻性和可预测性,简单讲就是政府必须履行自己的公告和通知职能。正如前文曾经引述过的《总统委员会联邦统计报告》中所指出的那样:"政治体系是应激性的,当选民认为危机存在的时候,它就必须对选民的担心做出回应。"在危机下所做出的决定,往往不能考虑决定本身的全面和长远的影响。尽管这个决定对紧密联系、互相依存的国内、国际经济关系所可能带来的全部影响有可能是非常负面的,但是在危急时刻政府往往顾不了那么多。选民的

① 西方国家由于受天赋人权、自由平等的启蒙思想的影响,很早就开始注重通过宪法来保护公民的基本权利。特别是从罗斯福新政以后,行政权的范围不断扩大,公民生活及社会运作的各个方面无不受到行政机关的控制和影响。而行政机关无约束地行使行政权很容易导致滥用并进而导致公民权利被侵犯。在这种情况下,监督行政机关、保障公民的权利的要求越来越迫切。因此公民的知情权被上升到基本权利的高度从而获得了宪法的保障也是情理之中。正因为如此,行政机关在其行政管理活动中公开自己的行为,接受群众监督,保证依法行政,便成为法治时代的要求。

② 《情报自由法》是规定美国联邦政府各机构公开政府信息的法律。该法于 1967 年 6 月 5 日由美国总统批准,同年 7 月 6 日(美国独立纪念日)施行,是美国当代行政法中有关公民知情权的一项重要法律制度。根据这一法律,政府信息公开是原则,不公开是例外。公众有权了解政府机构的活动情况、政府机构制定的政策、做出的决定、颁布的命令以及对某一问题形成的意见。美国公民享有从政府的档案馆、手稿馆、图书馆、报刊、杂志、电台、电视台、情报所、科研所获得信息,并利用信息的权利。这种权利不受年代的限制,无论有关信息是保存在档案馆里、文献中心的库房里,还是在政府机构的办公室里。

③ 《阳光下的政府法》是一部规定美国合议制行政机关会议公开举行的法律。依据该法,公众可以观察会议的进程,取得会议的文件和信息。该法于 1976 年 9 月 13 日由美国第 93 届国会参众两院通过,1976 年国会修订《美国法典》第五编"政府组织与雇员"时,将其列为第 552b 节。《阳光下的政府法》和《情报自由法》都是关于政府信息公开的法律,但前者侧重于合议制行政机构会议的公开,后者侧重于政府文件的公开。

注意力也会被眼前的危局所吸引，而无法保持明智的立场。政策的制定因此就变成一种应对某种意外或危机的行动，并且会经常性地打破游戏规则。

这对于市场的参与者、投资者来说并不是什么好消息，因为他们的投资不确定会有怎样的回报。政府行为和意图越透明，这种不确定性就越低，市场主体的积极性就越高，经济发展才会更健康。要想避免政府的政策制定过程被某些危急情势所裹挟，避免公众的集体行为非理性，要求政府强制性地公告自己的行为依据、行为程序和可能带来的影响是非常重要的。必要的时候，对特定的主体的通知义务也是不可或缺的。就像 WTO 的透明度原则要求的信息公开必须通过公告、通知、反向通知、咨询等不同的制度来保证一样。

第二个方面，也是更为重要的一点，政府应当推动公众参与。主权国家所制定的政策应当接受并适应全球经济一体化所带来的不可避免的影响。二战后对主权国家经济政策的理解发生了剧烈变化。这种变化不应当在公民不了解或不同意的情况下进行。只有政府才能对公民进行全球经济和经济政策制定理论的教育和启蒙；只有政府才能取得公民对本国积极参与全球经济一体化进程的同意和支持；只有政府能够引导民众进行持续的有关改革成本和收益的了解与讨论。

除了限制不正当的贸易保护、促进国民经济整体发展这个宏观目标以外，政府的行政公开和民众的公众参与还有三个具体的目标：首先，通过推动相关学科的科学研究，公众的讨论所带来的将不仅仅是更多的决策信息，还有知识的创新。这些知识的创新在透明度理论、贸易保护主义、行政管理的效率与正义等方面都已经取得了不错的进展。而这些知识正是制定一个科学的政策所严重缺乏的。其次，公众的讨论将会迫使政府以长远而宏观的视角来清晰阐述自己的理念，而这将至少从两个方面使我们获益：1. 改善条块分割的政府部门的官僚体系所采取的具体政策的协调性；2. 减少产业投资回报预期的不确定性。最后，这种讨论将在政治上支持政府拒绝贸易保护的主张。而对相关产业的拒绝将迫使他们把对政府游说的心灵手巧和无所不用其极，应用到经营方式改革和技术创新上。

有了公众参与的内容，国内透明度因此不再仅仅是对特定产业的贸易保护政策信息是否能为公众所知的问题。许多国家已经通过官方出版物如关税表格、期刊等来提供此类信息。但是这并不能有效地影响政策制定过程。透明度在促进贸易自由化当中所扮演的角色不仅仅包括提升国内特殊贸易壁垒的可见度，还包括提高民众对这些贸易壁垒的影响的了解度。这种了解理所应当地包括了贸易壁垒给国民经济带来的收益以及相应要付出的成本。

区分国内透明度和WTO的透明度条款也是非常重要的。WTO透明度条款是为了促进对每个国家是否遵守WTO条约义务和贸易谈判成果而设计的国际审查。WTO透明度条款包括了缔约方新的贸易措施的通知义务、与安全保障措施相关的行为的审查程序（包括为了收支平衡而采取的措施）以及除了关税以外其他被禁止的非关税壁垒在例外情况下的应用。WTO要求以可见的、有共识的方式进行与贸易有关事项的行政管理。这些条款把那些违反规则的国内行政行为纳入到WTO的司法机制的规制范围内，通过诉讼救济其他缔约方的利益。而国内透明度程序则是把决策的更广泛的影响纳入到政策制定过程中去。如果一国的决策体制足够民主，那么科学的贸易政策和通过WTO诉讼修正过的贸易政策相比，正面影响更大，成本更低，也更及时。

另外，必须要强调的是国内透明度在很多针对不当的反倾销反补贴、安全阀措施的诉讼，或者在那些针对基于GATT条款或国内法对其他国家施加不公平贸易行为的诉讼中，并没有得到很好的制度保障。即使有国际法上的透明度的约束，国内透明度并没有完善的国内法律程序的保障。尽管进行贸易保护的缔约方通常会提供形式上的公共听证，相关当事方也可以出席，但是决策的狭隘性导致了宏观经济视角下的公共利益并没有足够的展示空间。

经验证明随着国内利益主体不断地援引不公平贸易法来使他们的利益得到保障，这些反倾销、反补贴、不公平贸易程序会使得贸易保护主义行动稳步增加。在许多情况下，即便不成功，仅仅是援引这些条款，也足以破坏那些成为“众矢之的”的货物的进口计划。此外，上述程序的启动通常涉及一些非关税性质的边境措施，它们不属于反补贴协定所禁止的对特定产业进行补助的国内措施，但是对进出口却有着显著的影响。仅仅是有针对性的合法范围内的行政迟延，也会给市场主体带来额外的成本。再加上在边境环节所采取的保证金、审计程序、海关估价程序等行政措施的不透明，更会打击市场主体进行贸易的积极性。

二、提高贸易管理透明度的国际共识

改善对贸易保护政策的认识和了解，对国际贸易体系的重要性得到了国际社会越来越多的关注和认可。这已经被OECD的经济政策委员会的决定所证明。委员会将透明度议题列入积极改革政策研究计划当中，建立了一个研究政府改进国内补贴的透明度的研究小组，并认为更好的透明度将使所有的 OECD 缔约方受益。在一份预备性报告中，该研究小组指出一份完整列出补贴成本的预算是迈向透明度的第一步。① 不幸的是，多数的经济合作组织缔约方并没有走出这一步。“在大多数国家中与贸易保护或者政府补助相关的信息并不能从一个权威的官方渠道获得。这些信息被分散在了各种各样的财政收入和支付的报告、表格之中。通过公共渠道获得的贸易保护政策和各种补贴的数据常常是不完整的，而且这些数据所隐身于的浩如烟海的各种文件本身就是很难寻获的。”②

保障发展中国家在政策制定过程中的透明度的行动已经开始，世界银行首先行动了起来。从 1981 年开始，世界银行已经要求在它的“结构性改革贷款计划”项目中借款的国家必须评估本国政府对国内产业进行补贴对国民经济福利的整体影响。

在 1985 年 4 月，OECD 财长会议经过磋商，要求缔约方政府停止贸易保护并对抗持续的保护主义者的压力，给出了一个评估贸易政策措施的示范审核清单。大家寄希望于在附件 2 给出的“示范审核清单”。这将帮助政府在平衡冲突的利益的过程中做出理性的选择，以将损失和成本最小化，将效率最大化，并保证在那些限制贸易的措施似乎不可避免的情况下进行改革，以调和互相冲突的利益。OECD 审核清单由消费政策委员会和限制商业行为专家委员会在咨询了贸易委员会之后联合发布。在这个过程中，消费政策委员会在 1984 年举行了一个小型国际论坛，并给出如下建议：“缔约方应当鼓励对于他

① See OECD Secretariat, *Transparency for Positive Adjustment*, London: OECD, 1983.

② See George Eads and Edward M. Graham, Transparency: a Prerequisite for Positive Adjustment, *OECD Observer*, 1982, pp. 6～7. 报告中还说：造成这种局面的可能的原因只有两个，要么是政府不希望民众能够获得翔实的、容易理解的关于贸易保护的信息，要么就是在那些采取了一系列贸易保护措施的国家内缺乏搜集相关信息的动机和意愿。即使是在那些已经采取了一定的行政公开和透明度措施的国家，被公开的信息也被限定在特定种类的补助中。举例来说，美国财政部拥有针对某些个人和团体的翔实的减让税费的数据。与此相类似，拥有信息的主体存在于几乎所有有财政补贴的地方。然而主动将这些公之于众的例子却不多见。

们贸易政策措施的独立分析。当对这类措施进行审查的独立机构存在的时候,消费者代表应当有机会表达他们的观点。”

在1985年,时任关税与贸易总协定总干事阿瑟·邓克尔委托“七贤小组”①研究当时国际贸易体系面临的危机。“七贤小组”也在他们的报告中进行了相关的论述,来论证更高的贸易政策国内透明度的必要性。他们将自己对这一领域的建议总结如下:在每个国家当中,贸易政策的制定都应当置于公众的视野之下。贸易政策行为的成本和受益、现状和前景都应当通过“贸易保护的制衡脚索”②,即透明度程序的审查。国有的和私有的公司都应当被要求披露他们接受补贴情况的财政报告。公众对于“贸易政策公开”的呼声应当被培育并得到支持。详细的建议体现于《七贤报告》的15条建议当中的第1条和第8条,在第8条,专家们建议“应要求各成员方政府定期说明其总的贸易政策,并进行答辩。为此,一个可行的办法就是定期审查……”这奠定了WTO的贸易政策评审机制(TPIM)的基础。这份报告被后来的《八贤人报告》③附件一收录。

“贸易保护的制衡脚索”在研究小组看来是促进每个国家的国民对用财政补助和贸易保护措施的了解的一个桥梁。按照七贤人的观点,政府应当为了国内消费者和普通纳税人的利益遵守透明度的要求,而GATT秘书处仅仅扮演一个建议者的角色。研究小组建议审查、监督贸易保护措施的信息应当包括对贸易保护的成本评估、财政补助对其他行业和就业的影响。

“七贤报告”中给出的方法在某种程度上有助于改进国内透明度。它会确定无疑地增加有关贸易保护主义的信息的披露。但是,要想对国内市场上的贸易保护存在的“制度性的偏好”施加影响,就必须通过进行机构设置的制度性改革来实现。在现有的行政机构设置体制下,大多数国家都不可能实现透明度,因为这些行政机构就是应特殊利益集团的需要而设置的。

---

① 在英语中这个小组被称为Seven wise men。这个小组所提交的题目是《争取较好未来的贸易政策》的报告里提出了15项建议,主张建立更加开放的多边体制,从而奠定了乌拉圭回合的思想基础。这份报告又被称为“七贤报告”。

② 此处英语的原文为protection balance sheet。

③ 咨询委员会提交给总干事素帕猜·巴尼巴迪的报告《WTO的未来:阐释新千年中的体制性挑战》,由彼得·萨德兰等8人执笔。这同样是一份继往开来、影响重大的报告。

经验证明即使是通过改革行政机构设置改革，想要直接解决行政机构的条块分割和“客户主义”，也是极端困难的。乔治·普拉特·舒尔茨[①]和美国前财政部副部长丹姆在回忆他们在尼克松和福特当政时期美国的行政机构改革的时候指出，“尽管拥有两党在原则上对于行政机构改革的同意，但是政府把为利益集团鼓吹的机构合并到四个部门当中的改革，最后还是被现有的行政机关和既有的利益集团打败。而他们恰恰是改革所针对的对象”。[②]

这一主题在 1987 年 7 月到 8 月间举行的联合国第七届贸易与发展会议当中也曾经被提及。会议认为政府应当考虑在国家层面建立透明度机制来评估贸易保护措施以及这些措施的实施对国内经济整体的影响。会议指出“发展中国家也应当建立这样的机制，发展中国家出口政策中的透明度也应当被审查”。[③]

三、国内透明度的制度要求

什么样的国内透明度安排才能在不违背政府对国内政策的主导权的前提下符合 GATT 目标并达成改善国民福利的国内目标？

总的来说，任何这样的安排都需要提高公众对于贸易保护的风险和成本的认识。贸易保护政策风险之一就是政府的此类决策将会带来越来越大的过剩，包括产能过剩和需求过剩。透明度必须扮演好建议者的角色，确保决策者了解产能过剩和需求过剩的信息，以保证政府能够了解贸易保护对收入分配和整体经济表现的影响。有了这样的前提，政府才可能正确处理贸易保护问题。

为了满足这些要求，政府要履行的透明度的国际义务必须要包括满足下列标准的内容：

第一，建立能够对抗利益集团游说的政府部门行政绩效考核机制。政府部门的行政绩效考核，不能仅仅看他所服务的国民经济生产部门是否繁荣，以及这个经济部门作为“客户”对政府部门提供的公共服务是否满意。政府部门

---

① George Pratt Shultz，曾任美国劳工部长、美国财政部长和美国国务卿。

② See George Pratt Shultz and Kenneth W. Dam, *Economic Policy beyond the Headlines*, Norton, 1977.

③ See UNCTAD Secretariat, Final Act of UNCTAD Ⅶ, 1987, P131.

必须能够在一定程度上独立于国内政治压力，并能够避免产业专项性的国内行政体制所带来的弊端。政府部门的运行必须服务于整体的宏观的经济利益。国内政治团体和与特定产业、企业必定会为了自己的利益通过自己的代言机构向政府施压，但是政府有责任也必须有能力对抗这种压力。因此，应当建立一种以政府部门对宏观经济发展的贡献为指标的行政绩效考核机制。

第二，确保在透明度条款下负责审查贸易保护政策的行政机构，能做到“在其位，有其权”。负有透明度义务的行政机关应当拥有对于各种形式的财政补助和贸易保护措施的广泛的审查权。此外，政策制定者、立法者和社会公众应当广泛地沟通和交流那些对个别产业的财政补助的信息，并讨论其经济影响。

第三，履行透明度的国际法义务，必须要建立国内行政复议和行政诉讼制度。这种国内制度不仅仅是WTO透明度原则所明文规定的对透明度的救济方式，也是WTO的缔约方真正实现贸易政策透明的必经之路。无救济则无权利。没有对违反透明度原则的行政行为的行政复议和行政诉讼，那么贸易保护必然大行其道，透明度的国际法原则也荡然无存。

以上这三点，无一不是对政府行政权力的约束和监督。这种约束和监督既包括了对政府部门的行政绩效考核，也包括了对政府行政行为监督的授权，还包括了诉讼法上对违反透明度的行政行为的救济。或许有人会问，政府为什么要建立一个给自己找麻烦的制度？答案就是，这样的制度从长远来看不仅不会给政府找麻烦，而且还会使政府的行政目标更容易实现。

每一个政府知道自己的成功取决于整个经济的表现，而不是某些得到照顾的个别经济部门。对于这些特定经济部门的照顾会使得整体经济的成功更为不易。政府知道避免竞争和调整的国内利益已经能够阻挠国家福利政策的成功。政府应当在贸易和贸易保护问题上，把整个国家的利益放在个别部门利益之上，这会减少他们的政治成本。政府还应当知道，在某些情况下，对市场的干预严重扭曲了国际关系，包括与亲密盟友的关系。

认为增加公众知情权会使其受益的政府，在国际贸易的过程中更容易从透明度当中受益。他们能够同意进行与透明度相关的国内改革，这会提供国内改革的稳定性和持久力。

第三节 透明度原则的国内保障机制

要想更好地利用国家资源，关键在于公众对于真实情况的理解和在此基础上对政府决策的支持。要想了解真相，重要的是了解“在保护没有经济效率的特定产业的贸易政策和刺激国民经济整体活力的政策之间进行选择意味着什么”。[①] 以不透明的方式实施贸易行政管理，就给贸易保护留了可乘之机，贸易壁垒就得以在黑幕下大行其道，贸易者的积极性下降，资金、商品和人才不能够自由地流通，国民经济必然丧失其活力。只有富有活力的经济才能够允许政府改善社区卫生、教育、失业救济等，并且改善就业。

许多工业化的国家都热衷于研究保护主义的政策的影响。分析的或者实证的研究在研究机构、大学的学者和政府机构当中进行着。在美国有大量的机构经年累月地研究贸易政策以及这些贸易保护的成本之间的关系，并创造出了大量的学术成果。其中最有名的当属布鲁金研究所、美国企业公共政策研究学会和国际经济学会[②]。这三个研究机构都在华盛顿。在加拿大有坐落在多伦多的豪威研究所，还有在渥太华的公共政策研究中心和南北研究室[③]。在渥太华的这两个研究机构都是由公益基金来资助的。除了北美洲，在大西洋的彼岸也有一些著名的研究机构在研究贸易保护的成本和透明度的必要性。例如在伦敦的贸易政策研究中心[④]、国家经济与社会研究所[⑤]、海外发展研究所[⑥]。还有一些大学也在此领域颇有建树。例如美国的国家经济研究局

---

① See G. A. Rattigan, *Industry Assistance: the Inside Story*, Melbourne University Press, 1986.

② 国际经济学会在 1986 年出版的《美国的贸易保护——31 个案例研究》影响颇大。See Gary Clyde Hufbauer, Diane T. Berliner and Kimberly Anne Elliot, *Trade Protection in the United States: 31 Case Studies*, Institute for International Economics, 1986.

③ 南北研究室的一个典型代表作是《新保护主义的成本和结局——以加拿大纺织品产业为例》。See Glenn P. Jenkins, *Cost and Consequences of the New Protectionism: the Case of Canada's Clothing Sector*, Ottawa: North-South Institute, 1980.

④ 英文名为：Trade Policy Research Centre

⑤ 英文名为：National Institute for Economic and Social Research

⑥ 英文名为：Overseas Development Institute

就资助了很多大学的研究计划。英国政府也在二十世纪八十年代成立了经济政策研究中心以激励大学的此类学术研究。对于贸易保护、非关税壁垒和贸易政策透明度的研究也是国际经济组织关注的热点，世界贸易组织、经济合作组织和世界银行都发表了相关的报告。①

要想保证透明度的实现，必须保证国内贸易管理的透明。这种透明不仅仅需要进行国内行政改革来对抗贸易保护政策的既得利益者，还需要对透明度的救济。这不仅仅是为了满足法理意义上无救济则无权利的要求，也是对违反透明度行为的纠正。

一、负责透明度审查的国内机构

许多国家都设置了对贸易保护政策进行审查的国内机构，这些机构审查贸易政策的透明度，这也是作为整个政策制定过程的一部分。OECD的《积极改革的透明度》②报告中考察了12个国家对透明度权力的归属的规定。在OECD看来这些机构都是准法律性的，包括澳大利亚和新西兰的为政府提供科学关税建议的委员会，包括处理国内产业补助要求并处理不公平贸易事务的加拿大关税委员会和美国的国际贸易委员会。

无论怎样，美国的国际贸易委员会拥有很多作为一个国内透明度机构所需要的特质。根据1974年的《贸易法案》，美国关税委员会在它之下设立了国际贸易委员会。该法案包括了避免将该委员会政治化的详尽而复杂的程序，并给予国际贸易委员会在执行上一定程度的自由裁量权。国际贸易委员会的预算也不在总统办公室的控制范围之内。国际贸易委员会负责组织公众听证

---

① GATT秘书处的报告：Richard Blackhurst, Nicolas Marian and Tumlir, *Trade Liberalization, Protectionism and Interdependence*；WTO秘书处的报告题目是：《Future of WTO》；经济合作组织的报告是：*The Case for Positive Adjustment Policies* (1979)；*Positive Adjustment Policies: Managing Structural Changes* (1983)；*Transparency for Positive Adjustment: Identifying and Evaluating Government Intervention* (1983)；以及 *Cost and Benefits of Protection* (1985)；世界银行的报告是：Carl Hamilton, *Effects of Non-tariff Barriers to Trade on Prices, Employment and Output: the Case of the Swedish Textile and Clothing Industry* (1980)；L. Alan Winters, *Negotiating the Removal of Non-tariff Barriers*.

② See *Transparency for Positive Adjustment: Identifying and Evaluating Government Intervention*, OECD

会，并以年度报告的形式汇报他的工作。

这些年度报告显示，国际贸易委员会对于那些面临着进口竞争的企业所受到的伤害忧心忡忡。到1981年财政年度为止，国际贸易委员会关注的80%的案件都与反倾销或者报复措施有关。在保障措施条款案件中，国际贸易委员会的调查限于生产相同或竞争产品的国内产业是否已经或者有可能遭受到了产业损害。只要委员会发现进口的增加已经成为国内产业严重受损或者受到损害威胁的原因，就会授权进行“解围行动”——为那些受到外国产品影响的国内生产者解围。

1974年《贸易法案》所提供的保障措施条款的启动，并以外国政府或企业违背关税协定为前提。换句话说，即使来自外国的产品、服务没有违背该国的关税承诺和WTO法的规定，美国的国际贸易委员会仍然可以启动保障措施。这就比1962年《贸易扩张法案》所规定的门槛低了很多。这种保障措施条款的存在使得一些委员会的委员近来变得更像是一个保护主义者。实际上，发生了变化的是法律条文所列明的原则和标准，而不是国际贸易委员会和它的委员们。因为1974年《贸易法案》的相关条文事先已经列明可以采取贸易保护行为、贸易保护可以增加的情形，而国际贸易委员会的职责范围限于相关产业以及国内产业所遭受或可能遭受的损害。因此，国际贸易委员会更倾向于进行贸易保护，对国内透明度的潜在的贡献就相当的有限。

从1970年开始，欧盟已经不再对其缔约方的普通商业政策负责。共同体的贸易法律包括反倾销措施、补贴和反补贴税、紧急情况保护和一个“新的商业政策机构”。该机构在上述四个领域当中给所有的当事方，从企业到产业协会到政府，提供阐述他们观点的机会。企业、行业协会和所有利益相关当事方提交自己的观点和立场没有任何固定的形式要件。由于这些表达立场的信息并不是政府的公开的文件，所以也没有相应的记录可供查询。该机构会在不泄露商业秘密的前提下公开自己搜集的信息。这样相关的利益主体可以合理地得到有关的决策信息。尽管该机构的多数决定可以被质疑并可以在共同体的部长会议上被审查，但是这样的程序的透明度显然是不充分的。

二、若干国家对透明度审查的有益尝试

很多国家在政府内部就设置了对贸易政策的常规审查程序，这种程序在他们自己看来不限于特定的产业。在联邦德国，1967年的《发展与稳定法案》

要求联邦政府每年两次地对补贴政策的趋势和特点加以总结，包括补贴的目标和补贴的影响的评估。处理大多数联邦政府提供的补贴的两年一度的报告将补贴按照部门和目标进行分类，但是报告并没有提到边境措施。

法国对于产业补助的系统的报告是《企业补贴的议会报告》。该报告审查了补贴的主要的种类和所产生的影响。然而，这些报告没有包括任何经济分析，而且仅仅包括了财政补贴。发现并分析政府政策对经济的影响的任务就落在了议会、大学、研究机构、雇主集团和公共企业身上。

对英国政府所提供的有选择的补助的评估由政府内部按照《1972 年工业法案》的规定来进行，工业与贸易部评估各种各样的项目的净影响。这些评估不一定会出版，但是它们对政策的形成产生重要的影响。

建立欧洲经济共同体的《罗马公约》的第 92 条到第 94 条是有关于基于国家目标的授权。这些条款确保在任何一个缔约方内，企业不会得到特殊的照顾。根据第 93 条，欧盟委员会审查缔约方的个别援助动议，并邀请其他缔约方对该动议进行评论。这些工作通过在决策前在官方期刊上发表动议和评论的细节来完成。

在美国，经济顾问委员会负责向总统报告不同政策的经济影响。OECD 指出由于资源和时间的限制，经济顾问委员会总体上来说没有就经济命题提供全面的成本收益研究，但是这毕竟向决策者提供了政策的经济影响力的信息。在 1985 年 12 月，这种对决策者提供的信息被证明是十分重要的，当时《纺织品与服装贸易强制法案》在美国的两院都已经通过，但是总统行使了总统否决权。经济顾问委员会已经预言，该法案将会导致国内消费者每年多花 1400 万美元在服装上，相当于每获取一个工作岗位纳税人就要损失 14 万美元的利益。

同样是在美国，国会预算办公室——国会内部常设性的专业研究机构——研究现有的和将来可能的预算问题，出台了很多关于美国在二十世纪七十年代的“贸易改革补助计划”的详细的分析，从而使得此类项目的出台变得更为严格。近来，国会预算办公室的一份报告对于向纺织品和服装、钢铁、鞋类和汽车产业提供保护持批评立场。

在加拿大，联邦政府推出了一个“支出与政策管理体系”。在体系下，五个相互关联的委员会在他们各自的职责之下对政策的制定和管理负责。委员会所拥有的资源有限，所以每个政府部门必须把自己的计划主动提交到相关的委员会当中。这就保证了每个政府部门在提交自己的计划、接受公众审查之前必须仔细地研究和推敲。主要的政策观点由政府内部的团队负责，这些团队调查经济效率、收入分配和改革成本。有时候这些审查的结论是公开的。

在瑞典，政府的政策和行为的全面公开是非常重要的。劳工部和工业部委托的专家组负责研究相关问题，包括政府措施的影响。专家组的成员来自于政府、企业、贸易联盟以及学术机构。

这些情况，虽然和仅仅研究贸易保护比起来更注重政策制定过程，而且也不会局限于狭隘的法律标准，但是仍然没有把对贸易保护的报告建立在法规的基础之上，而且也不全面，没有发挥对公众参与的教育功能。我们并不是要对这些情形持批评立场，毕竟这些机制并不是为了改善透明度而设置的。

与国内透明度相关的国内机构的调查表明大多数国家的现有情况是不乐观的。一个极端是，在缔约方国内存在着私人的、半政府的或者国际的组织，他们针对某一选题提出针对性的报告。这些报告一般具有宏观经济视角，但是对于决策者没有产生影响力，对于公众参与到决策过程中来也没有推动作用。另一个极端是国内存在着大量的准法律机构，这些机构致力于依据相当有限的国内立法，为特定的经济部门寻求政府和公众的支持。这些机构，有些会有公开的程序，但是他们的宗旨倾向于生产者的立场，限制为贸易保护承担成本的广大的社会公众的权利。

在这两个极端中间，既有具有宏观经济视角的机构，同时这些机构又拥有对决策者和社会公众的影响力的有两个例子。一个是澳洲工业援助委员会，该委员会已经得到了 OECD 的特别关注。另一个是新西兰的经济发展委员会。这些机构的存在表明在贸易和国内产业政策中的国内透明度是可能实现的，并且国内透明度的价值也是为各成员方政府所认可的。

澳洲工业援助委员会建立于 1973 年，是为了给政府向困难工业提供财政补助提供建议并帮助公众对贸易保护政策进行审查的机构。澳洲工业援助委员会有两方面的职能。第一，它被要求对是否向特定的企业或产业发放补助给出咨询意见；第二，该委员会还必须每年报告政府的贸易保护政策对澳大利亚经济产生的整体的经济影响，尤其是不会浮在表面的那些内在影响。虽然该委员会更多的只是讨论在什么条件下应当由政府发放补助，并且该委员会也是被纳入行政体制之中，但是其还是通过认真的研究和谨慎的审查保证了澳大利亚政府贸易政策的透明度。

新西兰的经济发展委员会是在借鉴澳大利亚工业援助委员会经验的基础上，在1986年根据一项议会法案设立的。该委员会设立的初衷是为了调整政府的政策、把握宏观的经济发展并增加贸易政策的公共信息。该委员会被设计成一个独立的机构，旨在增加政府政策制定过程的可问责性，并将其公之于众。该委员会有一名主席和四名全职的委员构成，主要职责是对新西兰政府的经济干预政策提供建议，并提供更宏观经济视角下的审视和反思。

尽管新西兰经济发展委员会在很多方面与澳洲工业援助委员会非常相像，但是二者却有着重要的一点区别。澳洲工业委员会的职权更依赖于政府，体现为只有在政府请求委员会给出意见的情况下，澳洲工业援助委员会才可以发表自己的意见。但是新西兰经济发展委员会无须政府的要求，自己就可以启动对政府行为的听证和审查，主动性更强、独立性更大，对政府贸易保护行为的约束也就更有效。

三、设立标准与外部监督

正如本章的第一节和第二节所分析的那样，国际经济危机通常带来国际贸易摩擦，而国际贸易摩擦往往促使缔约方政府做出不透明的国际贸易管理安排。因为不透明的贸易管理，对于政府而言成本较低且能够达到短时间内改进经济情况的效果。因此，要想实现贸易管理的透明度，必须要弄清楚国际贸易摩擦的内在因素，才能明白缔约方政府进行贸易保护、做出不透明的国际贸易管理安排的原因。到此，透明度原则在各缔约方国内的作用机制才能被搞清楚。在国内机制的基础上，透明度的实现还要靠WTO透明度原则的适用。这种适用不仅仅是在司法机制中的适用，更包括了在各成员方入世承诺书、WTO的各项条约当中所列明的要求。

WTO透明度原则在这个过程中扮演着不同的角色。对于那些没有透明度立法的缔约方而言，透明度原则的存在意味着透明度必须进入到他本国的国内立法当中，否则将无法加入世界贸易组织的游戏。对于那些有透明度立法的缔约方而言，透明度原则给出了一个标准。这意味着，与贸易相关的国际贸易管理信息必须充分，发布信息和公众参与的程序必须正当。对于所有的WTO缔约方而言，透明度原则是对他们本国履行透明度义务、提高国内贸易政策透明度的监督机制。依据透明度原则，WTO要通过贸易政策评审机制周期性地审查各缔约方的国内透明度；要通过争端解决机制就违反透明度原则的行为做出裁决。这对于所有的缔约方来讲都是平等的。只有国内透明度和 WTO 法层面的透明度相结合,才能保证整个国际贸易的顺利进行。

既然透明度为跨界管理体系提供了基础,而且有利于提高国际贸易治理的效率,那么我们可以采纳一些必要的策略来增加透明度。第一,可以强化缔约方主动报告的动机、愿望,同时减少各缔约方不报告的动机。第二,秘书处除了在会议上收集和分发缔约方报告以外,应该更多地对此进行分析并发布。第三,应当实质性地奖励那些报告得好的缔约方。第四,应当去除不利于报告的因素,必须放弃对于主动报告信息的缔约方的敌对立场。第五,应当在鼓励报告的同时,增加报告的可行性。许多国家和组织都是改革了管理和报告的法律上和实务上的障碍和藩篱。第六,最简单的办法是向缔约方提供清晰、简单的模板。这一点上,WTO 的做法非常可取。它要求缔约方公布与贸易有关的法律规范性文件,将可能影响其他缔约方贸易利益的法律文件通知给缔约方和特定机构,定期或不定期向特定的机构报告自己国内的贸易政策和做法以及它们的重大变更,设立咨询点,并建立贸易政策评审机构发布贸易政策评审报告。

第六章

透明度原则对中国的影响

透明度原则是从美国国内行政法引入WTO法的法律概念。直到今天，西方国家在透明度原则的遵守和透明度义务的履行方面仍然是做得比较好的缔约方。在金融危机下美国总统批准了政府拯救银行的计划和实体经济的救市计划。该计划因包含"买货就买美国货，雇人先雇美国人"条款①而闻名于世。尽管这种贸易保护的做法备受争议，但是白宫很快宣布将建立一个专门的网站公开救市计划的资金使用等信息，很好地体现了透明度原则的形式要求。

透明度原则对东方文明国家也产生了深远影响。从历史发展的角度而言，这是由于越来越多的东方文明国家在世界经济格局当中占有一席之地。二十世纪七八十年代，以日本为首的亚洲四小龙创造了经济高速增长的奇迹。从九十年代开始，中国加入到国际经济体制当中来，并在国际贸易额、国民生产总值等统计指标上，迅速地超越了法国、德国等传统经济大国。而印度也紧随其后，占据了"金砖四国"当中的另一个席位。这些国家的发展都体现出这样一个共同点：经济的高增长伴随着国际法对国内法的冲击与改造。这些国家有着不同的宗教信仰、民主体制和立法、司法传统，但是他们对在国际经济体制下借助国际贸易快速提高自己的经济实力有着强烈的渴望。于是他们或者自愿，或者半自愿地按照国际条约的要求改造自己的国内贸易管理体制和相关的国内立法、司法制度。透明度原则在这些东方国家的适用，是它作为国际法原则影响的重要内容。

① http://finance.sina.com.cn/world/ggjj/20090215/08575856852.shtml，下载日期：2010年3月19日。

从内容上讲，透明度对东方国家的影响是非常广泛的。它既在全球范围内推动了民主理念的传播，又促进了行政治理主体的多元化；它既能够把阳光洒在行政管理领域，也能够使传媒与选举制度相互作用保证民众的知情权和监督权。总的来说，在法律和法学的范畴内，透明度对这些新兴的经济体的影响，可以分为两个环节：一个是由于履行透明度原则的国际法义务引发的，或者说与透明度原则相关的立法环节改革；另一个是为了履行国际条约义务和执行本国透明度立法而进行的机构改革。

透明度原则在什么样的范围内以什么样的方式影响了谁，这无疑是个庞大的系列命题。出于本书篇幅、结构的考虑，最主要的是由于作者的驾驭能力有限，此处仅就透明度原则对中国的影响，试论述一二。本章将从先于中国经济崛起也同样先于中国遭遇透明度原则阻击的日本入手，描述其遭遇的困境和进行的立法、执法改革。这说明中国对透明度原则的不适应，并不是全球特有的问题和困境。在此基础上，从共性的原因入手描述中国适应透明度原则所进行立法改革和机构改革的过程，再从档案制度、行政决策过程的公众参与、行政公开制度、外汇法律制度等几个具体的领域分别进行论述。

第一节　前车之鉴

如前所述 WTO 透明度原则的影响是深远、广泛而普遍的。日本经济在上个世纪经历了一个迅速发展的腾飞期和到今天为止都没有结束的缓慢下降的滞胀期。在日本的经济腾飞期，日本的商品占领了全球市场，日本的资本四处出击，甚至一度有日本购买整个曼哈顿的传言出现。日本的经济腾飞与落后的贸易管理制度之间的矛盾在关税与贸易总协定当中被凸现出来。GATT 时期所有的透明度原则案件都以日本为被告就说明了这一点。日本在面对来自美欧的强势挑战时选择了退让，在国际金融领域与美国签订《广场协议》直接引发了日元的巨幅贬值；在国际贸易领域中，不仅在与透明度原则相关的问题上节节败退，而且在相当长的时间内通过与起诉方签订“自愿限制协议”的方式解决摩擦，通过牺牲自己的全球市场份额和发展空间来换取其他的政治、经济利益。

当一个新兴的贸易体试图打破原有的国际贸易格局、一个新兴的市场经济体不断增加其在国际经济格局当中的比重，原有的国际贸易强国和国际经济强国必然会利用原定的贸易规则和法律制度对后来者进行打压。这种打压有时候可能不是故意而为之，是双方以自由贸易为名争夺全球资源和全球市场的结果。更多的时候，我们无法否认这种打压背后确确实实存在的大国博弈现象。于现在的中国而言，面临着与经济腾飞期的日本相似的问题。一方面，众多国家将贸易救济措施的大刀对准中国，中国成为双反调查的重灾区；另一方面，中国的和平崛起①决定了中国不可能回避贸易摩擦和争端，必须突出重围在既有的国际贸易法律体系下维护自己的发展空间，在新的国际贸易秩序和国际经济法律制度制定过程中发出自己的声音。

在透明度原则对国内的影响的问题上，日本和中国还有着更高的可类比性。他们一个称雄于七八十年代，一个至今仍在努力复兴。从法制传统来看，日本和中国无疑也是最有代表性的，日本是通过明治维新，由天皇主导开始了法制现代化的进程。中国则是在强烈的外发因素刺激下，由政府主导的法制现代化过程。二者的法制现代化都经历了西学东渐的过程，都与本国的法律传统、立法体系和行政执法机构改革息息相关。因此，研究透明度原则对中国的影响，笔者认为日本的经验和教训是必须要研究的内容，姑且称之为前车之鉴。

一、日本与透明度原则相关的立法

日本是属于儒家文化圈的东方国家，也是上个世纪中后期经济快速崛起的亚洲四小龙之一。与其所取得的经济成就不相称的是，直到今天，日本政府的许多文件和档案仍然不受法律的监督和审查。日本法专家、纽约大学法学院的弗兰克教授就认为“日本不应当被认为是西方法律传统下的法治的范本，

---

① 这个词汇最初由中共中央党校的副校长郑必坚在2003年的博鳌亚洲论坛上提出，后来有温家宝在国际会议和访美期间反复重申。这已经成为第一个由胡锦涛和温家宝领导的第四代领导人的外交政策。为“崛起”一词在外文翻译中可能会有武力征服的意味，与中国政府本意相背离，在该政治口号正式提出后不久，有国内理论学者提出修改为“和平发展”，避免为“中国威胁论”推波助澜。因此在2004年后半年，“和平崛起”一词在新闻、教育等政治宣传中逐渐淡出，并改为更低调的“和平发展”。

而是一个以和谐与共识统治的社会，一个通常以非正式的机制来解决争端的国家”。①

日本的行政管理文化植根于十九世纪的普鲁士法。日本的政治历史是以作为“国王奴仆”的幕府的绝对权威为标志的。因此，研究日本的贸易管理规则透明度和政府责任，必须要在这种政治历史的大背景下进行。松井茂记认为，“作为普鲁士法律传统的分支，日本国会给予了政府中的行政机构以相当广泛的自由裁量权，并且少有行政复议和司法审查”②。日本行政管理的另一个显著特征是行政管理机构倾向于通过行政指导来施加对商业活动的影响。众所周知，行政指导是一种非典型的行政行为，这种控制方法不受传统意义上行政法和行政诉讼法律的规制。虽然行政指导的影响巨大、不容公众忽视，但是法院却难于控制这匹脱缰的野马。出于这些原因，在日本很少有行政法的诉讼。

在WTO透明度原则的扩张下，在日本贸易团体的强大压力下，这种以行政指导行为为贸易管理主导凡事的传统开始缓慢地转变。日本的贸易团体频繁地使用WTO争端解决机制来处理日本的国际贸易规则议题。这些原告方有力地推动了日本政治和法律改革，这些改革影响了日本的国内法律程序和它的外贸政策。

日本这种违反WTO透明度原则的做法，可以通过选择性适用理论对日本国内的实践分析加以解释。日本崛起并发展成为主要贸易国家、世界第二大经济体，与日本这个国家独特的法律和政治文化息息相关。这种文化包括：对经济活动的官僚主义的行政管理；倚重传统的非正式的经济秩序而不是正式法律制度和行政程序。但是WTO的贸易规则、争端解决机制和其他的缔约方对日本的激烈的反对态度③促使日本的政府和重要的日本企业开始反思自己的认识。因此，在十九世纪九十年代中期，日本把向WTO体制转变作为

---

① See Frank K. Upham, Ideology, Experience and the Rule of Law in Developing Societies, In: *Meoliberalism and Institutional Reform in East Asia; A Comparative Study*, Ed. Meredith Jung-En Woo, Palgrave, 2007.

② Shigenori Matsui, *Business Law in Japan*, In: A Guide to Business Law in Asia, Eds. Biukovic and Potter, Canada: Lexis/Nexis, 2008.

③ 尤其是美国，在一系列案件中起诉日本政府对商业的这种控制，认为这种控制是不合理的、对经济有害的并且是违背国际标准的。

推动自己经济利益的手段加以重视和强调。日本借此得以强化了其作为世界第二大贸易体的地位,而且开始了作为第二大贸易体遵守 WTO 义务的一系列改革。

如上所述,日本对 WTO 透明度规范的违背,部分是由其文化的特殊性导致的。这种特殊性在选择性地适用透明度规范的过程中扮演了重要角色。在十九世纪九十年代晚期,日本发起了规则和行政管理改革。改革包括了法律教育和民事程序。作为改革进程中的一部分,由行政机构支持的《信息公开法》在 1999 年被修改并于 2001 年正式生效。这部法律强化了为了取得更大的透明度而由政府机构公开的信息相关的权利和义务,但是在使透明度原则使用于日本本土环境的问题上(互补性要素)仍然保持谨慎。国内法当中的透明度原则的发展不仅仅符合了 WTO 规则的义务要求,也促进了日本的积极法律主义的发展,扩大了日本在世界贸易体制当中的利益。[①] 这部成文法是以美国的《信息自由法案》为模本,它详细规定了公开企业文件和公开合并行政主体的运转信息的权利和义务,以保障它们的可信性。但是这部法案并没有要求行政主体主动地制作和公开文件,它只提供了曝光信息的请求权和对政府机构的问责。这虽然也是一个显著的进步,但是和行政主体主动公开相关信息相比,曝光信息的请求权显然是一种被动的制度设计。这种信息公开体系的适用并没有在"实质上"[②]打造一个更公开的政府。

二、日本负责透明度原则事务的政府机构

作为上述立法改革的一项成果,贸易和投资行政监察专员办公室(OTO)开始调查对政府规则的投诉。贸易和投资行政监察专员办公室成立于 1982 年,并且在 1994 年进行了第一次改革。这次改革是通过设在内阁办公室下面

---

① See Kellee Tsai, Saadia Pekkanen, *Japan and China in the World Political Economy*, Routledge, 2006.

② See Lawrence Repeta, Local Government Disclosure Systems in Japan' 16 The National Bureau of Asian Research Executive Insight, http://www.nbr.org/publications/specialreport/pdf/EI16.pef,下载日期:2009 年 12 月 1 日。

的市场准入行政监察专员委员会[①]的设立进行的。该办公室提供了解决内外国公司提出的商业性投诉的行政法机制,这与美国的国际贸易委员会的职能相类似。改革意在解决日本的政府规章给市场准入和投资造成的阻碍。OTO现在系统地公布在日本提起的商业性投诉的数据,提起投诉的主体可以是国内外的个人、团体和企业。

总的来说,2001年法案对政府规则的投诉的公开和相关的制度改革在行政管理层面上改进了透明度。但是,在日本完全彻底地贯彻透明度原则还受到其他许多因素的阻挠。WTO的贸易政策审查机构在2002年指出:"在日本国民经济的某些领域,如农业,仍然是被过分保护、与国外的竞争相隔绝的产业。这导致了在该领域缺乏透明度,存在复杂的国家标准、关税结构和动植物检验检疫措施(包括隔离措施)。"[②]这种现象的产生,主要是由于日本是世界上最大的粮食进口国,而SPS协议则主要是为了平衡市场准入、非歧视和国家的规则主权和法律利益。

为了遵守其在SPS协议下的条约义务,日本发动了大量的规则改革并建立了符合附件B的国家机构。例如,日本的国家咨询点设在了外交部的国际贸易处经济事务办公室。但是,尽管关于动植物健康、食品安全的政府机构、立法和程序的详细信息可以很容易地被获取,但是相应的英语版本的信息却并不健全。这是必须要改进的地方,因为这样才能给外国政府和企业提供获取信息的途径。

日本可以采取建议措施的最高级别的国内行政主体是福利劳动健康部以

---

① 市场准入行政监察专员委员会,Market Access Ombudsman Council,Ombudsman原意较为宽泛,是指公众或某个团体的"代表"或"代理人"。由于Ombudsman制度与我国的人大监督、信访、督察、监察、巡视等很多制度均有联系,因此汉译也不够统一,现有翻译主要有"监察专员"、"议会监察使"、"议会监察专员"、"申诉专员"、"纪律检察官"等。瑞典是Ombudsman制度的创始国。1809年,瑞典议会从"具有杰出法律才能和秉性正直的人士"中选举一人担任监察专员,代表议会来监督政府官员,调查公民对法院和行政机关的投诉,以限制国家工作人员的不合法、不公正行为,在世界上首先建立了监察专员制度。

② 贸易政策评审机构对日本贸易保护主义和对日本违反SPS隔离措施规定的做法的批评,与美国诉日本的多个贸易争端案件中美国所持的立场一致。这在日本农产品案的上诉机构报告、日本影响苹果进口的措施案的上诉机构报告当中都有所体现。参见2002年日本贸易政策评审报告,http://www.wto.org/english/tratop_e/tpr_e/tp_rep_e.htm#bycountry,下载日期:2010年3月6日。

及农林水产部。前者主要关注食品安全的行政管理，后者主要负责动植物健康。关于食品安全的立法——《食品安全基本法》主要由条例、法规、程序和信息构成，也包括了与国家、地方政府、企业和消费者相关的普遍适用的条款。它也规定了食品安全委员会的管辖权与责任，委员会是个独立的机构，负责风险评估以及处理食品导致的晋级状况与事件。正因为是关注食品安全，所以动植物的保护就被放在了首要位置上，而外国政府和公司想要获取信息仍然是比较难的，因为大部分的文件都是日语的。

自从适用 WTO 规范成为一件对于日本政府和国家重要企业而言的首要任务，他们的国际化就已经开始包含建立一个充分的制度结构并执行行政管理改革，还很显著地改变了法律教育。新的法律教育方法是为了改变政府机构、商人、法律实践者和学者，以及公众的态度，减少国际法和本国法的冲突。换句话说，日本对透明度原则的选择性适用是因为缺乏对这一法律原则的共识。这种情况现在已经通过影响广泛的行政管理改革和法律教育改革得到纠正。日本政府和关键产业要在全球市场中加强国家相关经济力量的雄心造就了日本对国际规范和国际规范的全球化的遵从，透明度就是其中的例子。

第二节 透明度原则对中国的影响

一、入世议定书

中国申请加入 WTO 并发动了一系列法律体系上改革，尤其是在它的规则透明度和行政法方面。首先，《中国政府入世议定书》的第一章第二节 A 部分第 1 段至第 3 段指出世贸组织协议和议定书对于中国的所有关税事务都可以适用。另外，它授权统一中央和地方两个层面的法律、法规及其他措施。第一章第二节 C 部分第 1 段至第 2 段要求中国遵守 GATT1994 第 10 条的义务，“在指定的官方刊物上公开其有关货物与服务贸易、与贸易有关的知识产权和汇率相关的信息，以保证相关的当事方在措施实施之前有合理的异议期间，同时使这些措施能够被其他 WTO 缔约方及个人和企业所知晓。”①另外中国必须把相关的法律法规和其他拟采取的措施翻译成一种或多种 WTO 官方语言。议定书还要求中国建立行政审查和司法审查机制。换句话说，议定书要求中国进行行政管理和法律改革以符合 WTO 规范的要求。在地方层面遵守 WTO 义务还是个问题，尤其是在那些地方政府相对较为独立的地方。

中国的议定书至少在四个层面上超标准地达到了 GATT 第 10 条的要求：第一，使用的范围更广（在中国透明度适用于货物与服务贸易、TRIPs 和汇率问题）；第二，在实施之前公开，并允许对被提起的法令提出异议；第三，所有的法律都是未经公布没有效力（与 GATT 第 10 条相反，第 10 条仅要求在增加贸易壁垒的时候必须事先公布）；第四，创设了一个有期间限制的咨询点。另外，议定书中的司法审查的承诺也超越了第 10 条要求的对所有行政行为进行及时的审查。

许多学者质疑中国达到这些复杂的透明度要求的能力，这种质疑部分是基于对中国法制史的考察。首先，中国的法律传统自古以来就是诸法合体、刑民不分。地方政府既是行政行为的实施者，也是民事诉讼和刑事诉讼的主导者。在这种体制下，行政法除了在唐朝的《唐六典》中昙花一现，在五千年历史长河当中的大部分时间都是默默无闻的。行政法当中规定的行政主体资格、行政执法程序与责任等重要的法律制度发展得并不完善。其次，厌讼的立法与文化。封建统治阶级及其思想家，一直把“无讼”作为政治清明的一个标志。孔子就说过：“听讼，吾犹人也，必也使无讼乎！”②刑事与民事诉讼尚且如此，行政诉讼的情况就更不容乐观。有些朝代的立法规定：百姓若要告官员，则在诉讼开始之前首先要受杖责；如果不能告成，还要落个诬告陷害的罪名，并从重处罚。几千年的封建统治，锻造了中国民众非同寻常的耐受力，在百姓当中世代相传的箴言是“民不与官争”。民众利用行政诉讼程序来救济自己的权利的意识非常淡漠。第三，官本位的思想。官本位体现在公共权力的运行以“官”的利益和意志为最根本的出发点和落脚点；严格上下层级制度，上级对下级拥有绝对的权力；以是否为官、官职大小、官阶高低为标尺，或参照官阶级别

① 《中国入世议定书》，http://gb2.chinabroadcast.cn/1908/2003-9-9/115@305003.htm，下载日期：2010 年 3 月 12 日。

② 语出《论语·颜渊》。

来衡量人们社会地位和人生价值的社会心理；在此基础上形成的敬官、畏官的社会心理。

实际上，WTO、世界银行以及OECD的报告持续地批评中国的行政法缺乏透明度、对商业活动过度管制和广泛地使行政改革优先于政府加入世贸组织的报告书。

二、传统与观念的碰撞

（一）中国的政治传统

中国过去数千年历史经历了从夏商周三代封建制，到秦汉至清朝中央集权制的发展。“尽管中国的马克思主义史学家一直以人类历史五阶段学说来硬套中国史，并用以判断自己所在的历史阶段和建立自己的先进性论说，但中国史自身的问题和逻辑却无时无刻不在影响着它所面对的中国社会，并实际影响着中国的政治和政策形态。”[①]中国史自身的系统建立在古代相对稳定的夷夏关系及其天下秩序、圣贤治国、仁义立道、礼乐刑政和农耕文明的基础上。

1.“天生民有欲，无主乃乱”的主流政府观

较早的儒家人文主义启蒙思想和人的文明化所产生的对人的价值和道德的追求，事功型德行观，以及“成己成物”的成就导向，使政治建构和政治运作始终处在与价值的矛盾和紧张关系中。在“天生民有欲，无主乃乱”[②]的政府观上，中国传统把政府和君主理解为人民在其欲望谋生行为中引发相互冲突和混乱而须建构秩序和有人作“主”以公正裁判的必然设置或政治天命。在历史上，中国中原地区逐步形成了中央部落或国家统御四方、其他部落或国家作为诸侯而自治的中心网络结构。它成为建构秩序和政府以回应人民谋生冲突问题的早期主要方式。这个统分有度的政治结构方式的吸纳能力和文明向心力，一开始便使中国史中出现大型的多族系的混合政治实体，并形成早期三代封建制的光辉历史。

---

① 参见杨万江：《中国的政治传统——从古代到现代的考察及其展望》，http://www.tianya.cn/publicforum/content/no01/1/441450.shtml下载时间：2012年3月12日。

② 在中国的古代文献中有很多相关内容的记载。《书·仲虺之诰》：“惟天生民有欲，无主乃乱。”《孔传》：“民无君主，则恣情欲，必致祸乱。”《管子·权修》：“万乘之国，兵不可以无主。”《东观汉记·冯异传》：“更始败亡，天下无主。”[唐]杜牧也曾经在《张保皋郑年传》当中写到：“大臣杀其王，国乱无主。”

然而,诸侯自治中发展出的经济和军事实力,引发诸侯间相互关系的矛盾。他们奉行一种以实力为基础的政治"霸道"逻辑,质疑和藐视中央王权和礼制,霸占对方领地,争夺对方人民。这使三代不稳定的封建制诸侯结构,在经历春秋战国的乱世后,向秦汉大一统中央集权君主制帝国的方向转变。进而,又陷入如顾炎武所谓"封建之失,其专在下,郡县之失,其专在上"的困境。"寓封建之意于郡县之中,而天下治矣",是中国政治需要解决的国家结构问题。大国的国家结构,如何实现既保持统一,又使地方具有活力,这是中国史中一直困扰人们的问题。

2. 民贵君轻等儒家政治理念的尴尬境地

儒家传统的政治天命观从精神和价值上确立"民为贵,社稷次之,君为轻"①"天之生民非为君,天之生君以为民"的人民优先论、自主论,民本论,及其在"君权神授"的观念中注入"天视自我民视,天听自我民听"的超验视角下的民主观,以及"反桀纣之暴"的儒家汤武革命论。但始终没有找到更合适其价值理想的制度结构,并与君主专制的制度经常发生冲突。从而,中国史内在地需要解决政府与人民关系中的民主问题。承认儒家"得民心者得天下"的立场,就必须让人民在民心上所作的选择成为决定权力的主要依据。没有一个人民决定权力的制度而把权力置于各方豪杰争霸,或是世袭继承的制度中来,就始终无法体现儒家的政治价值观。

"性相近"从而"尧舜与人同"②、"王道平平"③的平等公平价值理想,在中国史中推动政府和社会开放机会,促成了科举制创造的机会公平,并不断拓展到明清时代以黄宗羲为代表的知识分子和社会力量对君主制和贵族制度的尖锐批判。质疑"王侯将相宁有种乎",是社会底层人民颠覆特权结构的政治口号。

但是,儒家创新思想的滞后使其处在左右不是的尴尬境地。自明清以来,儒家不断地在自我嘲笑和反省中寻求新突破。上述所有诉求都内在于儒家教

---

① 《孟子·尽心下》第十四章,孟子曰:"民为贵,社稷次之,君为轻。是故得乎丘民而为天子,得乎天子为诸侯,得乎诸侯为大夫。诸侯危社稷则变置。牺牲既成,粢盛既洁,祭祀以时,然而旱干水溢,则变置社稷。"

② 《孟子·离娄下》第三十二章,孟子曰:"何以异於人哉?尧舜与人同耳。"

③ 《尚书·洪范》首先论王道:"无偏无党,王道荡荡;无党无偏,王道平平;无反无侧,王道正直。"

化的价值世界及其道德精神，并与政治社会制度结构形成长期的互动和冲击—适应关系，进而构成中国史内在演进的动力。

显然，在中国的政治传统当中“君为贵”一直是政府观的主流，以孟子的民贵君轻为代表的儒家政治理想基本上没有占据过中国政治舞台的主导地位。在几个所谓的“盛世明君”统治时期，虽然也有过“民可载舟亦可覆舟”的执政理念，但是从根源上说，民众仍然是统治的对象，而非社会管理的主体，是被统治者而无权约束统治者。在这样的政治传统当中，君主没有义务向臣民公开自己的行为能力和行为意图，臣民向君主要求公开政府的行为能力和行为意图属于“忤逆”行为。因此，透明度原则不具备萌芽的基本条件，甚至政治舞台上的各方也从无实施透明度原则的意愿和激励机制。

（二）中国的法制传统

中国传统法律制度的发展历史与政治体制、经济模式一样，由于受地理因素的限制，很少受到外来影响，自成体系，并在东亚地区影响深远，被称为“中华法系”。鸦片战争后军事上的彻底失败，打破了天朝上国的美梦，引发了国内对西方社会的关注，其中也包括对西方法律制度的研究，从清末新政到“六法”体系形成，不管是无奈接受还是自觉吸纳西方法律文化的影响，一百多年的中国法律发展历史无时不充斥着中国传统法制与西方法学的冲突。

1.“皇权中心”国家本位主义法治传统

古代中国社会“是以自给自足的自然经济为主导的，一个个的小农家庭是社会的细胞，在这种小家庭中，以长幼尊卑形成了一个相对独立的金字塔形的等级结构”。这种家族式的宗法等级结构需要国家的认可和扶植，由无数个宗法家族构成的社会必然会架起金字塔形的“大家”，因此中国古代政权的架构，很大程度上是这种家族制度的模拟和扩大，也就是说以皇权为中心的国家政权强调国家利益，要求个人利益服从集体利益，注重团结，这本是中华民族的美德，但是如果这种妥协没有了限度，就否定了人作为社会主体的个性。而尊重人的权利、自由和个性正是法治所追求的。

2.“为政以德”的法律工具主义法制传统

孔子曰“为政以德”，包括两个方面的含义：一是统治者应当重视道德教化的功能，并将其视为最重要的社会治理方式，“德主刑辅”，便是从这个意义上讲的；二是统治者自身应当具备极高的道德修养，“以德配天”、“内圣外王”是儒家思想为统治者树立的理想道德标准。道德是内在的、难以量化的，只能通过人的行为表现出来,因此,内圣外王的标准是对统治者行为的限制,也暗含着对公权力的限制。

在泛道德主义的影响下,古代中国的历代统治者都过分强调法的刑罚功能,忽视法的防患功能,而将法的防患功能让位于伦理道德。道德具有较强的规范作用,成为调整社会的主要手段,而法律只是次要手段,是道德的辅助手段,刑罚是工具,而道德教化是目的,即所谓的"德礼为政教之本,刑罚为政教之用"。因此,在法律和道德的关系方面,法律的功用远远小于道德的作用。中国历代帝王和王公贵族都将法律视为工具,是"天下之公器"。他们为了实现社会秩序井然、人际和谐的目的而十分重视法律。法律的功能就在于它的治理、统治。故法律在古代时仅仅是贯彻落实统治者所倡导的伦理理想的工具而已,统治者希望通过法律的惩治性的威严建立与农耕经济相适应的人人"安分守己,克己复礼"的道德理想国。

3."无讼是求"的无讼主义法治传统

中国传统法治建立在"天人合一"的哲学基础上,以追求秩序和谐为理想,强调人与自然的和谐及人与人之间的和谐。无讼是儒家所追求的理想境界。传统的儒家思想认为,对社会秩序的破坏,也就是对宇宙秩序的破坏。因此,造就了人们的"无讼是求"普遍法律文化心理,极力反对破坏和谐的诉讼。《论语·颜渊》中孔子即说过:"听讼,吾犹人也,必使其无讼乎?"在这种哲学观的指导下,"在许多坚持社会理想的人们心目中,对证公堂是卑下的为君子所不耻。"每当遇到纠纷与冲突时,古代百姓也不愿诉诸法律来维护自己的权益。从社会整体上来说,"无讼"便成了一种最佳的社会状态。

当然中国的法制传统并不是上述短短三个段落就能作出周延性论述的。一般认为中国传统法治理念至少有的"法大于权"的思想,"皇权中心"的国家本位主义,"为政以德"的法律工具主义,"德主刑辅"的礼治主义,"无讼是求"的无讼主义,"重义轻利"的集体本位主义的六大特点。也有人指出民主刑辅、刑民不分才是中国法治传统的形式特点。无论在奴隶制还是封建制时期,君主的意志是最高权威,作为国家意志的法律不过是君主加强其个人权威的工具,君主可以按照自己的意愿创设法律、解释法律,也可以取消法律。

然而正是由于上述三个特点决定了,在皇权(即政府)和人民的关系中,强调的是皇权的绝对中心地位;在对执政者的约束标准问题上,以道德自律为执政标准而非权利义务的分界;在对公民权利的救济方面,不鼓励人们通过诉讼的方式寻求救济。这也就意味着公民没有依据透明度原则对执政者进行约束的法律依据、法律地位和法律文化。

三、立法与机构改革

在申请成为WTO缔约方的整个过程中，中国进行了一系列深入的行政法改革。这些改革力图建立有竞争力的，负责任的中央、省级和地区政府。另外，改革还致力于建立透明、简便和稳定的行政执法程序，以使权利人挑战法律法规，在行政机关面前维护其法律权利。这些强制性的权利当中包括了因不法行政行为或越权行政行为而遭受的损失获得救济的权利。总的来说，这些改革被视为是中国政府在介入私人经济领域宏观调控经济活动的大胆尝试，是中国政府防止腐败的努力。

(一)与透明度有关的立法

1.《行政许可法》

在2003年,《中华人民共和国行政许可法》的实施是改善公众参与行政管理的一个标志。这部法律要求所有的政府部门将有关法律、法规、许可、程序和起诉的信息公布在网络上，各种各样的政府部门网站随之出现。但是在服务质量以及网络信息时效性方面的表现证明，中国各地方政府贯彻落实这部成文法的力度不同。

行政许可是指行政主体根据行政相对人申请，依法颁发证照或批准、登记、认可，允许其从事某项活动、行使某项权利、赋予某种资格和能力的行为。行政许可制度的设立旨在安排政府对经济与社会事务的行政调控，其本质有赋权说、解禁说、综合说等多种理论解说。行政审批则是广义的行政许可行为的一种具体方式。过去由于极度泛滥、极不规范的行政审批现象，严重压抑了市场主体的活力，制约了市场经济的健康发展。媒体曾报道过一个案例：在东北某地区行政机关的行政执法过程中，多年来竟然一贯以“文革”期间的革命委员会发布的红头文件作为行政收费依据，造成乱收费、加重农民负担的严重后果。问题在于，该行政执法行为的依据并未面向社会公开，人们也无从查阅。极端的情况是，不仅作为行政收费对象的当地农民不知晓，就连该行政机关的执法人员也不知晓。按照行政公开法律制度的要求，以及我国加入WTO时的承诺，未向社会公开的政府文件不产生法律效力，不能约束行政相对人。这样显属荒谬事件的发生，追根溯源，行政神秘主义、执法不透明，是导致随意侵权和权力腐败的重要原因。

包括行政许可程序公开在内的行政程序透明和政府信息公开的立法和制度创新，必然成为新时期行政管理和行政法制革新的基本要求。理由在于：一是政治民主化的要求。公开是民主政治的重要理念和现代法治的必备要素。人民群众只有知晓情况、掌握信息，才能对政府的决策、行为是否恰当作出准确判断和客观评价，以此促进政府依法、有效地运作，确保行政的公正，防止公权的腐败。二是宪法的基本原则和要求。我国《宪法》第 27 条规定了意见、建议、监督权；第 41 条规定了批评、建议、申诉、控告和检举权；第 16 条、第 17 条规定了参与管理权，由此来的公民知情权要想得到有效行使，逻辑前提就是行政程序透明和政府信息公开。三是履行 WTO 透明度原则的国际义务的要求。我国于 2001 年加入 WTO，承诺遵守 WTO 透明度原则。我国政府不仅要及时公布有关调整贸易方面的政策、法律法规、行政规章等法律规范性文献，"而且要公布与其他政府及机构之间签订的双边或多边协议以及有关贸易仲裁裁决、司法判决和相关法律程序的详尽资料等；这些法律文件非经正式公布，不得实施；及时或定期向有关理事会提交关于国内法律法规颁布和公布情况的报告；设立专门的咨询机构解答其他成员方和 WTO 有关理事会的咨询；公正、合理、统一地实施上述相关法规、条例、判决和决定"。①

在实施《行政许可法》的过程中，"许多地方政府按照方便群众办事、便于群众知情、利于群众监督的原则，结合行政审批改革，创办了各具特色的行政服务中心（政务超市），对纳入行政服务中心办理的行政许可事项，实现了统一受理、限时办结、透明运行、统一回复，简化了工作程序，提高了办事效率"。②2006 年，国务院就有 10 个部门和单位设立了行政服务中心，全国农业系统有 30 个省级农业行政主管部门建立了行政服务中心。③

2.《政府信息公开条例》

在 2007 年 1 月修改的中国《政府信息公开条例》是第一部与政府公开信息的责任相关的法规。这部重要的法律规范性文件规定了政府的部门规章和

① 莫于川：《行政程序法治观与行政许可透明度》，载《现代法学》2008 年第 2 期。

② 莫于川：《行政程序法治观与行政许可透明度》，载《现代法学》2008 年第 2 期。

③ 李亚杰、张琴：《我国 31 个省区市政府建立政务公开管理制度》。http://polities.people.com.cn/026/5148047.html。下载日期：2012 年 4 月 2 日。

地方法规自通过起20天内必须公告。而公告法律、法规等政府信息的义务主体是政府，权利人则是民众。但是这部法律授权行政机关可以在保护国家安全、社会稳定，保护集体和个人财产安全的情况下限制信息公开，这是一种授权非常广泛的自由裁量权。不仅如此，这部法律没有对于违反法定义务的政府机关的实质性约束，即使有证据表明这种违反将要被调查和提起公诉。这种问责机制的缺失使得《政府信息公开条例》成为了一部号召性的、宣示性的规范性法律文件，法律的强制性没有得到充分的体现。

政府信息公开的内容应当包括行政行为全过程的公开，即行政行为依据的公开、行政行为程序和结果的公开，以及行政主体的行政行为在实施过程中有关的信息和资料的公开。首先，在行政行为依据的公开方面，《中华人民共和国立法法》、《中华人民共和国行政法规制定程序条例》和《中华人民共和国规章制定程序条例》已经规定了法律、法规和规章的公开，但实践中大量的行政行为的依据还包括规章以下的规范性文件，这些规范性文件也应当依法公开。其次，在行政行为程序和结果的公开方面，应当既包括具体行政行为程序的公开，又包括抽象行政行为程序的公开。再次，在行政机关记录的公开方面，由于这些记录的公开可能导致对特定利益的侵害，故在公开的方式和范围上应当与前两类有明确区别。

除此以外，随着政府信息公开制度付诸实践，《政府信息公开条例》与既有法律之间的矛盾和冲突日益突出其与《档案法》之间的关系便是一个典型的例子。现行《档案法》亟待修改，否则那些与政府信息公开原则存在冲突的规定就因为它本身法律位阶的优越性，会成为实施《政府信息公开条例》的障碍。事实上，法律的滞后或不协调已经为某些行政机关规避政府信息公开提供了接口。上海市高级人民法院在一份调查报告中指出："因建设项目规划批准行为不规范而不公开建设项目规划批准书后，有关政府机关没有考虑如何改进行政行为以及追究相关人员责任，而是临时将该规划批准书移送综合档案馆，以档案法律法规的规定为依据继续规避政府信息公开！"①

(二)机构改革：以SPS为例

和日本一样，在中国，SPS协议是透明度原则适用的最典型的领域。SPS

① 上海市高级人民法院：《政府信息公开法律问题研究》，载中华人民共和国最高人民法院行政审判庭编：《行政执法与行政审判》，人民法院出版社2008年版。

协议和它相关的透明度条款表明:国际法的国内化问题与中央和地方政府的管辖权划分有关。有必要指出,中国有关于食品安全、动植物健康的管理全部由一个单独的国务院部门负责——国家质量监督检验检疫总局。它直属于由国务院总理领导的国务院。它是这个领域最主要的立法、行政、监督机构,负责质量、度量、进出口商品检验、进出口动植物检疫、进出口健康检查、进出口食品安全、认证、鉴定、标准化等事务的机构,它的行为具备法律效力。在它的门户网站上可以查到它适用的法律法规的中文版,大多数还有英文版。但是同样具有行政规章效力的命令和通报只以中文形式公布。

国家质量监督检验检疫总局的网站是外国人获取中国 SPS 措施相关信息的主要途径。它同样监督着依照 SPS 协议附件 B 建立的中国的国家咨询点。而中国的国家级 SPS 公开机构设在商务部的 WTO 通报与查询中心,负责与实施 SPS 协议的国务院部委协调,与国家质量监督检验总局一起起草、修改 SPS 措施的指南。

设定国家食品卫生标准的权力被授予给了最高中央行政机关——国务院及其组成部门。标准化的法律把食品卫生标准规定为国家级的强制性的贸易标准。强制性标准是为了保证人的健康和生命财产安全。强制性标准通过一系列的法律、行政法规和部门规章贯彻落实。由省、自治区和直辖市食品卫生主管部门在国家标准下制定的地方食品卫生标准,在其管辖范围内也是有效的。换句话说,地方标准对于本地生产的产品仍然有效。这种各个地方各自为政的做法,在一定程度上导致了管理的混乱和标准的不统一。尽管地方标准不得与国家标准相冲突,但是以欧盟特定海关事项案的经验来看,这种执法标准的非强制性的不统一也可能因为导致混乱和误解而造成不公平的竞争。

在中国想在除了国家质检总局的网站以外的其他地方获取与 SPS 措施和保护食品卫生、人身安全、动植物健康有关的立法信息、法规和程序信息是很困难的。例如在商务部的国家 WTO 通报与查询中心网站上设有“网上办公”和“您的意见”的链接,但是这两个链接却没有进一步的信息。另外的一个问题是,一个管理措施同时受几个不同的法律文件调整,这就导致了不一致、不透明的情况。例如关于食品卫生的基本法是《食品卫生法》,规定了食品控制和食品卫生,其中也包括进出口货物的规定。而进出口货物的相关规定在《产品质量法》当中也有所提及。《动植物进出口法》当中规定的动植物健康的内容在控制疾病进入境内传播、保护人民健康执行边境健康检查的《边境健康检查法》当中也会出现。

为了加强透明度、改善公众对SPS措施相关信息的获取权，商务部的国家WTO通报与查询中心网站允许普罗大众在线提交关于中国进出口程序查询申请和异议，允许公众阅览这些查询和异议。这也是一种有益的改善透明度的努力。从实施的角度来看，WTO透明度原则的实施或许是必要的，不是因为广泛的对善治和责任政府理念的接纳，而是中央政府出于控制地方政府的考虑，因为新的法律仅仅授予了地方政府以执行的权力，却没有制定或者解释的权力。

总而言之，中国已经做出了相当大的努力来遵守SPS协议下的透明度义务，包括建立SPS通报机构和查询点、公开立法，并发展了SPS措施和标准的法律制度——设立了法律责任及刑事处罚、创造了网上的管理和执行机关。尽管到目前为止还没有任何针对中国发起的SPS诉讼，WTO缔约方还是抱怨中国不够符合国际标准，并且通常是以中国不透明的管理措施以及中央和地方政府SPS措施行政管理当中的问题作为例证。

2004年中华人民共和国国务院颁布了指导我国行政法制建设的纲领性文件《全面推进依法行政实施纲要》，提出了建设法治政府的基本目标和具体步骤。该法律文件第2条将“提高行政管理透明度”确立为全面推进依法行政的指导思想的内容之一。第3条规定了建设法治政府的具体目标是，“行为规范、运转协调、公正透明、廉洁高效的行政管理体制基本形成”，“政府提供的信息全面、准确、及时”和“行政管理做到公开、公平、公正、便民、高效、诚信”。第5条指出依法行政的基本要求之一是，“行政机关实施行政管理，除涉及国家秘密和依法受到保护的商业秘密、个人隐私的外，应当公开”，“要严格遵循法定程序，依法保障行政管理相对人、利害关系人的知情权、参与权和救济权”。第10条将“推进政府信息公开，除涉及国家秘密和依法受到保护的商业秘密、个人隐私的事项外，行政机关应当公开政府信息，对公开的政府信息，公众有权查阅。行政机关应当为公众查阅政府信息提供便利条件”以法条的形式明文规定了出来。第16条规定，“改进政府立法工作方法，扩大政府立法工作的公众参与程度”；“重大或者关系人民群众切身利益的草案，要采取听证会、论证会、座谈会或者向社会公布草案等方式向社会听取意见”；“行政法规、规章和作为行政管理依据的规范性文件通过后，应当在政府公报、普遍发行的报刊和政府网站上公布”。可见，“该法律文件在依法行政的指导思想、奋斗目标、基本要求、改革内容等方面,对行政程序透明和政府信息公开法制建设提出了明确具体的要求,成为打造阳光政府、建设法治政府的努力方向"①。

(三)行政复议与行政诉讼

1. 中国行政复议与行政诉讼的困境

除了上述的行政法和行政机构的改革以外,中国还面临着行政复议和行政诉讼法上必须要进行改革的难题。这个难题在笔者看来有两个,第一个是行政复议机关和行政诉讼被告资格的问题,第二个就是行政复议和行政诉讼和审查标准问题。

行政复议是我国特有的概念,各成员方在性质上都有类似我国行政复议的制度,但名称和机制不同。在我国,行政复议是指公民、法人或其他组织认为行政机关的行政行为侵犯其合法权益,依法向有复议权的行政机关申请复议、复审的法律制度。"行政复议具有双重性:(1)行政性。行政复议是在行政系统内,上级行政机关对下级行政机关所作行政行为的审查,具有行政监督的性质,行政复议制度是一种监督制度。同时,复议机关在审查中发现下级行政机关所作行为违法或不当时,有权加以纠正,因此,这种监督和审查又具有行政机关自我纠错的性质。(2)准司法性。司法的特点就是由特定的第三方依法居间解决双方的纠纷,属三方关系;行政的特点是双方直接发生法律关系。行政复议是由具有复议权的行政机关作为第三方,居间解决因不服下级行政机关的行政行为,由公民、法人或其他组织申请而引起的下级行政机关与公民、法人或其他组织之间发生的行政争议,通过解决纠纷保护公民、法人或其他组织的合法权益,同时也实现对行政机关的监督,因而带有司法行为的性质,但它由行政机关作出,与完全的司法行为还是有区别的,故称为准司法行为。行政复议是行政性与准司法性的结合。"②

《行政诉讼法》于 1989 年 4 月制定,1990 年 10 月开始实施,其运作已逾 20 年。行诉法制定和实施之时,我国市场经济体制尚未正式确立,法治和人权尚未入宪。由于时代的局限,该法当时确立的规则、制度以及这些规则、制度所基于的理念与我国当下民主、法治和改革、发展的现实多有不适应之处,

---

① 莫于川:《行政程序法治观与行政许可透明度》,载《现代法学》2008 年第 2 期。

② 应松年:《把行政复议制度建设成为我国解决行政争议的主渠道》,载《法学论坛》2011 年第 5 期。

以至于导致种种弊端，引发种种社会矛盾。因此，迅速启动对该法的全面修改，在目前已不仅实属必要，而且具有迫切性。

在欧盟特定海关事项案的分析中，笔者已经提到过 WTO 不同缔约方之间对行政复议和行政诉讼的制度设计有所不同。一个国家的最高行政机关的贸易管理规定，如何对其进行复议和行政诉讼上的救济是一个难题。即便是像美国这样可以直接以联邦为被告的国家，即便是像法国这样专门设立行政法院的国家，能够保证的也只是在程序上保证诉权，保证程序正义。而这两个国家在贸易保护问题上都是劣迹斑斑，实体正义并没有得到实现。而像中国这样规定最高行政机关不得作为行政诉讼被告的国家，如果中央机关违背了透明度原则，那么司法救济根本无从谈起。

除了复议和诉讼资格的问题以外，中国面临的更重要的问题是对行政行为违反透明度进行救济时的标准问题。综合行政复议和行政诉讼的相关法律规定来看，中国仅对违反合法性的行政行为进行纠正。对于那些形式上合法但实质上违反了法律的宗旨行政行为，无论是行政复议还是行政诉讼都无能为力。而 WTO 透明度要求任何缔约方的贸易管理都必须以统一、公正、合理的方式实施。可以说，合理性标准是透明度原则的内在要求。仅仅满足对行政行为合法性的救济，而不考虑合理性，是无法有效履行透明度义务的。

对违法的行政行为是否提供行政复议和行政诉讼上的救济，在中国还有另外一个标准，那就是抽象行政行为和具体行政行为的区分。抽象行政行为，又被称为行政立法行为、准立法行为，是指国家行政机关制定法规、规章和有普遍约束力的决定、命令等行政规则的行为。它虽然有立法的效力，但是这种立法并不是源于立法机关的立法权，而是来源于行政机关行政管理权的扩张。中央政府部门出台政府规章，省级地方政府出台地方性规章的行为，都属于抽象性行政行为。这些抽象性行政行为更多地受 2000 年发布的《立法法》、2001 年发布的《行政法规制定程序条例》和《规章制定程序条例》的调整，不在行政复议和行政诉讼的受案范围内。但是和具体行政行为相比较，违反透明度原则的抽象行政行为影响更广泛、后果更严重，救济的难度也更大。

2. 历史成因

从历史上说，上个世纪 50 年代《财政部设置检查机关办法》(1950 年 1 月 15 日政务院批准)第 6 条中的“申请复核处理”之规定，是“行政复议制度的雏形”，那么行政复议制度史在中国已有半个多世纪了。统一行政复议制度的建立标志当是1990年的《行政复议条例》。该条例是1989年《行政诉讼法》配套的立法工程，因此《行政诉讼法》框架在《行政复议条例》中的痕迹十分明显。1999年《行政复议法》和2007年《行政复议法实施条例》使行政复议制度从行政诉讼的身影背后走了出来，成为一种独立的法律制度。

近年来，全国各级行政复议机关受理的行政复议案件数量长期在低位徘徊，并远远低于同期的行政诉讼案件数量。这至少可以说明行政复议的立法目的基本上处于虚置状态，与现实的要求相距甚远。即使在受理的行政复议案件中，相当高的维持率也多少透露出这个问题的严重性。早期当行政复议作为行政诉讼的配套工程时，这个问题并不那么引人注目。但是，在21世纪之后行政纠纷骤增、违法行政四处蔓延的社会背景下，行政复议立法目的被重新关注，成为修改行政复议法时不可绕过的基本问题之一。

3. 制度设计

《行政诉讼法》一出台，因其携带了"民告官"这一质朴的道德诉求，在上个世纪90年代初成了社会民众关注国家政法的焦点。因《行政复议条例》是为《行政诉讼法》而生，曾被当作行政诉讼制度上的一个并不起眼的附件，所以，人们对它的立法目的如何表述似乎没有多大的兴趣。其实，从《行政复议条例》的立法目的表述中我们可以发现，它其实是不"甘心"处于行政诉讼的依附地位，否则，它也就没有必要刻意地将行政诉讼立法目的次序在《行政复议条例》中作重新排序，并增加了"防止和纠正"之内容。这种举动可以解释为它想表达与行政诉讼之间有着若干质的区别点。可见，在《行政复议条例》下，尽管行政复议是行政诉讼的一个厚重的影子，但它已经有了十分明显的"独立"倾向。"行政复议制度之所以能够独立于行政诉讼制度外得以产生和发展，一个主要原因就是它能够在很大程度上将行政争议解决在行政系统内部，从而有助于维护行政机关的威信，提高行政效率。"①

在经过了近10年的实践之后，到了《行政复议法》的颁布，行政复议才被正式确立为与行政诉讼平起平坐的一种独立的法律制度。这倒并不是因为《行政复议条例》升格为《行政复议法》，而是《行政复议法》本身摆脱了对行政诉讼的依附。如行政复议受案范围的规定不再亦步亦趋《行政诉讼法》，使得行政复议具有了自身的独立性。《行政复议法》的立法草案说明开宗明义："行

① 张春生主编：《中华人民共和国行政复议法释义》，法律出版社1999年版，第8页。

政复议是行政机关内部自我纠正错误的一种监督制度。完善行政复议制度，充分发挥行政复议制度的作用，对于加强行政机关内部监督，促进行政机关合法、正确地行使职权，维护社会经济秩序，维护公民、法人和其他组织的合法权益，维护社会稳定，具有重要意义。”①

行政复议的立法目的之一是监督行政机关依法行使职权，这在立法层面上一直是一种主流观点。② “监督”具有维护法制统一的功能。在法制统一下个人的合法权益因此受到保护，属于“反射效果”。保护权利在《行政复议条例》和《行政复议法》中也被列于立法目的之中，与《行政复议条例》相比，“保权”在《行政复议法》立法目的的次序被前移到第二位，表达了立法者旨在提升行政复议的保护权利功能。③

令人奇怪是，《行政复议法》虽然提升了保护权利的立法目的，但是，它的制度设计却主要是为监督，并具体转化一种内部纠错制度。作为一种内部纠错制度，行政复议程序运行明显呈公文行政化，如行政复议决定书的层级拟稿、审核与签发等。在这样的法律程序中，保护权利的立法目的难以实现，依法办案也难以保障。④ 因为，在这样的内部纠错程序中，申请人不能全面介入行政复议程序，并可利用最低限度的程序权利对抗被申请人，从而维护自己的合法权益。可见，《行政复议法》中貌似十分周到的立法目的，却隐含着难以调和的内在紧张感。内部的监督关系与外部的保权关系需要不同的法律制度加以调整，但是，现在把它挤压在同一法律之中，使得行政复议制度的一些设计看起来十分别扭，如附带审查的转送等；一些具体制度在实际操作中荒腔走板，如不准申请人复制且只能看、抄写被申请人答辩材料等。

《行政诉讼法》应该修改之处也包括了行政诉讼的受案范围。现在行政诉讼受案门槛太高，范围太窄，不仅抽象行政行为法院不受理，大量的具体行政

---

① 杨景宇：《关于〈中华人民共和国行政复议法（草案）〉的说明》，载应松年等编著：《行政复议法例解与适用》，中国民主法制出版社 1999 年版，第 451 页。

② 周婉玲：《试论我国行政复议制度的改革》，载周汉华主编：《行政复议司法化：理论、实践与改革》，北京大学出版社 2005 年版，第 53 页；青锋等：《当前行政复议制度存在的问题及改革思路》，载《行政法学研究》2002 年第 3 期。

③ 杨小君：《我国行政复议制度研究》，法律出版社 2002 年版，第 10 页。

④ 刘宗德：《我国行政复议体制缺陷分析》，载周汉华主编：《行政复议司法化：理论、实践与改革》，北京大学出版社 2005 年版，第 84 页。

行为(如涉及受教育权、劳动权和政治权利等各种非人身权、财产权权利的具体行政行为)也进不了法院。至于涉及社会公权力组织(如律协、足协、高校、村民委员会等)的社会行政行为,更被行诉法挡在法院门外。老百姓受到行政侵权不能提起行政诉讼,所以就只能信访。而信访主要不是依法办案,而往往是依领导人的批示、指示处理问题,其处理此案往往不考虑彼案,解决此人的问题往往不顾及彼人的问题,一个人一个标准。这样,你把此人问题解决了,把他哄走了,其他人又找来了:"你为什么这么优待此人,我们其他几个比他张三冤屈大得多。"从而问题越处理越多,矛盾越解决越大,平息一件信访案件有可能引发出十件、百件信访案件。

因此,解决社会矛盾主要还是应该依靠法治渠道。目前,全国法院有几千个行政审判庭,上万名行政法官,一年处理案件多时只有十二三万件,少时不到十万件,仅有信访案件的百分之一,甚至还少。这不完全是因为老百姓不愿去法院,而是行诉法规定的受案范围限制老百姓去法院,是一些领导人处理信访案件乱开口子让老百姓"信访不信法"。

因此,行诉法修改应该大大降低行政诉讼受案范围的门槛,扩大行政诉讼的受案范围,废除只有人身权、财产权才能告的限制,只要是合法权益受侵犯,当事人都应该可以向法院提起行政诉讼。而且,行政诉讼的受案范围不应限于具体行政行为,抽象行政行为也应有限纳入。当然,"有限纳入"有多种多样的选择方案:有人主张只纳入规定,有人主张规章和规定都纳入。[①] 之所以将"规章"也纳入,是因为规章的违法侵权与规定的违法侵权没有特别重大的区别,而且规章不同于行政法规,有《立法法》第 90 条和第 91 条规定的审查监督途径,规章违法侵权的可能性要比行政法规大得多,审查监督途径反而相对缺乏。有人可能担心将规章纳入,受案范围"口子"会开得太大,法院难于承受。其实,这只要在抽象行政行为"准入"方式上适当设卡,即主要采取"附带诉"的方式,案件量就会大大减少,不会增加法院太大的负担。

与将抽象行政行为有限纳入行政诉讼受案范围相联系的另一个问题是,相对人对抽象行政行为怎么起诉?是直接诉,还是只能采用现在《行政复议法》确立的模式:附带诉,即只有相对人在起诉具体行政行为时,才能一并对抽象行政行为提起诉讼。北大这次向全国人大法工委提交的修改建议稿确定主

① 北大这次向全国人大法工委提交的修改建议稿是将"规定"和"规章"都纳入。

要采取“附带诉”的方式,但不完全排除“直接诉”,如果相应规章、规范性文件不经具体行政行为即可造成相对人合法权益损害,相对人则可直接对该规章、规范性文件提起诉讼。例如,有这样一个案例:某商品包装箱有中英两种文字,其英文字体稍大于中文字体。某日,一行政机关发布规范性文件,规定商品包装箱上的英文字体必须小于中文字体,否则,每件商品罚款若干。对于这种抽象行政行为,如果采“附带诉”的方式,只有当商店购买或出售商品被行政机关发现其商品包装箱上的英文字体大于中文字体并对之科处罚款时,商店方可对该规范性文件起诉。但是,如果该规范性文件一经发布,生产该商品的企业大量商品积压在仓库,卖不出去,不得不把这些商品的包装箱全部拆除、重做和更换,其损失巨大。但是该企业却因没有受到行政处罚(没有具体行政行为)而不能提起行政诉讼。[①] 尽管该规范性文件明显违法:其没有让相对人卖掉原有商品就生效,违反了规范性文件不得溯及既往的法律原则,从而导致相对人的巨大损失,这次北大向全国人大法工委提交的建议稿对这种情形为相对人提供了一个救济途径,即“直接诉”——相应抽象行政行为不经具体行政行为即造成相对人合法权益损害,相对人可直接对该抽象行政行为提起诉讼。

综上所述,中国对于WTO透明度规范的执行导致了从立法改革到机构改革和司法改革等一系列重大的转变。尽管如此,这个转变距离国际和国内社会的标准化一致或共识还有很远。

---

① 应松年:《把行政复议制度建设成为我国解决行政争议的主渠道》,载《法学论坛》2011年第5期。

结 论

WTO 的透明度已经从一种学说和理念，发展成为一个具有丰富法律规则内容、有专门保障机制和众多司法案例支撑的制度。随着国际贸易格局当中东方国家比重增加，WTO 透明度原则的影响也到达了东方地域。而东方国家，尤其是日本和中国，其本身的法律传统与透明度原则有所冲突，透明度原则的适用，导致了这些国家的立法和执法改革。虽然改革的程度深浅不一，但是这毕竟是我们可以共同期待的进步。

然而当我们讨论 WTO 透明度原则的未来发展时，学界发出的声音就显得不那么整齐了。有人认为 WTO 透明度原则应当严守其国际法性质，应当从国际组织和国际司法的层面发展和完善 WTO 透明度原则。也有人认为，WTO 透明度本身就是一种良好的法治信仰和行为准则，应当将其影响拓展到缔约方国内法治传统和民主基础的范畴内。可谓是众说纷纭、莫衷一是。这或许恰恰反映了 WTO 透明度原则适用环境的复杂性、影响的深刻性和研究方法的变异性。无论未来如何，我们应当认识到，透明度原则也应当有其限度。

WTO 透明度原则的限度，来自于其本身的国际法属性。WTO 透明度原则的作用，更像是一座桥。它为国际社会监督缔约方国内贸易行政管理的立法和执法方式提供了通道。这条通道的一端连接的是传统的国家主权理论，另一端则是“全球治理”的理念。出于对国际贸易带来的巨大利益的渴望，各缔约方通过契约的方式向 WTO 让渡了一部分贸易行政管理的主权。然而应当认识到，WTO 对于各缔约方国内贸易行政管理的干涉，超越了让渡的界限，突破了缔约方国内社会所能承受的国家主权自我克制的底线，势必引发国家主权理论支持者的强势反弹。如何在合理的限度下，最大地发挥透明度原则的功效、与国内法衔接，是未来透明度原则研究的难点。

有学者认为在立法阶段如何实现透明度原则仍处于模糊状态①，笔者对

① 王秉乾：《论 WTO 透明度原则对我国法治建设的影响》，对外经济贸易大学学位论文，2007 年 6 月，第 35 页。

此持不同观点。目前,WTO透明度原则虽然倡导各缔约方为其他缔约方参与国内贸易行政管理立法提供机会,但是并没有将这一倡议规定为强制性的国际法义务。相反,WTO规定国内法最迟在生效以前公告或者通知其他缔约方,即视为符合透明度原则要求。这种规定,实际上已经明确了WTO透明度原则在各成员方国内立法环节的适用——WTO透明度原则只要求缔约方立法结果的公开,不要求立法过程的开放。至于国家的立法活动是否应当向国内民众公开,还要取决于该国宪法或者立法法的规定。如果一个缔约方的国内法规定了立法环节的行政公开、公众参与程序,那么,外国政府和贸易者应该通过正在进行立法的缔约方的国内程序,利用传媒和公众舆论来表达外国政府和贸易者在这个立法案当中的利益立场。立法权是国家主权的核心内容之一,任何一个国家在法律未生效实施之前没有将该法的立法活动向国际社会强制性公开的义务。

在行政执法环节如何实现WTO透明度原则的要求,似乎已经有了明确的答案。在危地马拉反倾销案(DS156)当中,专家组确认了这样的规则:仅仅就发起反倾销调查程序而言,即使这还尚未进入WTO争端解决的磋商程序,如果发起调查一方没有及时发出通知、不及时提供申请副本和不充分公告裁定,也将会在日后的诉讼中败北[①]。这里面需要增加一个逻辑上的理解,如果发起反倾销调查的一方裁定不存在倾销,则不会发生贸易争端。因此,我们可以得出这个结论:如果某个缔约方想认定其他缔约方的产品或服务倾销,那么他必须将反倾销调查环节向相关的缔约方开放。否则,在日后的争端解决程序当中,该缔约方将会被裁定违反透明度义务。笔者认为:专家组的上述做法意在促进各缔约方以公平合理的方式进行贸易行政管理,因此想认定倾销存在并限制进口的缔约方就被加重了透明度项下的义务,相对的缔约方则须勤谨地行使权利,维护己方出口的利益。

我国在司法制度中对WTO透明度原则的履行,被有的学者认为是包含了审判公开、法院新闻发言人制度等内容的[②],笔者同样不赞同这样的观点。

---

① 左海聪:《国际经济法的理论与实践》(第二版),武汉大学出版社2009年版,第251页。

② 王秉乾:《论WTO透明度原则对我国法治建设的影响》,对外经济贸易大学学位论文,2007年6月,第73页。

按照我国的诉讼法理论，审判公开指的是开庭程序公开，审理结果公开，但是评议过程不公开。但是案例法国家的司法文书是法官对案件理解的详细阐述和立场表达，司法文书的公开实际上就是评议过程的公开。在 WTO 法体系下，既有案例法国家也有成文法国家。即使同为案例法国家或者成文法国家，各成员方对于审判公开的规定也各不相同。在这样的前提下，如果认为审判公开是 WTO 透明度原则要求的强制性义务，则势必造成各缔约方之间履行透明度义务的不平等。贸易保护主义者也会认为国家的司法主权受到削弱，进而反对透明度原则的适用。因此，将审判公开列入 WTO 透明度原则的强制性义务显然不具备合理性。

其实 WTO 透明度原则对于缔约方如何在司法环节适用透明度原则已经做出了规定。GATT1994 第 10 条第 1 款规定影响贸易的司法判例必须公开，是因为在判例法国家，司法判例就是法律，而且是新的立法成果。而所有影响贸易的普遍适用的法律、法规和其他规范性法律文件都应当在发生法律效力之前公布。对于中国这样的成文法国家而言，案件的审判结果并不是法律的渊源形式。因此，只要保证相关的判决结果在发布后备案可查，就已经满足了 WTO 透明度原则的要求。在司法环节适用透明度原则，还有一个更重要的内容，那就是设置透明度审查的国内程序和司法救济。对于没有为透明度项下行政相对人权利设置行政复议和行政诉讼的国家而言，若想履行好 WTO 透明度原则的义务就应当完善相应的行政复议和行政诉讼制度。

总而言之，在履行 WTO 透明度原则项下的义务时，应当把作为国际法原则的透明度和作为一种思想理念的透明度区分开来。我们固然应当欢迎并积极推广透明度的理念，但是履行透明度的国际法义务则必须在国际法规定的范围内，不能侵扰到国家主权的权威。

透明度原则之于 WTO，意味着取得缔约方的信赖，并进而激发国际社会对 WTO 法律体系的信赖和尊重。这对于几近停摆的多哈回合谈判而言，是非常重要的。透明度原则之于 WTO 缔约方政府，意味着公之于众的法律能够达到较为科学的水平，意味着行政国家和市民社会对国际贸易管理政策的共同努力，这对于金融危机下的国际经济形势和国民经济前景都是非常珍贵的。

尽管笔者一再强调 WTO 透明度原则的国际法属性，但是无可否认，透明度本身就能够成为一种法律价值观和值得鼓励的行为方式。只是在这种价值观和行为方式与法律现实之间，路，还很远……

参考文献

(一)外文专著

[1]Barton H. John, Judith L. Goldstein, Timothy E. Josling, Steinberg Richard H. , *The Evolution of the Trade Regime: Politics, Law, and Economics of the GATT and the WTO*, Princeton University Press 2006.

[2]Cotarelli Carlo, *Efficiency and Legitimacy: Trade-Offs in IMF Governance*, International Monetary Fund 2005.

[3]Chistopher Crowe, *Testing the Transparency Benefits of Inflation Targeting: Evidence from Private Sector Forecasts*, International Monetary Fund 2006.

[4]Consultative Board to the Director-General Supachai Panitchpakdi, *The Future of The WTO*, Switzerland: World Trade Organization 2004.

[5]Dabla-Norris Era, Elisabeth Paul, *What Transparency Can Do When Incentives Fail : An Analysis of Rent Capture*, International Monetary Fund 2006.

[6]Ehtisham Ahmad, Raju siSingh and Mario Fortuna, *Toward More Effective Redistribution: Reform Options for Intergovernmental Transfers in China*, International Monetary Fund 2004.

[7]Foote H. Daniel, *Law in Japan: A Turning Point*, University of Washington Press 2007.

[8]Florini Ann, *The Right to Know: Transparency for an Open World*, Columbia University Press 2007.

[9]Fung Archon, Mary Graham and David Well, *Full Disclosure: The Perils and Promise of Transparency*, Cambrige University Press 2007.

[10]Finel I. Bernard, Lord Kristin M. , *Power and Conflict in the Age of Transparency*, PALGRAVE 2000.

[11]Holzner Burkart, Holzner Leslie, *Transparency in Global Change: The Vanguard of The Open Society*, University of Pittsburgh Press 2006.

[12]Hameed Farha, *Fiscal Transparency and Economic Outcomes*, International Monetary Fund 2005.

[13]Hoekman M. Bernard, Mavriodis C. Petros, *The World Trade Organization: Law, Economics and Politics*, Oxon: Routledge 2007.

[14]Kostecki M. Michel, *The Political Economy of the World Trading System: From GATT to WTO. 2nd ed*, Oxford University Press 2001.

[15]Henrik Horn, Petros C. Mavroidis, *The WTO Case Law of* 2004—2005, Cambridge University Press 2008.

[16]Jacqueline Best, *The Limits of Transparency: Ambiguity and The History of Inernational Finance*, Cornell University Press, 2005.

[17]Jackson H. John, *The World Trading System: Law and Policy of International Economic Relations, 2d ed*, MITPress 1997.

[18]The World Trade Organization, *Constitution and Jurisprudence*, Royal Institute of International Affairs 1998.

[19] Sovereignty, *The WTO and Changing Fundamentals of International Law*, Cambridge University Press 2006.

[20]Neal D. Finkelstein, *Transparency in Public Policy: Great Britain and the United States*, Macmillan Press LTD 2000.

[21]Nuri Erbas, *Ambiguity, Transparency and Institutional Strengh*, International Monetary Fund 2004.

[22]Nam Duck-Woo et al., *When the Going Gets Tough: Need for Early Progress in the Uruguay Roud*, Trade Policy Research Center 1988.

[23]*Organisation for Economic Co-operation and Development, Open Government: Fostering Dialogue with Civil Society*, OECD 2003.

[24]Scott Joanne, *The WTO Agreement on Sanitary and Phytosanitary Measures: A Commentary*, Oxford University Press 2007.

[25]Olivier Long, *Public Scrutiny of Protection: Domestic Policy Transparency and Trade Liberalization*, Trade Policy Research Center 1989.

[26]Qureshi Asif H., *International Economic Law*, Sweet & Maxwell Ltd 1999.

[27]Rodan Garry, *Transparency and Authoritarian Rule in Southeast Asia: Singapore and Malaysia*, RoutledgeCurzon 2004.

[28]Rumbaugh Thomas, Nicolas Blancher, *China: International Trade and WTO Accession*, International Monetary Fund 2004.

[29]Smith B. C., *Good Governance and Development*, PALGRAVE 2007.

[30]Scott Roger, Mark Stone, *On Target? The International Experience with Achieving Inflation Targets*, International Monetary Fund 2005.

[31]Trebilcock Michael J. , Howse Robert, *The Regulation of* 212 *International Trade. 2d ed.* , Routledge 1999.

[32]The World Bank Development Research Group, *Transparency and Trade Facilitation in the Asia Pacific: Estimating the Gains from Reform*, World Band 2007.

[33]United Nations Centre on Trade and Development, *Transparency*, United Nations 2004.

[34]United Nations Conference on Trade and Development, *Transparency in the Design of Trade Policy in The Context of The Fight Against Protectionism: Experience of Selected Countries*, United Nations 2003.

[35]West Harry G. , Sanders Todd, *Transparency and Conspiracy: Ethnographies of Suspicion in the New World Order*, Duke University Press 2003.

[36]Yap Fiona O. , *Citizen Power, Politics, and The "Asian Miracle"* , Lynne Rienner Publishers 2005.

[37]Zdenek Drabek and Warren Payne, *The Impact of Transparency on Foreign Direct Investment*, World Trade Organization 2001.

[38]G. J. H. van Hoof, K. de Vey Mestdagh, *Mechanisms of International Supervision, in Supervisory Mechanisms* in Int'l Econ. Org, P. van Dijk ed. , Kluwer Law Int'l 1984.

[39]Keesing, D. B. , *Improving Trade Policy Reviews in the World Trade Organization: Policy Analyses in International Economics*, Institute for International Economics 1998.

[40]Asif H. Qureshi, *The World Trade Organization: Implementing International Trade Norms*, Manchester University Press 1996.

[41]Mancur Olson, *The Rise and Decline of Nations*, Yale University Press 1982.

[42]James T. Bennett, Manuel H. Johnson, *The Political Economy of Federal Government Growth*:1959—1978, Texas A and M University 1980.

[43]Advisory Committee on National Growth Policy Processes, *Forging America's Future*, US Government Printing Office 1976.

[44]Aaron Wildavsky, *Budgeting: a Comparative Theory of Budgetary Processes*, Little Brown 1975.

[45]Lord Armstrong of Sanderstead, *Government and Industry Relationships, Lubbock Memorial lectures* 1974—1975, Pergamon Press 1976.

[46]R. A. Dahl, Pluralist Democracy in the United States, Rand McNally, 1967; See Thomas Lowi, *American Business, Public Policy, Case Studies and Political Theory*,

World Policies 1964.

[47] Presidential Commission on Federal Statistics, *Report of the Presidential Commission on Federal Statistics*, US Government Printing Office 1971.

[48]Tumilir, *Economic Policy as a Constitutional Problem*, *Fifteenth Wincott Memorial Lecture*, Institute of Economic Affairs 1984.

[49]Tumilir, *Economic Policy as a Constitutional Problem*, *Fifteenth Wincott Memorial Lecture*, Institute of Economic Affairs 1984.

[50]*Industrial Policy: An Unfair Trade Practice? Congressional Quaterly Weekly Report*, Congressional Quarterly, Inc. 1983.

[51]G. A. Rattigan, *Industry Assistance: the Inside Story*, Melbourne University Press 1986.

[52]Kellee Tsai, Saadia Pekkanen, *Japan and China in the World Political Economy*, Routledge 2006.

(二)外文论文

[1]Charnovitz Steve, Economic and Social Actors in the World TradeOrganization, 7 *ILSA J. Intl&Comp. L*, 2001.

[2] Ernst-Ulrich Petersmann, Judging Judges: From 'Principal-Agent Theory' To 'Constitutional Justice, in Multilevel 'Judicial Governance' of Economic Cooperation Among Citizens, *Journal of International Economic Law*, 2008.

[3] Gregory Shaffe, Parliamentary Oversight of WTO Rule-Making: The Political, Normative and Practical Contexts, 7 *J. Intl Econ. L.*, 2004.

[4]Gail E. Evans, The Lawmaking under the Trade Constitution: A Study in Legislating by the World Trade Organization. Studies in Transnational Economic Law *vol.* 14. *The Hague; Boston: Kluwer Law International*, 2000.

[5]Gerhart M. Peter, The Two Constitutional Visions of the World TradeOrganization, 24 *U. Pa. J. Intl Econ. L.* (2003).

[6]Gerhart M. Peter, The Two Constitutional Visions of the World TradeOrganization, 24 *U. Pa. J. Intl Econ. L.* 1(2003).

[7]Laurence R. Helfer, Constitutional Analogies in the International LegalSystem, 37 *Loy. L. A. L. Rev.* 193,218(2003) .

[8]Lacarte A. Julio, Transparency, Public Debate and Participation byNGOs in the WTO: A WTO Perspective, 7 *J. Intl Econ. L.* (2004) .

[9]Ljiljana Biukovic, Selective Adaptation of WTO Transparency Norms and Local

Practice in China and Japan, *Journal of International Economic Law*, 2008.

[10]Padideh Ala'I, From The Periphery To The Centre? The Evolving WTO Jurisprudence on Transparency and Good Governance, *Journal of International Economic Law*, 2008.

[11]Qin Ya Julia,"WTO-Plus"Obligations and Their Implications for theWorld Trade Organization Legal System, 37 *J. World Trade*(2003).

[12]Robert Wolfe, Regulatory Transparency, Developing Countries and the WTO, 2 *World Trade Rev.* 157, 161(2003).

[13]William B. T. Mock, An Interdisciplinary Introduction to Legal Transparency: A Tool for Rational Development, 18 *Dick. J. Int'l L.* 293, 295(2000).

[14]Jeffrey Waincymer., Transparency of Dispute Settlement Within the World Trade Organization, *Melbourne University Law Review*, 2000.

[15]Victoria Curzon Prize, GATT's New Trade Policy Review Mechanism, *The World Economy*, 1991.

[16]Sam Laird, The WTO's Trade Policy Review Mechanism: From Through the Looking Glass, *The World Economy*, 1999.

[17]Blackhurst Richard, Strengthening GATT Surveillance of Trade-related Policies, In: The New GATT Round of Multilateral Trade Negotiations: Legal and Economic Aspects, Eds. Meinharf Hilf and Ernst-Ulrich Petersmann, *Kluwer Law and Taxation Publishers*, 1988.

[18]Jai S. Mah, Reflection on the Trade Policy Review Mechanism in the World Trade Organization, *Journal of World Trade*, 1997.

[19]F. Roessler, The Competence of GATT, Journal of World Trade, 1987, Vol. 21, No. 1, P. 73.; J. Gold, on Political considerations in the context of the IMF, *IMF Pamphlet Series*.

[20]Petersmann, Strengthening the domestic legal framework of the GATT multilateral trade system, In: The New GATT Round of Multilateral Trade Negotiations. Legal and Economic Problems, Eds. Petersmann and Hilf, *Kluwer Law International*, 1988.

[21]Asif H. Qureshi, The New GATT Trade Policy Review Mechanism: An Exercise in Transparency or 'Enforcement'? *J. World Trade*, 1990.

[22]Jonathan I. Chamey, Third Party Dispute Settlement and International Law, *Columbia Journal of Transnational Law*, 1997.

[23]S. H. Beer, Pressure Groups and Parties in Britain, American Political Science Review, 1956, Vol. L, No. 1; J. E. S. Haywood, Institutional Inertia and Political Impetus in

France and Britain, *European Journal of Political Research*, 1976.

[24]Harald B. Malmgren, Significance of Trade Policies in the World Economic Outlook, *The World Economy*, 1977.

[25]Murray L. Weidenbaum, "Responding to the Challenge: Corporate Governance" *Vital Speeches of the Day*, 2002.

[26]George Pratt Shultz and Kenneth W. Dam, Economic Policy beyond the Headlines, *Norton*, 1977.

[27]Frank K. Upham, Ideology, Experience and the Rule of Law in Developing Societies, In: *Meoliberalism and Institutional Reform in East Asia; A Comparative Study*, Ed. Meredith Jung-En Woo, Palgrave, 2007.

[28]Shigenori Matsui, Business Law in Japan, In: *A Guide to Business Law in Asia*, Eds. Biukovic and Potter, Canada: Lexis/Nexis, 2008.

(三)中文著作

[1][德]彼得斯曼著:《国际经济法的宪法功能与宪法问题》,何志鹏、孙璐、王彦志译,高等教育出版社 2004 年版。

[2][美]路易斯·亨金著:《国际法:政治与价值》,张乃根、马忠法、罗国强、叶玉、徐珊珊译,中国政法大学出版社 2004 年版。

[3][美]约翰·O.麦金尼斯、马克.L.莫维赛西恩著:《世界贸易宪法》,张保生、满云龙译,中国人民大学出版社 2004 年版。

[4][美]约翰·杰克逊著:《GATT/WTO 法理与实践》,张玉卿等译,新华出版社 2002 年版。

[5][荷]格老秀斯著:《战争与和平法》,何勤华等译,上海人民出版社 2005 年版。

[6][英]伯纳德·霍克曼等著:《世界贸易组织的政治经济学——从关贸总协定到世界贸易组织》,刘平等译,法律出版社 1999 年版。

[7][比]约斯特·鲍威林著:《国际公法规则之冲突:WTO 法与其他国际法规则如何联系》,周忠海、周丽英、马静、黄建中等译,法律出版社 2005 年版。

[8]世界贸易组织秘书处编:《贸易走向未来》,张江波等译,法律出版社 2000 年版。

[9]朱淑娣等著:《中国经济行政法治与国际化》,同济大学出版社 2002 年版。

[10]朱淑娣主编:《运行中的国际经济行政法》,时事出版社 2002 年版。

[11]朱淑娣:《欧盟经济行政法通论》,东方出版中心 2000 年版。

[12]朱淑娣:《WTO 体制下国际贸易救济审查制度研究》,时事出版社 2005 年版。

[13]朱淑娣主编:《国际贸易救助司法审查》,香港文汇出版社 2004 年版。

[14]朱榄叶:《世界贸易组织国际贸易纠纷案例评析(1995—2002)》,法律出版社 2004

年版。
[15]朱榄叶:《世界贸易组织国际贸易纠纷案例评析》,法律出版社 2000 年版。
[16]梁治平:《在边缘处思考》,法律出版社 2003 年版。
[17]杨解君:《WTO 下的中国行政法制变革》,北京大学出版社 2005 年版。
[18]杨国华:《中国加入 WTO 法律问题专论》,法律出版社 2002 年版。
[19]石广生:《中国加入世界贸易组织知识读本》,人民出版社 2002 年版。
[20]刘志云:《现代国际关系理论视野下的国际法》,法律出版社 2006 年版。
[21]刘敬东:《WTO 法律制度中的善意原则》,社会科学文献出版社 2009 年版。
[22]刘文静:《WTO 透明度原则与我国行政公开制度》,法律出版社 2008 年版。
[23]梁治平:《寻求自然秩序中的和谐》,中国政法大学出版社 2002 年版。
[24]梁治平:《法辨》,中国政法大学出版社 2002 年版。
[25]罗国强:《国际法本体论》,法律出版社 2008 年版。
[26]赵维田:《世贸组织的法律制度》,吉林人民出版社 2000 年版。
[27]蒋兆康:《美国对外贸易法和海关法(上、下)》,法律出版社 2000 年版。
[28]王士如:《中国行政法治与 WTO 规则的整合》,上海财经大学出版社 2005 年版。
[29]黄东黎:《国际贸易法:经济理论、法律、案例》,法律出版社 2003 年版。
[30]武树臣:《中国传统法律文化》,北京大学出版社 1997 年版。
[31]王名扬:《美国行政法》,中国法制出版社 1995 年版。
[32]王名扬:《英国行政法》,中国政法大学出版社 1987 年版。
[33]张军旗:《WTO 监督机制的法律与实践》,人民法院出版社 2002 年版。
[34]陈咏梅:《WTO 贸易政策评审机制法律问题研究》,中国检察出版社 2009 年版。
[35]曾令良:《世界贸易法》,武汉大学出版社 1996 年版。
[36]徐　泉:《国家经济主权论》,人民出版社 2006 年版。
[37]王雨本:《WTO 之外的国际经济组织》,人民法院出版社 2002 年版。
[38]张春生主编:《中华人民共和国行政复议法释义》,法律出版社 1999 年版。
[39]杨小君:《我国行政复议制度研究》,法律出版社 2002 年版。

(四)中文参考论文

[1]刁节文:《政策操作透明度下的货币政策传导机制研究》,载《改革与战略》2009 年第 1 期。
[2]邓　庆:《WTO 框架下政府采购透明化的发展与我国对策》,载《特区经济》2008 年第 5 期。
[3]张　嘉:《论透明度》,载《湖南涉外经济学院学报》2008 年第 1 期。
[4]张千帆:《政府公开的原则与例外》,载《当代法学》2008 年第 5 期。

[5]张潇剑:《WTO 透明度原则研究》,载《清华法学》2007 年第 3 期。

[6]李 春:《透明度作为 WTO 基本原则的原因探究》,载《北京科技大学学报(社会科学版)》2006 年第 2 期。

[7]曹晓华:《交易透明度与信息揭示制度:国际趋势与启示》,载《证券市场导报》2006 年第 5 期。

[8]丁文治:《WTO 透明度与中国的行政公开问题》,载《江淮论坛》2006 年第 2 期。

[9]林松:《美国法制建设与立法透明度初探》,载《行政与法》2005 年第 3 期。

[10]姜明安:《行政法基本原则新探》,载《湖南社会科学》2005 年第 2 期。

[11]由力:《WTO 背景下政府规章制度透明度探析》,载《辽宁公安司法管理干部学院学报》2005 年第 2 期。

[12]沈四宝:《世贸组织透明度原则与中国的法治进程》,载《国际商务》2004 年第 1 期。

[13]苟大凯:《WTO 透明度原则的新发展——兼论中国入世议定书的相关规定》,载《哈尔滨学院学报》2004 年第 7 期。

[14]谢晓尧:《WTO 透明度:固有价值与保障机制》,载《法学》2003 年第 1 期。

[15]梁 莹:《WTO 透明度原则对我国政府行为的挑战及对策》,载《行政与法》2003 年第 1 期。

[16]董 进:《论 WTO 透明度原则与我国行政改革的基本关系》,载《行政与法》2002 年第 12 期。

[17]王杏飞:《WTO 透明度原则与裁判文书改革》,载《行政与法》2002 年第 7 期。

[18]高景芳:《WTO 的透明度原则与我国行政公开的现状及其改革》,载《河北科技大学学报(社会科学版)》2002 年第 3 期。

[20]陈 兵:《试论我国外商投资的法律统一性与透明度问题》,载《广西社会科学》2002 年第 3 期。

[21]秦国荣:《WTO 规则与中国法制建设——以 WTO 透明度原则和司法审查制度为视角》,载《长白学刊》2002 年第 5 期。

[22]秦国荣:《规范性法律文件的清理:法律特征、存在问题及其法治化研究——兼论 WTO 透明度原则对我国立法的影响》,载《理论与改革》2002 年第 3 期。

[23]秦国荣:《试论 WTO 透明度原则和司法审查制度对我国法制建设的影响》,载朱景文主编:《法律与全球化——实践背后的理论》,法律出版社 2004 年版。

[24]宋才发:《WTO 规则与中国政府的透明度》,载《河北法学》2002 年第 4 期。

[25]周佑勇:《西方两大法系行政法基本原则之比较》,载《环球法律评论》2002 年冬季版。

[26]彭 欣:《论 WTO 透明度原则与我国行政公开制度》,载《行政与法》2001 年第

5期。

[27]俞灵雨:《WTO规则的透明度原则与中国涉外商事、海事审判》,载《法律适用》2001年第1期。

[28]张冬阳:《WTO的政策透明度原则及其运用》,载《河北法学》2000年第6期。

[29]杨裕钦:《WTO的透明度原则的理论分析》,载《北京理工大学学报(社会科学版)》2000年第4期。

[30]杜钢建:《知情权制度比较研究——当代国外权利立法的新动向》,载《中国法学》1993年第2期。

[31]宋小卫:《略论我国公民的知情权》,载《法律科学》1994年第5期。

[32]王从虎:《入世后中国构建透明政府的战略选择》,载《北京行政学院学报》2002年第5期。

[33]魏　建:《谈判理论:法经济学的核心理论》,载《兰州大学学报(社会科学版)》1999年第4期。

[34]魏增产:《论WTO争端解决中的司法积极主义》,载《北京科技大学学报(社会科学版)》,2004年第3期。

[35]陶忠元:《对WTO贸易政策评审机制的重新审视》,载《世界经济与政治论坛》2002年第2期。

[36]金星南,任泉:《争取较好未来的贸易政策》,载《国际贸易问题》1985年第9期。

[37]丁祥高:《贸易政策审议机制考察》,载《株州工学院学报》2005年第3期。

[38]王新奎:《入世后过渡期贸易政策评审机制对深化中国经济体制改革的影响》,载《世界贸易组织动态与研究》2004年第2期。

[39]阎质杰:《贸易政策评审机制理论与实践研究》,载《辽宁行政学院学报》2004年第5期。

[40]陈良运,巢宏:《WTO贸易政策审议机制的运行状况及其存在问题探讨》,载《国际商务研究》2002年第3期。

[41]戴常明译:《欧盟贸易政策评审》,载《世界贸易组织动态与研究》1998年第4期。

[42]景巧妮译:《贸易政策的发展》,载《世界贸易组织动态与研究》1999年第9期。

[43]吴建依:《论行政公开原则》,载《中国法学》2000年第3期。

[44]杨景宇:《关于〈中华人民共和国行政复议法(草案)〉的说明》,载应松年等编著:《行政复议法例解与适用》,中国民主法制出版社1999年版。

[45]周婉玲:《试论我国行政复议制度的改革》,载周汉华主编:《行政复议司法化:理论、实践与改革》,北京大学出版社2005年版。

[46]刘宗德:《我国行政复议体制缺陷分析》,载周汉华主编:《行政复议司法化:理论、实践与改革》,北京大学出版社2005年版。

[47]应松年:《把行政复议制度建设成为我国解决行政争议的主渠道》,载《法学论坛》2011 年第 5 期。

(五)学位论文

[1]孙俊停:《论 WTO 的透明度原则——兼论我国行政公开制度》,西南政法大学 2008 年 4 月。

[2]刘政宇:《我国行政执法责任制度完善之研究》,湖南师范大学 2008 年 4 月。

[3]王秉乾:《论 WTO 透明度原则对我国法治建设的影响》,对外经济贸易大学 2007 年 6 月。

[4]孙雨心:《WTO 争端解决机制的透明度问题研究》,中国政法大学 2007 年 3 月。

[5]冯小军:《国际反倾销中透明度法律问题研究》,西南政法大学 2007 年 4 月。

[6]王运萍:《和谐社会视野下的透明政法》,山西大学 2006 年 6 月。

[7]翁　佳:《论 WTO 透明制度原则与我国地方立法透明制度的完善》,华东政法学院 2006 年 11 月。

[8]魏红梅:《遵循 WTO 透明度原则,提高我国政府透明度》,广东工业大学 2005 年 4 月。

[9]周恭伟:《WTO 与建设透明政府》,中共中央党校 2003 年 6 月。

案例中英文名称对应表[①]

序号	案件编号	案件英文全称	案件英文简称	案件中文全称	案件中文简称
1	DS2	United States — Standards for Reformulated and Conventional Gasoline	US — Gasoline (Venezuela, Bolivarian Republic of)	委内瑞拉与美国关于汽油标准案	美国汽油标准案(委内瑞拉)
2	DS4	United States — Standards for Reformulated and Conventional Gasoline	US—Gasoline (Brazil)	巴西与美国关于汽油标准案	美国汽油标准案(巴西)
3	DS54	Indonesia — Certain Measures Affecting the Automobile Industry	Indonesia— Autos (European Communities)	印度尼西亚影响汽车工业的措施案	印尼汽车案
4	DS55	Indonesia — Certain Measures Affecting the Automobile Industry	Indonesia— Autos (Japan)	印度尼西亚影响汽车工业的措施案	印尼汽车案
5	DS58	United States — Import Prohibition of Certain Shrimp and Shrimp Products	US—Shrimp (India; Malaysia; Pakistan; Thailand)	美国禁止进口虾及虾制品案(印度;马来西亚;巴基斯坦;泰国)	美国虾案(印度;马来西亚;巴基斯坦;泰国)
6	DS59	Indonesia — Certain Measures Affecting the Automobile Industry	Indonesia— Autos	印度尼西亚影响汽车工业的措施案	印尼汽车案

① 注:案件的英文简称和中文简称后附有括号的案件是指针对同一被告基于同一理由所进行的不同原告的争端解决案件,括号内的内容是指该案的原告。

续表

序号	案件编号	案件英文全称	案件英文简称	案件中文全称	案件中文简称
7	DS76	Japan — Measures Affecting Agricultural Products	Japan—Agricultural Products Ⅱ	日本影响农产品的措施案	日本农产品案Ⅱ
8	DS99	United States — Anti-Dumping Duty on Dynamic Random Access Memory Semiconductors (DRAMS) of One Megabit or Above from Korea	US — DRAMS	美国对韩国1兆以上随机存储器(DRAMS)半导体反倾销税案	美国DRAMS案
9	DS136	United States — Anti-Dumping Act of 1916	US—1916 Act (EC)	欧共体与美国关于1916年反倾销法案	美国1916年反倾销法案(欧共体)
10	DS155	Argentina — Measures Affecting the Export of Bovine Hides and the Import of Finished Leather	Argentina — Hides and Leather	阿根廷影响牛皮出口及皮革进口的措施案	阿根廷牛皮和皮革案
11	DS162	United States — Anti-Dumping Act of 1916	US — 1916 Act (Japan)	日本与美国关于1916年反倾销法案	美国1916年反倾销法案(日本)
12	DS179	UnitedStates— Anti-Dumping measures on Stainless Steel Plate in Coils and Stainless Steel Sheet and Strip from Korea	US—Stainless Steel	美国对韩国不锈钢薄卷材和板材、带材反倾销措施案	美国不锈钢案
13	DS184	United States — Anti-Dumping Measures on Certain Hot-Rolled Steel Products from Japan	US—Hot-Rolled Steel	美国对日本热轧钢板产品反倾销措施案	美国热轧钢案

续表

序号	案件编号	案件英文全称	案件英文简称	案件中文全称	案件中文简称
14	DS211	Egypt—Definitive Anti-Dumping Measures on Steel Rebar from Turkey	Egypt—Steel Rebar	埃及队土耳其螺纹钢最终反倾销措施案	埃及螺纹钢案
15	DS217	United States — Continued Dumping and Subsidy Offset Act of 2000 (Australia; Brazil; Chile; European Communities; India; Indonesia; Japan; Korea, Republic of; Thailand)	US—Offset Act (Byrd Amendment)	欧共体、加拿大、澳大利亚等与美国关于2000年持续倾销和补贴抵消法案	美国持续倾销和补贴抵消法案（欧共体、加拿大、澳大利亚等）
16	DS234	United States — Continued Dumping and Subsidy Offset Act of 2000 (Canada; Mexico)	US—Offset Act (Byrd Amendment)	加拿大、墨西哥与美国关于2000年持续倾销和补贴抵消法案	美国持续倾销和补贴抵消法案（加拿大、墨西哥）
17	DS267	United States — Subsidies on Upland Cotton	US—Upland Cotton	巴西诉美国的高地棉补贴案	美国高地棉补贴案
18	DS268	United States — Sunset Reviews of Anti-Dumping Measures on Oil Country Tubular Goods from Argentina	US—Oil Country TubularGoods Sunset Reviews	美国对阿根廷石油国管状产品反倾销措施日落复审案	美国石油国管状产品日落复审案
19	DS302	Dominican Republic—Measures Affecting the Importation and Internal Sale of Cigarettes	Dominican Republic — Import and Sale of Cigarettes	多米尼加共和国影响香烟进口及国内销售的措施案	多米尼加香烟进口及销售案
20	DS308	Mexico — Tax Measures on Soft Drinks and Other Beverages	Mexico — Taxes on Soft Drinks	墨西哥软饮料和其他饮料税收措施案	墨西哥软饮料税收案
21	DS315	European Communities — Selected Customs Matters	EC—Selected Customs Matters	欧共体特定海关事项案	欧共体特定海关事项案

续表

序号	案件编号	案件英文全称	案件英文简称	案件中文全称	案件中文简称
22	DS334	Turkey — Measures Affecting the Importation of Rice	Turkey — Rice	土耳其影响大米进口措施案	土耳其大米案
23	DS343	United States — Measures Relating to Shrimp from Thailand	US—Shrimp（Thailand）	美国禁止进口虾及虾制品案（泰国）	美国虾案（泰国）
24	DS345	United States — Customs Bond Directive for Merchandise Subject to Anti-Dumping/Countervailing Duties	US—Customs Bond Directive	美国涉及反倾销及补偿义务商品的海关保证金案	美国海关保证金案

缩略语表

编号	缩写	全称	
		中文	英文
1	APEC	亚太经济合作组织	Asia Pacific Economic Cooperation
2	ASEAN	东南亚国家联盟	Association of Southeast Asian Nations
3	DRAMS	随机存储器半导体	Dynamic Random Access Memories
4	DSB	争端解决机构	Dispute-Settlement System
5	DSM	争端解决机制	Dispute-Settlement Mechanism
6	DSU	《关于解决争端的规则与程序的谅解》	Understanding on Rules and Procedures Governing the Settlement of Disputes
7	FOGS	关贸总协定体制作用谈判小组	Function of GATT System
8	GATS	《服务贸易总协定》	General Agreement on Trade in Service
9	GATT	《关税与贸易总协定》	General Agreement on Tariffs and Trade
10	IFC	国际金融公司	International Financial Company
11	IMF	国际货币基金组织	International Monetary Foundation
12	ITO	国际贸易组织	International Trade Organization
13	MERCOSUR	非南锥体共同市场	Non-Southern Common Market
14	NAFTA	北美自由贸易协议	North America Free Trade Agreement
15	OECD	经济合作组织	Organization for Economic Cooperation and Development
16	RTAs	区域贸易协议	Regional Trade Agreements
17	SPS	《动植物卫生检疫措施的协议》	Agreement on the Application of Sanitary and Phytosanitary Measures

续表

编号	缩写	全称	
		中文	英文
18	TPIMs	《与投资有关的投资措施协议》	Agreement on Trade-Related Investment Measures
19	TRIPs	《与贸易有关的知识产权协议》	Agreement on Trade-related Aspects of Intellectual Property Rights
20	TPRB	贸易政策评审机构	Trade Policy Review Bureau
21	TPRD	贸易政策评审司	Trade Policy Review Division
22	TPRM	贸易政策评审机制	Trade Policy Review Mechanism
23	USAID	美国国际发展署	United State of America International Development
24	WTO	世界贸易组织	World Trade Organization

后 记

本书是在我的博士学位论文基础上进一步修改完善而成的。从4年前在吉林大学法学院求学期间确定题目的时候开始，我心中已然明了这些文字终将付梓，是一本要捧到读者面前、向读者诉说、与读者分享的书。虽然心中早有此打算，但是写作过程却更多的是一个与自我对话、沟通的过程。这是因为本书的主题“WTO透明度原则”本身就是一个偏重于基础理论研究的题目，我动笔之时仅有一篇博士学位论文从透明度原则对中国法治进程的影响的角度进行分析，但没有一本专门的著作从国际法的角度去讨论。学界前辈有若干精彩的论文，对透明度原则的分析鞭辟入里。但囿于篇幅和体裁的限制，没有系统地讨论透明度原则本身的内涵、影响、作用机制、发展规律等内容。每当我内心有不得其解或者不得其法而入的时候，除了考问自己的内心，没有其他更好的办法。

2011年7月，我来到西南政法大学国际法学院工作。在与外国学者交流的过程中，我偶遇华盛顿大学法学院的亚洲法中心的藏东升教授。他的博士学位论文题目也是“WTO透明度原则”，主要从法经济学的角度研究透明度原则，通过揭示透明度成本和收益的分配来得出一些规律性的结论。他的研究视角、方法与观点让我受益良多。我的同事——陈咏梅副教授的博士学位论文是《WTO贸易政策评审机制法律问题研究》，2009年中国检察出版社已经出版了这本书。她在书中也谈到了WTO贸易政策评审机制的目标和作用，其中重要的一点就是贸易政策评审机制对“透明度原则”实现的保障作用。出于结构安排的考虑，这部分内容我并未纳入在博士学位论文当中。但是贸易政策评审机制的确是保障透明度原则实施的重要机制，是通过国际组织和国家层面的沟通和对话实现贸易政策透明度的保障机制。在此次修改中，我将贸易政策评审机制对透明度原则的保障功能纳入了进来。这也是本书第四章的主要内容与核心观点。

在我不断完善本书内容的同时，出版的时机也悄然而至。西南政法大学国际法学院与厦门大学出版社合作，推出《西南国际法文丛》系列丛书，提供了良好的出版平台。在国际法学院院长张晓君教授的支持下，我的这本拙作也纳入了出版计划。经过紧锣密鼓的修改，呈现给读者的就是现在这样一本书。

感谢吉林大学法学院国际法专业博士生导师组的吕岩峰教授、韦经建教授、何志鹏教授、刘亚军教授在我求学期间对我的悉心培养；感谢博士学位论文答辩委员会主席中国政法大学杜新丽教授、外聘专家清华大学车培照教授、学位论文外审专家武汉大学郭玉军教授、重庆大学曾文革教授，各位教授的评阅意见和答辩意见为本书的修改提供了重要的参考；感谢吉林大学法学院的王彦志副教授、周晓红副教授以及我的同门师兄山东科技大学孙法柏教授在博士论文写作期间对我的帮助和指点；感谢我的学友中国人民大学法学院郑维炜博士后、沈阳建筑大学文法学院刘岩讲师，求知路上你们的聆听、分享和追问给了我温暖的陪伴！

感谢西南政法大学国际法学院院长张晓君教授对我出版这部书稿的支持。感谢丁丽柏教授和我的同事们对书稿修改工作的关心和帮助。感谢我的学生徐瑶，她是法学院的本科生，是“理律杯”全国模拟法庭竞赛时的参赛队员，基础扎实并且接受过良好的学术规范性训练，在本书的修改过程中付出了辛勤的劳动。感谢厦门大学出版社的甘世恒老师为我编辑这本书，他的敬业对本书的出版不可或缺。

感谢东北大学文法学院的王太金教授和周实教授，他们是我硕士阶段的授业恩师，培养并向博士生导师推荐了我。感谢我的博士生导师——吉林大学博士生导师那力教授对我的关心和帮助，并未因我从吉林大学毕业远赴地处重庆的西南政法大学工作而终止。每次见面，恩师问我的第一个问题永远是：你最近在看什么书，为何而看，有何收获？在恩师的鞭策下，我不敢稍有松懈。

感谢家人对我多年来求学的支持。父母在，不远游。当我一次次远行，他们总是毫不犹豫地支持和鼓励。我的外祖父母已近八十高龄，他们对我的疼爱和关心，每每能够熨平我在求知路上的辛苦与孤单。

孟子曰：“君子有三乐，而王天下不与存焉。父母俱存，兄弟无故，一乐也；仰不愧于天，俯不怍于人，二乐也；得天下英才而教育之，三乐也。”于我而言，四世同堂的家人平安康泰，常因存善念而结善缘，学生亦勤敏聪慧，故安乐！

2012 年 6 月于重庆

图书在版编目(CIP)数据

WTO透明度原则研究/全小莲著.—厦门:厦门大学出版社,2012.8
(西南国际法文丛)
ISBN 978-7-5615-4391-7

Ⅰ.①W…　Ⅱ.①全…　Ⅲ.①世界贸易组织-贸易法-研究　Ⅳ.①D996.1
②F743

中国版本图书馆CIP数据核字(2012)第203458号

厦门大学出版社出版发行
(地址:厦门市软件园二期望海路39号　邮编:361008)
http://www.xmupress.com
xmup@xmupress.com
厦门市明亮彩印有限公司印刷
2012年8月第1版　2012年8月第1次印刷
开本:720×970　1/16　印张:13.25　插页:2
字数:212千字　印数:1～1 500册
定价:30.00元